中国制造 2025 系列丛书

智能制造

国家制造强国建设战略咨询委员会
中国工程院战略咨询中心 编著

电子工业出版社
Publishing House of Electronics Industry
北京·BEIJING

内 容 简 介

本书是围绕经济社会发展和国家安全重大需求，由中国工程院会同工业和信息化部、国家质量监督检验检疫总局联合组织开展的"制造强国战略研究"重大战略咨询研究项目的成果之一。

智能制造是实施"中国制造2025"的主攻方向。本书深入阐述了智能制造的内涵和特征，介绍了大数据时代的数据分析的变革、挑战和应用，云制造的技术和应用案例，智能制造标准化工作面临的挑战及我国智能制造体系的初步设想，分析了工业互联网的发展状况和关键问题。此外，本书还分别介绍了智能制造试点示范专项行动、"数控一代"和"智能一代"的实施成效和总体情况。

本书可为政府部门、制造业企业和研究机构中从事制造业政策制定、管理决策和咨询研究的人员提供参考，也可以供高等院校相关专业师生和其他关心中国制造业发展的人士阅读。

未经许可，不得以任何方式复制或抄袭本书之部分或全部内容。
版权所有，侵权必究。

图书在版编目（CIP）数据

智能制造／国家制造强国建设战略咨询委员会，中国工程院战略咨询中心编著．—北京：电子工业出版社，2016.5
（中国制造2025系列丛书）
ISBN 978-7-121-28167-9

Ⅰ．①智… Ⅱ．①国… ②中… Ⅲ．①智能制造系统—制造工业—产业发展—研究—中国 Ⅳ．①F426.4

中国版本图书馆CIP数据核字（2016）第029820号

策划编辑：齐　岳
责任编辑：徐　静
印　　刷：北京虎彩文化传播有限公司
装　　订：北京虎彩文化传播有限公司
出版发行：电子工业出版社
　　　　　北京市海淀区万寿路173信箱　邮编　100036
开　　本：720×1000　1/16　印张：21.25　字数：340千字
版　　次：2016年5月第1版
印　　次：2021年7月第8次印刷
定　　价：98.00元

凡所购买电子工业出版社图书有缺损问题，请向购买书店调换。若书店售缺，请与本社发行部联系，联系及邮购电话：（010）88254888，88258888。
质量投诉请发邮件至zlts@phei.com.cn，盗版侵权举报请发邮件至dbqq@phei.com.cn。
本书咨询联系方式：（010）88254473，qiyue@phei.com.cn。

落实《中国制造2025》加快建设制造强国

——在国家行政学院"中国制造2025"专题研讨班上的讲话

（代 序）

马 凯

制造业是国民经济的主体，是立国之本、兴国之器、强国之基。党中央、国务院历来高度重视制造业发展。习近平总书记强调，"工业化很重要，我们这么一个大国要强大，要靠实体经济，不能泡沫化"，"要推动中国制造向中国创造转变、中国速度向中国质量转变、中国产品向中国品牌转变"。李克强总理指出，"制造业发展与就业民生密切相关，根本出路在于加快创新升级，强化质量品牌建设，打牢实体经济根基"。为推动中国制造由大变强，党中央、国务院着眼全球视野和战略布局，立足我国国情和发展阶段，做出了实施《中国制造2025》的战略决策，这是未来10年引领制造强国建设的行动指南，也是未来30年实现制造强国梦想的纲领性文件。

实施《中国制造2025》，加快建设制造强国，要全面贯彻党的十八大和十八届三中、四中全会精神，坚持市场主导、政府引导，立足当前、着眼长远，整体推进、重点突破，自主发展、开放合作，坚持创新驱动、智能转型、强化基础、绿色发展、人才为本，坚持把装备升级作为重中之重，积极推动信息技术与制造技术深度融合，大力提升国家制造创新能力，夯实工业四大基础，提高数字化、网络化、智能化制造水平，促进产业转型升级，努力满足经济社会发展和国防建设需求，加快实现制造业由大变强的历史跨越。

智能制造

组织实施《中国制造 2025》，是一项庞大的系统工程，涉及方方面面、关系全国上下，需要中央、地方、企业、科研院所、大专院校、金融机构等有关方面广泛参与、共同努力。当前和今后一个时期，我们要全面动员社会各方力量，充分汇集社会各方资源，千方百计、扎扎实实地把《中国制造 2025》组织实施好，加快把战略规划转变为年度计划，把年度计划落实到实际行动，把实际行动转化成实实在在的发展成效。

第一，企业要承担起制造强国建设的主体责任。企业是战略规划的实施主体，在制造强国建设中肩负着重要使命。我们衡量由制造大国到制造强国转变的一项重要指标就是能否形成一批富有创新精神、竞争力强、在国际上有重要影响的制造业大企业大集团，能否形成一批世界知名的制造业品牌。重点要抓好七个方面。**一要抓市场**。坚持市场导向，做好市场分析，瞄准市场需求，紧盯国家短板，紧跟未来科技发展。唯有如此，企业发展才有出路。离开市场，发展就会缺乏动力，也难有效益。**二要抓创新**。这是建设制造强国的根本。这里所说的创新，是全方位、全过程、全环节的创新，包括技术创新、体制创新、管理创新、商业模式创新等，也包括从整机到核心元器件、材料、工艺等各方面/各环节的创新。**三要抓融合**。下一步制造业的发展，核心就是要抓信息技术与制造技术的深度融合，实现"数字化、网络化、智能化"制造，这是新一轮科技革命和产业变革的核心所在。在过去的 200 年里，我国与第一次、第二次工业革命失之交臂，但目前我国无论是装备制造业还是信息技术产业都具备了相当的基础。如果搞得好，就完全有可能走在世界前列。**四要抓服务**。制造业服务化是现代制造业的发展趋势，也是做强服务业的重要途径。从一定意义上讲，未来制造业的竞争，就是生产性服务业的比拼。要加快制造与服务的深度融合，大力发展工业设计和服务型制造，把前端研发设计和后端售后服务的水平提升上去，提高企业价值创造能力。其中，要特别重视工业设计。科技是第一生产力，设计是科技+艺术，是一种新的生产力。杨振宁说，21 世纪是设计的世纪。哪个民族不重视设计，就要落后。**五要抓基础**。我国制造业与国际先进水平的差距，表现出来的是整机或最终产品的差距，但背后却是材料、工艺、元器件等整个工业基础问题。如果关键基础材料、核心基础零部件（元器件）、先进基础工艺及产业技术基础这四个基础不打牢，那么高端产品是生产不出来的。企业要向价值链高端攀升，必须在这"四基"上狠下工夫。**六要抓开放**。有条件的企业要加快走出去步伐，学会利用两种资源、两个市场。特别是在我国经济进入新常态的大背景下，要积极参与国际产能和装备制造合作，在国际竞争中扩大市场、提升竞争力。**七要抓改革**。上述几条能不能真正搞好，最终还是要靠改革。要坚持问题导向，深化国有企业改革，健全内部治理结构，加快建立与市场经济相适应的选人用人、业绩考核、收入分配等激励约束机制。在大胆推进改革的同时，也要注意把增强活力和加强监管相结合，确保国有资产保值增值。中央企业在国民经济发展中具有十分重要的地位和作用，是制造强国建设的骨干和中坚，要积极履行使命，主动承担重任，切实发挥好主力军和排头兵的作用。行业协会是政府与企业的桥梁和纽带，要把规划实施与行业实际紧密结合，不断加强对行业企业的指导和服务。

第二，政府要为制造强国建设创造良好发展环境。推进制造强国建设，主要应靠企业努力，但离不开政府的组织、引导、推动和政策支持。政府要准确把握定位，不能"越位"，也不"缺位"，关键是不能替代市场的主导作用和企业的主体作用。政府的定位就是要深化体制改革，完善政策支持，创造良好环境，为制造企业减负，为创新创造松绑，为产业发展保驾护航。**一要在深化改革、简政放权上下工夫**。深化市场准入制度改革，实施负面清单管理，加强事中事后监管。**二要在创造公平竞争环境、激发企业创造活力上下工夫**。健全知识产权创造、运用、管理、保护机制，严厉惩处市场垄断和不正当竞争行为，依法打击侵权行为。**三要在发挥制度优势、集中力量办大事上下工夫**。有些战略新兴产业一开始仅仅依靠市场很难地发展起来，要发挥社会主义优越性，整合有效资源，积极推动制造业重大工程建设。**四要在推广应用上下工夫**。加快落实支持重大装备规模化应用的政府采购政策，落实好、完善好首台（套）重大技术装备应用等鼓励政策。**五要在财税、金融支持政策上下工夫**。完善税收制度，创新财政资金支持方式，积极发挥政策性金融、开发性金融和商业金融的优势，加大对高端装备重点领域的支持力度。

第三，各地区要因地制宜抓好制造强国战略推进实施。地方政府是战略规划实施的重要力量。《中国制造2025》印发后，不少地方都将其作为新的经济增长点，抓紧研究制订/落实意见或行动计划。这里有几点要注意。**一要吃透精神**。各地要及时传达党中央、国务院有关精神和要求，认真组织学习《中国制造 2025》，把握好规划的指导思想、基本原则和核心内容。**二要加强组织**。健全本地区工作推进机制，强化部门协同和上下联动，确保重点工作落实到位。**三要科学规划**。各地要从各自省情、区情、市情出发，结合自身制造业发展实际、所处阶段和比较优势，科学地制定发展规划。**四要突出重点**。各地都要分析自身优势所在，确定本地区发展重点，不能简单机械地照搬或者搞层层分解，切忌面面俱到、什么都搞。要选择有优势的领域或者产业链的优势环节，集中力量实现重点突破。**五要大胆探索**。《中国制造2025》的实施需要在体制机制等方面开展创新，具备条件的地方应积极探索、先行先试。例如，制造业发展条件好、创新资源丰富的地区，可以率先探索建立区域性创新中心，带动本地区制造业创新发展等。

第四，科研院所和高等院校要为制造强国建设提供坚实的科技和人才支撑。科研院所和高校是科技创新和人才培养的重要基地，在制造强国建设中承担着不可替代的职责。制造业最终的比拼就是人才的比拼，是各个层次人才的比拼，包括一流科学家、高素质科研人员、各行业领域领军人物，也包括高级技工，还包括一般工人。总之，人才是关键。科研院所和高等院校要切实抓好以下几方面工作。**一要在主动参与企业为主体的产学研用协同创新上下工夫**。科研院所和高等院校要走出校门、走出院门，和企业结成共同体，形成一个新的协同创新体系。高铁的成功，协同创新功不可没，其中科研院所和高等院校都发挥了重大作用。**二要在基础研究上下工夫**。基础研究是科技创新的根基，这是企业和政府取代不了的。原始创新能力不强、重大原创性成果不多，是建设制造强国最为突出的一块短板。要瞄准国家重大战略需求和未来产业发展制高点，大力加强基础研究和高技术研究，不断提高原始创新能力，为制造业技术创新提供坚实的科学基础。**三要在突破共性技术上下工夫**。过去，我国在共性技术领域拥有一套完整、系统的研发体系和人才队伍，但原行业的科研院所转企改制后共性技术供给严重缺失。要尽快整合有关力量，加强与"四基"企业、整机企业对接合作，积极参与设立制造业创新中心，加快突破关键基础材料、核心基础零部件等的工程化、产业化瓶颈，夯实制造业发展的基础。**四要在推动成果转化上下工夫**。成果转化是联结科技与经济的纽带，是技术从实验室走向市场、实现价值创造的关键一跃。要以完善激励机制为重点，加快推进科技成果使用、处置和收益管理改革，大力推动科技成果产业化。**五要在人才培养上下工夫**。一方面，要以高层次、急需紧缺专业技术人才和创新型人才为重点，实施专业技术人才知识更新工程和先进制造卓越工程师培养计划，打造一支高素质的专业技术人才队伍。另一方面，要强化职业教育和技能培训，形成一支门类齐全、技艺精湛的技术技能人才队伍。

第五，金融机构要为制造强国建设提供全方位的金融服务。金融和实体经济是命运共同体，一荣俱荣、一损俱损。金融是现代经济的核心，实体经济是金融的根基；离开了实体经济发展，金融也就成了无源之水、无本之木。因此，金融机构要牢牢树立为实体经济服务的理念，创新金融产品，创新服务模式，拓宽制造业融资渠道，千方百计降低企业融资成本，支持制造业发展。要积极发挥政策性金融、开发性金融和商业金融的优势，加大对新一代信息技术、高端装备、新材料等重点领域的支持力度。健全多层次资本市场，支持符合条件的制造业企业上市融资、发行各类债务融资工具。积极引导风险投资、私募股权投资等支持制造业企业创新发展。探索开发适合制造业发展的保险产品和服务，鼓励发展贷款保证保险和信用保险业务。在风险可控和商业可持续的前提下，通过内保外贷、外汇及人民币贷款、债权融资、股权融资等方式，支持企业走出去。

第六，专家学者要为制造强国建设提供广泛的智力支持。制造强国战略实施，涉及经济、法律、政策、产业、技术、管理、文化等多个领域，需要广泛的智力支持。广大专家学者是党和国家的宝贵财富，是实施《中国制造2025》的重要依靠力量。在《中国制造2025》的形成过程中，专家学者做出了重大贡献。希望在实施推进过程中，广大专家学者能够继续发挥作用、提供智力支撑。为保证规划实施的科学化、民主化，国务院决定成立制造强国建设战略咨询委员会，作为领导小组咨询机构。该咨询委员会由产业经济、专业领域、行业协会、企业代表等方面的院士和专家组成，代表着各领域的最高水平。各位专家要加强制造业前瞻性、战略性、长远性问题调查研究，积极建言献策，提出有价值和独立见解的咨询意见和建议。今后，对拟提交领导小组审议的重大问题，要积极吸收有关专家参与研究，主动征求咨询委员会意见建议，充分开展论证评估。与此同时，也要支持包括社会智库、企业智库在内的多层次、多领域、多形态的中国特色新型智库建设，为制造强国建设提供咨询建议。

加快建设制造强国,任务艰巨,意义重大。我们要紧密团结在以习近平同志为总书记的党中央周围,求真务实,奋发有为,共同推动我国实现从制造大国向制造强国的历史性转变,为全面建成小康社会、实现中华民族伟大复兴的中国梦做出新的更大贡献!

2015 年 7 月 14 日

目 录
Contents

智能制造——
"中国制造 2025"的主攻方向 //001

一、实施"中国制造 2025"的意义和部署 //002

二、两化融合是"中国制造 2025"的主线,智能制造是"中国制造 2025"的主攻方向 //010

三、"中国制造 2025"要以创新驱动发展为主要动力 //033

智能制造的内涵和特征 //039

一、制造与智能 //040

二、智能制造概念的产生与发展 //042

三、智能制造的定义 //044

四、智能制造的目标 //047

五、智能制造的技术体系 //049

六、智能制造的系统特征 //066

七、关于智能制造的一些思考 //068

参考文献 //071

大数据技术的关键是数据分析 //073

一、大数据的发展、定义和特征 //074

二、数据分析流程简介 //077

三、大数据时代的数据分析变革与挑战 //081

四、数据分析关键技术和应用 //087

五、大数据分析软件工具介绍 //100

六、大数据在智能制造中的应用 //116

参考文献 //127

云制造—— 一种智能制造的模式与手段 //129

一、引言 //130

二、云制造 1.0 简介 //132

三、智慧云制造（云制造 2.0）概论 //137

四、航天云网的云制造应用范例 //159

五、智慧云制造研究与实施中值得关注的几个问题 //172

六、本章小结 //176

参考文献 //178

标准化是智能制造的重要基础 //183

一、迫切性 //184

二、智能制造标准化的范围 //186

三、智能制造标准化工作面临的挑战 //187

四、智能制造相关国际标准活动 //190

五、我国智能制造标准体系的初步设想 //197

参考文献 //212

工业互联网发展状况及关键问题 //213

一、工业互联网的作用和意义 //214

二、国外工业互联网发展布局策略 //216

三、工业互联网发展的关键问题 //221

四、工业互联网主要应用场景和案例 //228

五、产业界加快工业互联网布局和实践 //231

六、我国加快发展工业互联网的初步建议 //235

智能制造试点示范专项行动 //239

一、智能制造试点示范工作开展情况 //241

二、智能制造试点示范推进目标 //249

三、智能制造试点示范典型案例 //252

四、智能制造试点示范几点体会和思考 //285

参考文献 //288

"数控一代"和"智能一代"机械产品创新工程 //289

一、实施"数控一代"和"智能一代"是"中国制造2025"战略目标的核心内容,是实现中国"工业4.0"的有效途径 //290

二、"数控一代"机械产品创新应用示范工程概述 //292

三、"数控一代"示范工程(一期)总体实施效果良好,涌现了一批典型案例 //299

四、开展"智能一代"机械产品创新应用示范工程的一些思考 //315

编委会 //321

中国制造2025系列丛书出版工作委员会 //322

跋 //323

1

智能制造——
"中国制造2025"的主攻方向

周 济[1]

[1] 中国工程院院长 院士

一、实施"中国制造2025"的意义和部署

■ 制造业是立国之本、兴国之器、强国之基

制造业是国民经济的主体，也是今后我国经济"创新驱动、转型升级"的主战场。

没有强大的制造业，就没有国家和民族的强盛。打造具有国际竞争力的制造业，是我国提升综合国力、保障国家安全、建设世界强国的必由之路。

■ 我国制造业大而不强

1. 我国已经成为一个制造大国

2012年，我国制造业增加值为2.08万亿美元（见图1-1），在全球制造业中占比约为20%，成为世界制造大国。

1 智能制造——"中国制造2025"的主攻方向

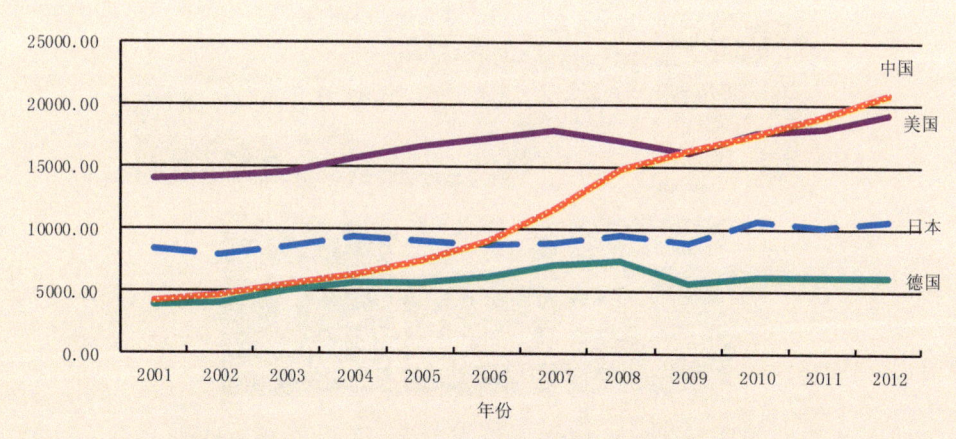

图1-1 2001—2012年世界各国制造业增加值变化示意图

新中国成立60多年来,特别是改革开放30多年来,中国制造业取得了伟大的历史性成就,走出了一条中国特色工业化发展道路,已经具备了建设制造强国的基础和条件:

(1)我国制造业拥有巨大市场,需求是最强大的发展动力;

(2)我国制造业有着世界上最为门类齐全、独立完整的体系,具备强大的产业基础;

(3)我国一直坚持信息化与工业化融合发展,在制造业数字化、网络化、智能化方面掌握了核心关键技术,具有强大的技术基础;

(4)我国在制造业人才队伍建设方面已经形成了独特的人力资源优势;

(5)我国制造业在自主创新方面成就辉煌,上天、入地、下海、高铁、输电、发电、国防装备等都显示出我国制造业巨大的创新力量。

智能制造

2. 我国还不是一个制造强国

我国制造业大而不强，存在着突出的问题和巨大的困难：

（1）自主创新能力不强，核心技术受制于人，关键技术对外依存度高；

（2）产品质量问题突出；

（3）资源利用效率低；

（4）产业结构调整刻不容缓，战略性新兴产业弱，传统产业亟待升级换代，服务型制造业刚刚起步，产业集聚和集群发展水平低，总体处于世界制造产业链的中低端。

3. 我国制造业面临的重大挑战和机遇

国际金融危机爆发后，世界制造业分工格局面临新的调整，我国制造业面临重大挑战，且挑战越来越严峻。

从内部因素看，我国经济发展已由较长时期的高速增长进入中高速增长阶段，前一时期非常成功的经济发展方式已不可持续，转变经济发展方式已刻不容缓，对制造业创新驱动、转型升级提出了紧迫的要求。

从外部因素看，一方面，欧美发达国家推行"再工业化"战略，谋求在技术、产业方面继续领先优势，抢占制造业高端，进一步拉大与我国的距离。另一方面，印度、越南等发展中国家则以更低的劳动力成本承接劳动密集型产业的转移，抢占制造业的中低端。我国制造业正面临来自西方发达国家和发展中国家"前后夹击"的双重挑战。

与此同时，中国制造业面临世界范围内新一轮工业革命的历史性机遇。紧紧抓住新一轮科技革命和产业变革与我国加快转变经济发展方式历史性交汇的重大机遇，将大大加快我国工业化和建设制造强国的进程。

"中国制造 2025"的指导思想及战略部署

1. 指标体系

我国作为一个人口大国，要建设制造强国，就要促进制造业实现又大又强。制造强国应具备四个主要特征：（1）雄厚的产业规模；（2）优化的产业结构；（3）良好的质量效益；（4）持续的发展能力，特别是自主创新能力。根据这四个特征，我们构建了由4项一级指标、18项二级指标构成的制造业综合指数评价体系。

以美国、德国、日本、英国、法国和韩国等主要工业化国家为参考，计算出其历年来的制造业综合指数（见图1-2），以表征一个国家制造业综合竞争力在世界上的地位。

2012年，主要工业化国家的制造业综合指数分布中，美国遥遥领先，处于第一方阵；德国、日本处于第二方阵；中国、英国、法国、韩国处于第三方阵。中国与第一、第二方阵国家的差距主要是全员劳动生产率低、增加值率低、创新能力薄弱、知名品牌缺乏。

智能制造

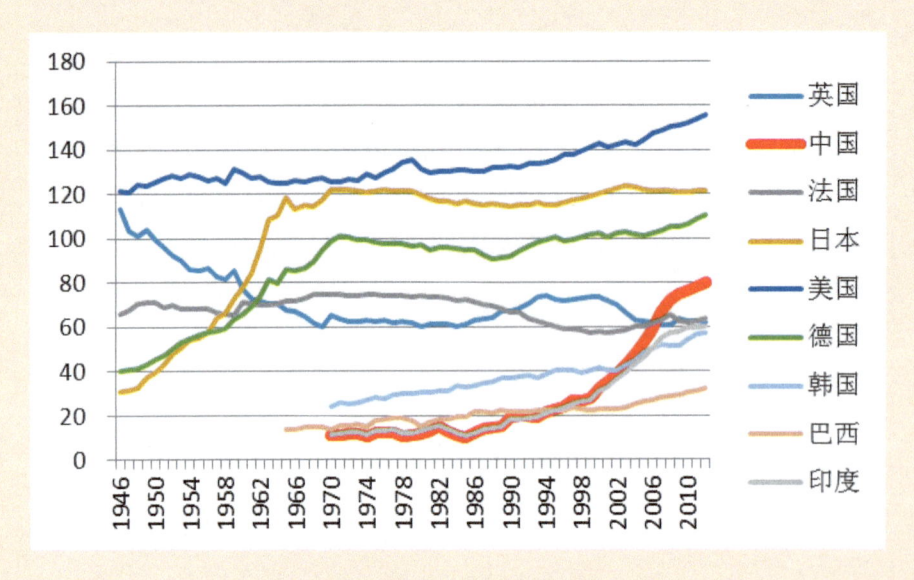

图 1-2 世界各国制造业综合指数变化示意图

2. 战略部署

对未来 30 年我国制造业综合指数发展趋势进行预测，结果表明，我国制造强国进程可分为三个阶段（见图 1-3）。

2025年中国制造业可进入世界第二方阵，迈入制造强国行列。（第一阶段）2025年

2035年中国制造业将位居第二方阵前列，成为名副其实的制造强国。（第二阶段）2035年

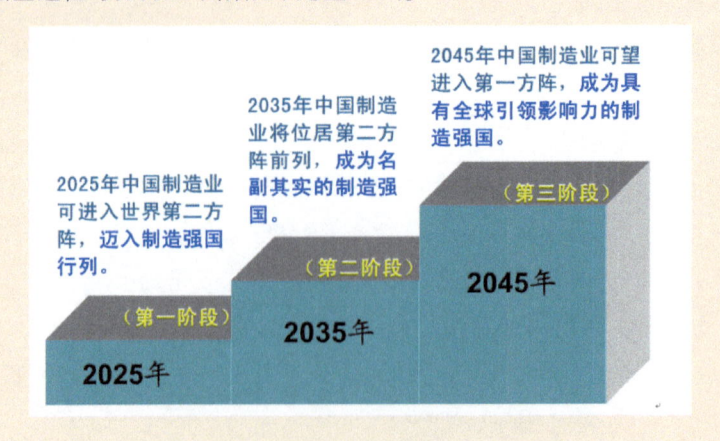

2045年中国制造业可望进入第一方阵，成为具有全球引领影响力的制造强国。（第三阶段）2045年

图 1-3 我国制造强国进程的三个阶段

立足国情、立足现实，确定了"三步走"的制造强国战略部署：

第一步，用十年时间，到2025年，中国迈入世界制造强国行列；

第二步，到2035年，我国制造业整体达到世界制造强国阵营中等水平；

第三步，到2045年，中国制造业又大又强，综合实力进入世界制造强国前列。

3. 指导思想

坚持走中国特色新型工业化道路，以促进制造业创新发展为主题，以提质增效为中心，以加快新一代信息技术与制造业深度融合为主线，以推进智能制造为主攻方向，以满足经济社会发展和国防建设对重大技术装备的需求为目标，强化工业基础能力，提高综合集成水平，完善多层次、多类型人才培养体系，促进产业转型升级，培育有中国特色的制造文化，实现制造业由大变强的历史跨越。

"中国制造2025"的基本方针和战略举措

"中国制造2025"是动员全社会力量建设制造强国的总体战略，是以"创新驱动、质量为先、绿色发展、结构优化、人才为本"为基本方针的战略对策和行动计划。

1. 创新驱动

创新是制造业发展的灵魂，也是转型升级的不竭动力，必须摆在制造业发展全局的核心位置，要坚持走创新驱动的发展道路，抢占技术制高点，掌握发展主动权，实现从要素驱动向创新驱动的根本转变。

战略举措之一：智能制造工程。加快推动新一代信息技术与制造技术深度融合，把智能制造作为主攻方向，着力发展智能产品和智能装备，推进生产过程数字化、网络化、智能化，培育新型生产方式和产业模式，全面提升企业产品、生产和服务的智能化水平。

战略举措之二：制造业创新体系建设工程。建立以企业为主体，产学研紧密结合的技术创新体系。围绕重点行业转型升级和重点领域创新发展的重大共性需求，建设一批制造业创新中心，形成国家制造产业创新网络，重点开展行业基础和共性关键技术研发、成果产业化、人才培训等工作。

2. 质量为先

质量是制造业发展的生命线，是支撑经济转型升级的基石。要坚持把质量作为建设制造强国的基础，走以质取胜的发展道路，实现从依赖低廉的资源价格和人力成本的产品低价竞争优势向依靠质量升级和品种优化的质量效益竞争优势的根本转变。

战略举措之三：工业强基工程。基础零部件、基础工艺、基础材料和产业技术基础（统称"四基"）等工业基础能力薄弱，是制约我国制造业质量提升和创新发展的症结所在。要实施"工业强基工程"，统筹推进"四基"发展，加强"四基"创新能力建设，推动整机企业和"四基"企业协同发展。

战略举措之四：质量与品牌提升行动计划。强化质量意识，提高质量控制技术，完善质量管理机制，实现工业产品质量大幅提升；强化标准意识，全面推进先进的制造业标准；强化品牌意识，扎实推进品牌建设，形成具有自主知识产权的名牌产品，不断提升企业品牌价值和中国制造品牌良好形象。

3. 绿色发展

坚持把绿色发展作为建设制造强国的重要着力点，走生态文明的发展道路，实现由资源消耗大、污染物排放多的粗放制造向资源节约型、环境友好型的绿色制造转变。

战略举措之五：绿色制造工程。加大先进节能环保技术、工艺和装备的研发和推广，加快制造业绿色改造升级；积极推行低碳化、循环化和集约化，提高制造业资源利用效率；强化产品全生命周期绿色管理，努力构建高效、清洁、低碳、循环的绿色制造体系。

4. 结构优化

坚持把结构优化作为建设制造强国的主要方向，大力发展战略性新兴产业，推动传统产业向中高端迈进，推动生产型制造向服务型制造转变。优化产业空间布局，加强现代企业建设，培育一批具有核心竞争力的产业集群和企业群体。

战略举措之六：高端装备创新工程。推动制造业由大到强的关键在于高端装备。要集中优势力量，推进优势领域和战略必争领域的装备创新，实现新一代信息技术产业、高档数控机床和机器人、航空航天装备、海洋工程装备及高技术船舶、先进轨道交通装备、节能与新能源汽车、电力装备、农机装备、新材料、生物医药及高性能医疗器械十大领域的重点突破。

战略举措之七：服务型制造行动计划。加快制造与服务的深度融合，推动产业模式创新和企业形态创新，促进生产型制造向服务型制造转变，大力发展与制造业紧密相关的生产型服务业，推动制造业向形态更高级、模式更先进、结构更优化的新阶段突进。

战略举措之八：现代企业建设行动计划。企业强则制造业强，制造业强则国家强。企业是经济发展的主体，是市场竞争的主体，更是创新驱动、转型升级的主体。要全力支持企业、服务企业，为企业发展创造良好的环境，真正确立企业的市场主体地位，增强企业发展动力和内在活力，培育具有全球竞争力的企业群体。一方面要大力培育一批在国际竞争中处于前列的大企业；另一方面要着力培养一大批高成长性中小企业，特别是激励广大科技创新型制造企业茁壮成长。

5. 人才为本

坚持把人才作为建设制造强国的根本，走人才为本的发展道路。加强制造业人才发展的统筹规划和分类指导，建立健全、科学、合理的选人、用人、育人机制，改革和完善学校教育体系，建设和强化继续教育体系，加快培养制造业发展急需的专业技术人才、经营管理人才、技能人才，建设规模宏大、结构合理、素质优良的制造业人才队伍。

互联网+先进制造业+现代服务业

李克强总理在2015年的政府工作报告中指出，要制定"互联网+"行动计划，推动移动互联网、云计算、大数据、物联网等与现代制造业结合，促进电子商务、工业互联网和互联网金融健康发展，引导互联网企业拓展国际市场。

可以预见，"互联网+先进制造业+现代服务业"将成为中国经济发展的新引擎，推动新技术、新产业、新模式、新业态的不断产生，引发产业、经济与社会的变革，为中国乃至世界带来巨大的商机和历史性的发展机遇。

二、两化融合是"中国制造2025"的主线，智能制造是"中国制造2025"的主攻方向

新一轮科技革命大潮澎湃，新一轮工业革命蓬勃兴起

当今世界，新一轮工业革命方兴未艾，其根本动力在于新一轮科技革命。

信息技术指数级增长，数字化、网络化普及应用和集成式智能化创新是第三次工业革命的三大驱动力。

1. 信息技术指数级增长

1965 年 4 月 19 日，摩尔博士在《电子学》杂志中预言，在价格不变的条件下，半导体芯片上集成的晶体管和元器件数量将每 18～24 个月提升一倍，半导体行业的传奇定律——摩尔定律就此诞生，并在接下来的半个世纪中伴随着整个集成电路行业的飞跃；不仅是芯片，还有计算机、网络、通信等信息技术，都是按照摩尔定律在长期飞速发展（见图 1-4）。

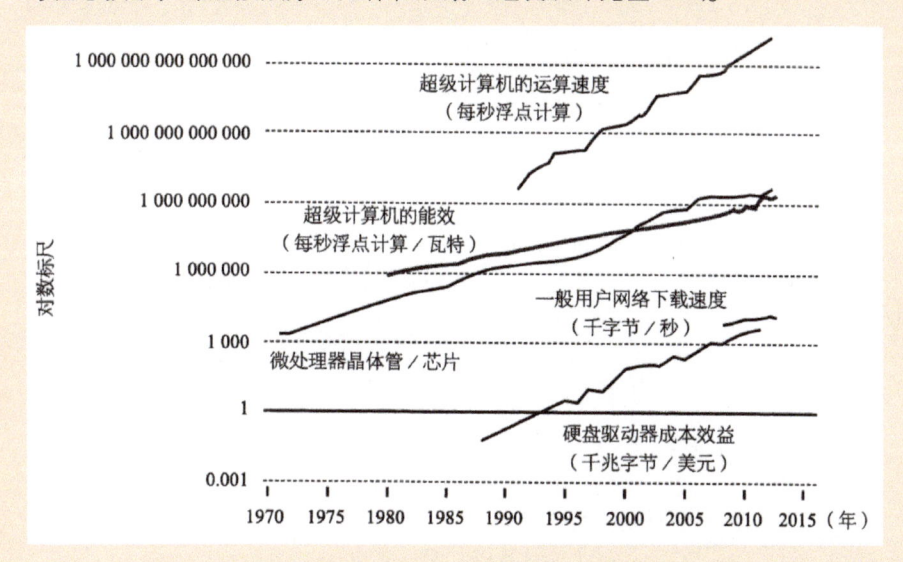

图 1-4　信息技术指数级增长示意图

（来源：The Second Machine Age）

特别是过去 10 年，移动互联、云计算、大数据、物联网等新一代信息技术几乎同时实现了群体性突破，全都呈现指数级增长的态势。信息技术指数级的增长使信息设备变得极快速、极廉价、更小、更轻，使得这些设备的性能提升到我们之前根本就无法想象的高度。这些信息技术、装备和产业的指数级增长是催生第三次工业革命的三大驱动力之一。

2. 数字化、网络化普及应用

数字化和网络化使得信息的获取、使用、控制以及共享变得极其快速和廉价，产生了真正的大数据，创新的速度大大加快，应用的范围无所不及。因而，数字化、网络化普及应用是第三次工业革命的驱动力之二。

大数据、云计算、物联网、移动互联网等新一代信息技术极速普及应用，世上任何物体都可互联起来，可感知、可度量、可通信、可操控，使人和物更聪明，操控更准确。人类社会-信息世界-物理世界三元融合，使信息服务进入了普惠计算和网络时代，真正引发了一场革命。

例1：数码相机和智能手机

数码相机采用光电转换器取代传统胶片，将光信息转换成电信息，再进行数字化处理与存储，是应用数字化技术对传统产品进行创新的一个典范。

数字化时代已经来临，如果不能紧跟时代步伐，必将付出惨重的代价。曾经居于胶片行业全球垄断地位的柯达公司，早在 1975 年就研发出世界上第一台数码相机，但由于战略性决策失误，没能将这一技术创新成果市场化。随着传统胶片产业被数字化技术所颠覆，柯达公司最终于 2012 年宣布破产。

产品数字化、网络化的潮流势不可挡，顺之者昌，逆之者亡。诺基亚和摩托罗拉的陨落就印证了这个进化的规律。

例2：中国互联网产业

中国的互联网技术和应用创新发展，以阿里、腾讯、百度为代表的互联网企业横空出世、异军突起，理念、模式、技术等各方面都有很大的创新，开始参与引领世界互联网和"互联网+"产业的潮流。

3. 集成式智能化创新

伴随信息技术指数级增长和数字化、网络化广泛而深入的应用，特别是数字化、网络化、智能化技术作为共性使能技术深刻地与制造技术融合，一种全新的创新方法——集成式智能化创新应运而生。可能集成智能化创新使用的技术并不是最新的，但这些技术的组合就是革命性的创新。

当前，具有潜在价值的数字化、智能化"积木"在全世界呈爆发态势，各种组合都在高速增长，形成了全球性的"积木式"重组创新。系统决定成败，集成者得天下。这种集成式智能化创新极为重要，是成就第三次工业革命的第三大驱动力。

例3：苹果系列产品、特斯拉电动汽车和谷歌无人驾驶汽车

苹果系列产品、特斯拉电动汽车就是集成式智能化创新的成功典范，通过采用各种最新信息技术、管理技术与工具，对各个创新要素和创新内容进行选择、集成和优化，形成了优势互补的动态创新过程，引领着制造业"创新驱动，转型升级"的历史潮流。

谷歌公司和苹果公司进入汽车制造业，本身就意味着一个新的制造业时代的到来。谷歌无人驾驶汽车集成了各种先进的信息获取、传递、控制和应用技术，突出了新的智能技术和软件技术，在很短时间内取得了标志性的突破，是集成式智能化创新的典范。

科学技术越来越成为推动经济社会发展的主要力量，创新驱动是大势所趋。每一次产业革命都与技术革命密不可分。

18世纪，蒸汽机引发了第一次产业革命，导致了从手工劳动向动力机器生产转变的重大飞跃，使人类进入了机械化时代。19世纪末至20世纪上半叶，电机引发了第二次产业革命，使人类进入了电气化时代。20世纪下半叶，信息技术引发了第三次产业革命，使社会生产和消费从工业化向自动化、智能化转变，社会生产力再次大提高，劳动生产率再次大飞跃。工程科技的每一次重大突破，都会催发社会生产力的深刻变革，都会推动人类文明迈向新的更高的台阶。

进入21世纪以来，新一轮科技革命和产业变革正在孕育兴起，全球科技创新呈现新的发展态势和特征。以智能制造为核心，信息技术、生物技术、新材料技术、新能源技术广泛渗透，带动几乎所有领域发生了以智能化、绿

智能制造

色化、服务化为特征的群体性技术革命，这是新一轮的工业革命。

面对科技创新发展的新趋势，世界主要国家都在寻找科技创新的突破口，抢占未来经济科技发展的先机。美国提出了先进制造业国家战略计划；德国发布了"工业 4.0"战略，形成了整个国家政、产、学、研高度共识的发展蓝图。

美国"工业互联网革命"：2014 年，AT&T、思科、通用电气、IBM 和英特尔成立工业互联网联盟。通过工业互联网，将人、数据和智能设备连接起来，形成一个由机器、设备、集群和网络组成的庞大物理世界，并以智能的方式利用这些交换的数据，能够在更深的层面和连接能力、大数据、数字分析相结合。

德国"工业 4.0"："工业 4.0"战略是基于工业互联网的智能制造战略，将彻底改变制造业的产业链、价值链和产业模式，在德国乃至于全世界都引起了强烈的反响和深远的影响（见图 1-5）。

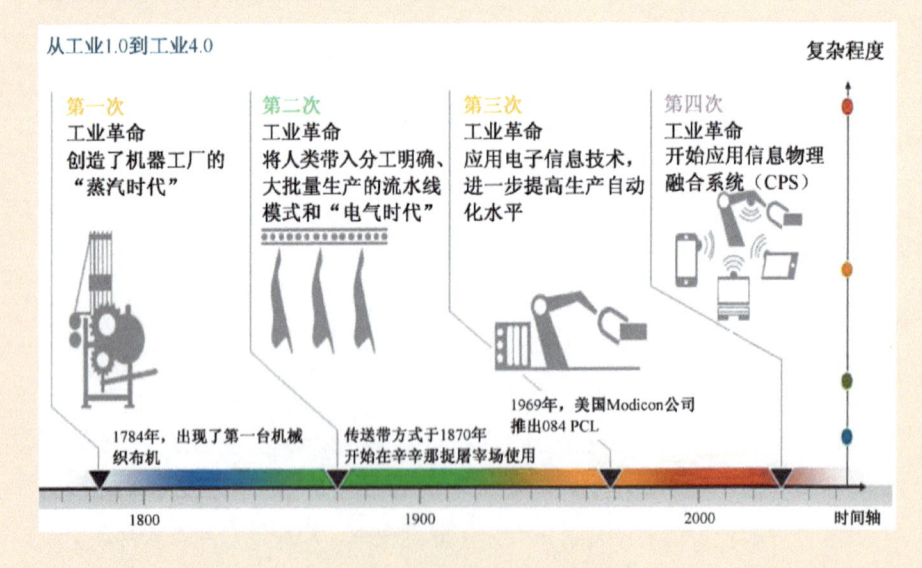

图 1-5 "工业 4.0" 概念图

智能制造的内涵和发展愿景

"中国制造 2025"要以创新驱动发展为主要动力，以信息化与工业化深度融合为主线，以推进智能制造为主攻方向。

智能制造——制造业数字化、网络化、智能化是新一轮工业革命的核心技术，应该作为"中国制造 2025"的制高点、突破口和主攻方向。

智能制造是一个大系统工程，要从产品、生产、模式、基础四个维度深刻认识、系统推进，智能产品是主体，智能生产是主线，以用户为中心的产业模式变革是主题，以 CPS 系统和工业互联网为基础（见图 1-6）。在"中国制造 2025"中，智能生产是"智能制造工程"的主战场，智能产品是"高端装备创新工程"的主战场，产业模式变革是"服务型制造行动计划"的主战场（见图 1-7）。

图 1-6　智能制造推进的四个维度

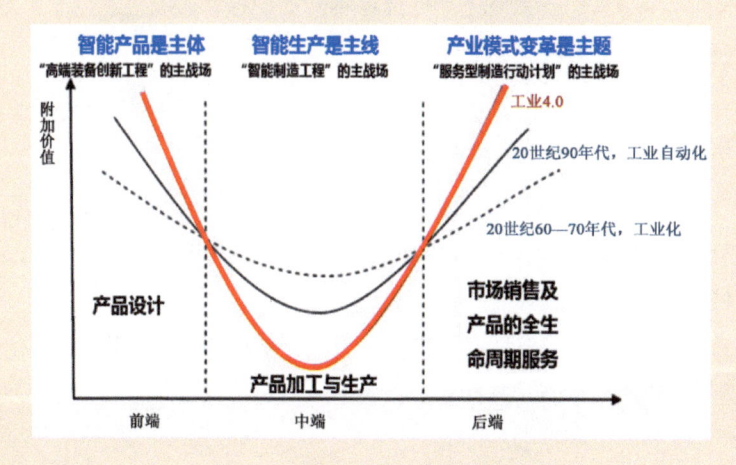

图 1-7　制造业价值链的微笑曲线

| 智能制造

智能产品/装备是主体，是"高端装备创新工程"的主战场

1. 制造业数字化、网络化、智能化是实现机械产品创新的共性使能技术

使机械产品向"数控一代"乃至"智能一代"发展，从根本上提高产品功能、性能和市场竞争力。

传统机械产品的构成包括动力装置、传动装置和工作装置三部分（见图1-8）。其创新可以有多种途径，其中主要有两种方法：一是创新工作原理或者工作装置；二是创新运动的驱动和控制系统。

动力装置 → 传动装置 → 工作装置

图1-8 传统机械产品的基本构成

2. 工作原理的创新是第一种创新，是根本性的，极为重要

千百年来，人们一直在不断创造各种新的机械，形成了适用于完成各种不同任务的成千上万种机械产品。

例4：3D（三维）打印或称为增材制造

3D打印采用分层打印、叠加成形的方式逐层增加材料来生成三维实体。相对于传统的材料切削成形（Cutting），3D打印的材料添加成形（Adding）是一种重大创新。

3D打印机是一种新型制造装备，是以数字化技术为必要前提的制造工艺原理创新和产品创新，其广泛应用将使人们可随时随地制造出所需物品，这必然会改变整个制造业的面貌。

3. 应用数控技术和智能化技术进行机械产品创新属于第二种创新，是智能制造框架内主要的产品创新形式

图 1-9 所示为应用数控技术和智能化技术进行机械产品创新：一方面，用伺服驱动系统取代传统机械中的动力装置与传动装置；另一方面，也是更为重要的，采用计算机控制系统对机械运动与工作过程进行控制，即增加一个"大脑"，然后在此基础上进一步应用智能技术不断提高产品的智能化程度。

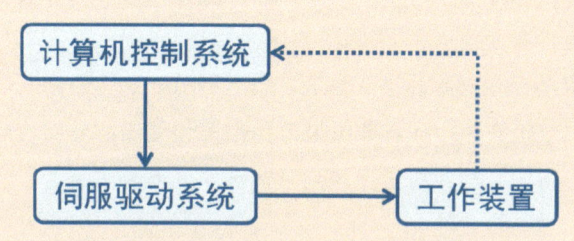

图 1-9 应用数控技术和智能化技术进行机械产品创新

例 5：动力机车的数控化与智能化

我国已成为世界上高速机车技术最发达的国家之一。

轨道交通机车历经蒸汽机车、内燃机车、电力机车到数字化电力机车（电动车组）的进化，目前正向智能化电力机车方向发展。

综观机械产品创新升级的历程，蒸汽机技术这一共性使能技术所带来的动力革命曾催生出了"蒸汽一代"机械产品；电机技术这一共性使能技术所带来的另一场动力革命则曾导致了"电气一代"机械产品的产生；当今，数控化和智能化这一共性使能技术不仅使机械产品从"电气一代"跃升为"数控一代"，并正在逐步向"智能一代"机械产品进化（见图1-10）。

智能制造

机械化时代 → 电气化时代 → 数控化时代 → 智能化时代

"蒸汽一代"机械产品 → "电气一代"机械产品 → "数控一代"机械产品 → "智能一代"机械产品

蒸汽机技术　　电机技术　　数控技术　　智能技术

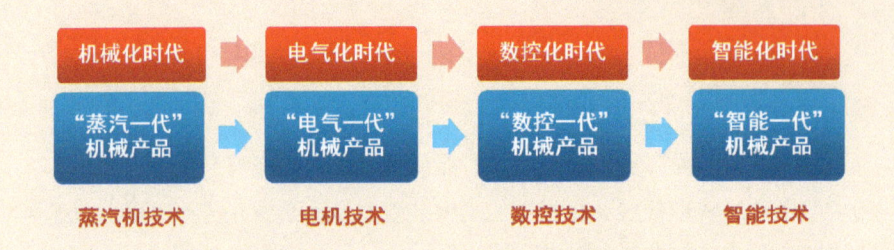

图 1-10　机械产品的技术创新与升级换代历程

1）一方面，数控机床是应用数控技术创新机械产品的最初的突破口和最成功的典范

美国帕森斯公司与麻省理工学院合作，于 1952 年研制成功世界上第一台三坐标立式数控铣床，标志着机械产品数控化时代的开始；而且，经过随后几十年的发展，各种数控机床得到了非常广泛而高水平的应用。

例 6：X52K 普通立式铣床→XK714 数控铣床→XHK714 加工中心→XHK714/3-5 五坐标加工中心

对于 X52K 普通立式铣床，为实现不同的刀具进给的切削速度，需要采用复杂的主传动和进给传动变速系统。

在立式铣床的基础上，采用数控技术，就可以升级为三坐标立式加工中心 XHK714，并可进一步升级为五坐标联动的立式加工中心 XHK714/3-5。五坐标联动机床可使刀具相对于工件呈任意姿态，从而给加工更大的自由度，可以加工各种复杂曲面零件，如发动机叶轮；可以选择更有效的刀具和采用最有效的刀具相对工件的姿态进行加工，有效提高加工效率与质量。

在数控化基础上，通过进一步引入各种智能化技术，可使机床性能和智能化程度不断提高，如实现智能编程、自适应控制、机械几何误差补偿、热变形误差补偿、三维刀具补偿、运动参数动态补偿、故障监控与诊断等。数控化、智能化使机械产品装备了"大脑"，开辟了高端机械产品创新的广阔空间。

例7：光刻机精密工作台

光刻机是 IC 制造中最关键、最复杂、最昂贵的设备。超精密工作台是光刻机核心关键装置，其精度要求极高，几乎接近物理极限，常规机械制造工艺无法实现。

要实现光刻机的高速、大行程、6自由度纳米级精度运动，除合理的运动结构与精密检测技术外，关键在于数字化控制，核心在于数字化补偿。通过补偿控制，光刻机工作台可实现高速、高精的技术要求。

2）另一方面，应用数控技术和智能技术以改变原有的机械驱动方式，催生新一代的数字化智能化装备，形成数字化、网络化、智能化的装备革命

例8：电动汽车、全电舰船和"海洋石油981"平台

电动汽车使用车载电源为动力，通过电机驱动车轮行驶，其实质就是电驱动、电控制的数字化装备（见图 1-11）。电力驱动及控制系统是电动汽车的核心，由驱动电机、电源和计算机控制器等组成。纯电动汽车不需要复杂的机械传动系统，精确控制、安全可靠，进而可以向智能化、无人化汽车发展。

全电舰船是利用原动机集中发电，同时采用新型储能技术，通过电力网络实现舰船的电控制和电推进，实现了全舰能源的综合利用，进而大大加快了舰船装备的智能化进程。

"海洋石油 981"平台（见图 1-12）利用柴油机集中发电，然后对整个钻井平台进行电力驱动和数字化控制。这么一个庞然大物，在3000m 深海作业，海底钻井深度10000m，能在大风大浪中岿然不动，靠的是平台底部的 8 个电推进器。在计算机系统的优化调度控制下，这 8 个推进器可以在各个方向上进行角度和推力调整，从而保证平台的稳定和顺利作业。

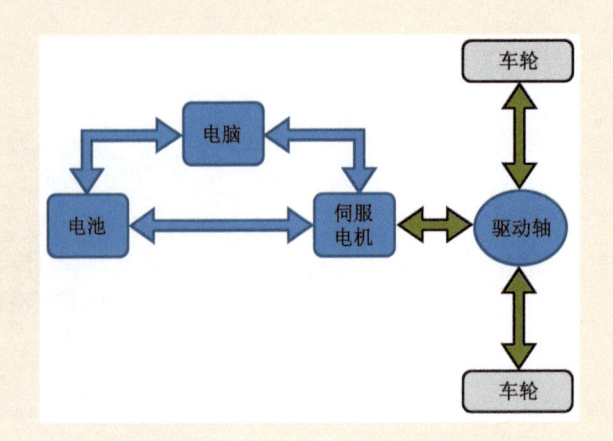

图 1-11 电动汽车结构原理图

图 1-12 "海洋石油 981" 平台

综上所述，作为一种共性使能技术，数字化、网络化、智能化技术可以广泛应用于国民经济各行业和国防军工中各种装备的升级换代，如各种金属加工设备，特别是金属切削机床；各种非金属加工专用设备，如塑料加工机械；食品、饮料、农副产品、日用化工、制药等专用设备；汽车、火车、飞机、轮船等交通运输设备；火炮、雷达、坦克等武器装备；工程、农业、建筑、港口、印刷、医疗机械等。产品的创新与升级换代将极大地提升各种产品的性能与市场竞争力，提高整个制造业的生产效率和质量水平。

必须强调，中国装备走向高端的主要技术路线就是数字化、网络化、智能化。特别是"中国制造2025"的重中之重——高端装备工程，一定要把装备的数字化、网络化、智能化作为主攻方向，创新驱动，跨越发展。

智能生产是主线，是"智能制造工程"的主战场

制造业数字化、网络化、智能化也是生产技术创新的共性使能技术，使制造业向智能化集成制造系统发展，构建智能企业，全面提升产品设计、制造和管理水平。

1. 设计技术创新：设计的数字化、网络化、智能化

采用面向产品全生命周期、具有丰富设计知识库和模拟仿真技术支持的数字化、智能化设计系统，在虚拟现实、计算机网络、大数据等技术支持下，可在虚拟的数字环境里并行、协同地实现产品的全数字化设计，结构、性能、功能的模拟与仿真优化，极大地提高产品设计质量和一次研发成功率。

例9：飞机的全数字化设计

波音777、787采用全数字化设计、测试和装配，采用并行工程方法协同工作，采用虚拟现实技术进行模拟试飞，实现了机身和机翼一次对接成功和飞机上天一次成功。

我国的大型运输机运-20（见图 1-13）的研制也全面采用了数字化、智能化设计技术，大大提高了设计质量，大大缩短了研发周期。

智能制造

图 1-13 运-20 大型运输机

2. 生产技术创新：生产的数字化、网络化、智能化

制造装备的数字化、网络化、智能化（如数控机床，工业机器人）、制造系统的数字化、网络化、智能化（如智能生产线、智能车间等），生产过程的管理与优化，可大幅度提升生产系统的功能、性能与自动化程度，使制造系统向数字化、智能化工厂，数字化、智能化企业以至智能制造系统方向发展。

我国制造业目前和今后一段时间都将大力推进"机器换人"，"机器换人"不仅可以大大节省劳动力，其根本目的在于提高产品质量和企业生产效率，提高中国制造企业的竞争力。广泛意义上的"机器换人"有三种基本途径。

1）通过对生产设备进行数字化、网络化、智能化改造，大幅提高生产效率

例 10：编织机的升级换代

我国是毛纺编织大国。以前，国内毛衣生产主要依靠手动编织机完成，其效率低下，操作工人的劳动强度很大。

数控编织机（见图 1-14）的单机编织速度比手动编织机提高了 5~8 倍；每个工人可同时操作 5 台设备，大大提高了生产效率；与毛衣设计 CAD/CAM 系统集成，大大提高了毛衣花色品种、质量与市场竞争力。

1 ■ 智能制造——"中国制造2025"的主攻方向

图 1-14　数控编织机

2）广泛采用工业机器人，实现"减员、增效、提质、保安全"的目的

工业机器人是典型的数字化、网络化、智能化制造装备，是新工业革命的重要内容。工业机器人不但能够适应恶劣的条件与苛刻的生产环境，而且能够有效提高产品的精度和质量，显著提高劳动生产率。目前，工业机器人技术正在向智能化、模块化和系统化的方向发展；更重要的是，随着技术的成熟和成本的下降，工业机器人即将迎来爆发式增长，在工业生产各领域得到广泛应用，极大地推动工业生产方式向定制化、柔性化和对市场快速响应的方向发展。

例 11：智能工业机器人

宝马沈阳工厂（见图 1-15）作为宝马汽车全球生产体系中最新建成的一座工厂，诠释了当今最先进的生产技术、最创新的环保生产理念、极高的灵活性，引领个性化定制生产的潮流。

中国制造2025 ■ **023**

智能制造

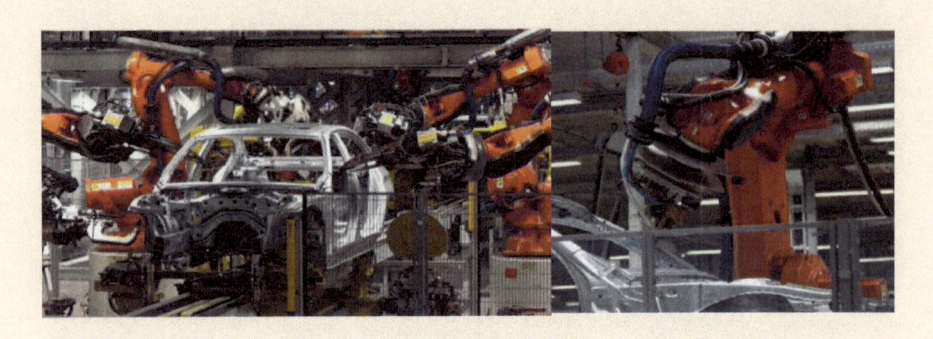

图 1-15 宝马沈阳铁西工厂机器人生产线

3）智能装备+工业互联网=智能生产线、智能车间、智能工厂

单台机器人或智能设备是"机器换人"的关键，也是智能生产的基础，然而，对于广大企业来说，最希望有一个智能生产解决方案。

工业 4.0 的核心是单机智能设备的互联互通。不同类型和功能的智能单机设备的互联互通组成智能生产线，不同的智能生产线间的互联互通组成智能车间，智能车间的互联互通组成智能工厂，不同地域、行业、企业的智能工厂的互联互通组成一个制造能力无所不在的智能制造系统，这些单机智能设备、智能生产线、智能车间及智能工厂可以自由、动态地组合，以满足不断变化的制造需求，这是工业 4.0 区别于工业 3.0 的重要特征。

例 12：数字化车间和智能化工厂

三一重工数字化车间（见图 1-16）生产泵车等工程机械产品，实现了智能装备、智能物流、智能生产，并建立了可视化管控中心，为产品提供全生命周期监控与服务。

西门子成都智能工厂（见图 1-17）实现了从设计、产品研发、生产到物流配送和管理的全过程数字化和网络化。通过数字化手段对生产过程进行展现和控制，并借助自动化和智能化的技术手段，实现计划调度、生产执行、物流管理、质量控制各环节的数字化、自动化与最优化，取得了制造柔性化、生产过程少人化和透明化的效果。

1 智能制造——"中国制造2025"的主攻方向

图1-16 三一重工数字化车间

图1-17 西门子成都智能工厂

智能制造

海尔沈阳冰箱工厂（见图 1-18）实现了设备与设备、人与设备、前台用户与工厂、工厂与后台等多个环节的智能互联互通，工厂与前端的研发、个性化订单，以及后端的物流连接起来。

图 1-18　海尔沈阳冰箱工厂

3. 管理技术创新：管理的数字化、网络化、智能化

数字化、网络化、智能化技术的应用将使制造企业向数字化、网络化、智能化企业管控模式发展，可实现产品全生命周期各环节、各业务、各要素的协同规划与决策优化管理，不仅可以有效提高企业的市场反应速度，还可以大幅度提高制造效益、降低产品成本和资源消耗，有效提高企业竞争力（见图 1-19）。

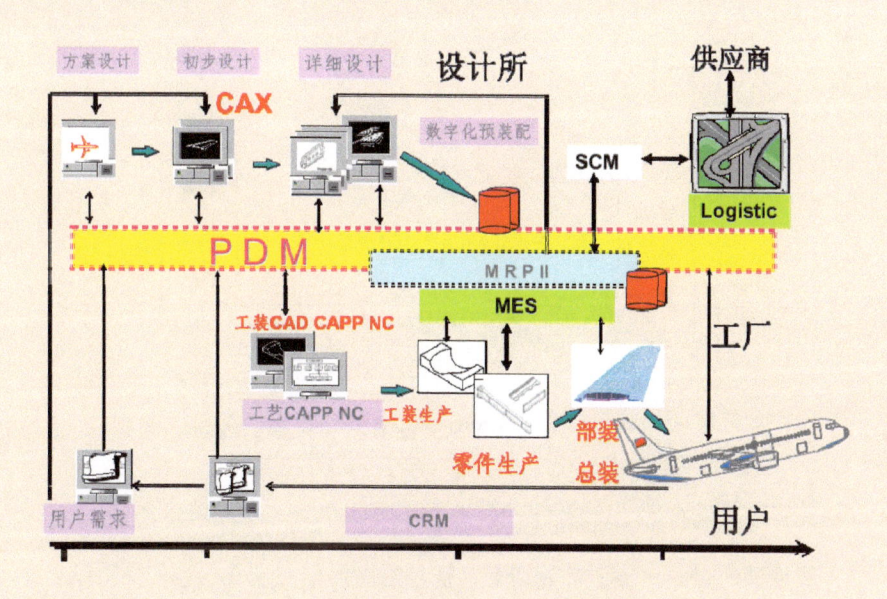

1 ■ 智能制造——"中国制造 2025"的主攻方向

图 1-19 管理的数字化、网络化、智能化

例 13：波音公司的全方位、全周期的生产管理

通过建设数字化工厂，波音公司对各个制造环节进行了全方位、全周期的管理，取得了显著的经济效益：显著提高了生产效率，减少了质量缺陷率，减少了因供应商原因导致的生产延期，波音 787 研制周期缩短至 1/3，研制成本降低 50%。

4．智能化集成制造系统（IIMS）

"智能生产"实质上就是智能化集成制造系统（见图 1-20），CPS 系统和工业互联网将企业的产品设计、制造过程和优化管理集成起来，实现技术流程和业务流程的融合，具有灵活性、自适应性，具有学习、容错和风险管理等功能，在产品制造质量、时间、成本等方面拥有巨大的竞争优势。

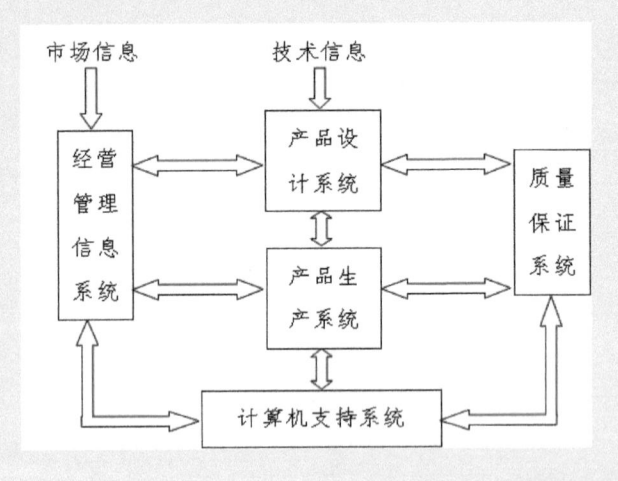

图 1-20　智能化集成制造系统(IIMS)功能组成示意图

要强调的是，这里讲的制造业，既包括离散型制造业，也包括钢铁、化工、建材等连续型（流程类）制造业。同时，未来先进制造业的范畴进一步扩大到材料制造（新材料的数字化设计与制造）、生物制造（生物体的数字化设计与制造）等。

■ 产业模式转变是主题，是"服务型制造行动计划"的主战场

制造业数字化、网络化、智能化是产业模式创新的共性使能技术，将大大促进定制化规模生产方式的发展，延伸发展生产性服务业，深刻变革制造业的生产模式和产业形态：一是从大规模流水线生产转向定制化规模生产，二是产业形态从生产型制造向服务型制造的转变。总体而言，最根本的是产业模式从以产品为中心向以用户为中心转变。

1. 从大规模流水线生产转向定制化规模生产

例 14：宝马汽车的定制化规模生产

客户可以看到不同车型的个性选装配置菜单，并根据自己的需求从外观到内饰，从驾驶动态到舒适功能，定制自己的爱车。宝马工厂则根据客户的个人订单进行生产，客户可以拥有一款纯正的、体现个人风格的专属 BMW 座驾，宝马还为客户提供全生命周期的精致服务。

宝马慕尼黑总部周边，形成了完善的服务链，不但为喜爱宝马的车迷们提供完善的定制和试车服务，更配备了住宿、购物等服务，极大地带动了服务业消费。

例 15：毛衣和西服的定制化生产模式

毛衣数控编织机与毛衣设计 CAD/CAM 系统集成之后，通过电子商务直接承接来自客户的定制要求并进行生产。这样的生产模式一方面因为可实现零库存而大大降低了运营成本、提高了盈利水平，另一方面因为能够快速适应市场需求变化而扩大了市场销售、提高了竞争力。

红领集团建立的个性化西服数据系统能满足超过百万亿种设计组合（见图 1-21），个性化设计需求覆盖率达到了 99.9%，客户自主决定工艺、价格、服务方式。用工业化的流程生产个性化产品，成本只比批量制造高 10%，但回报至少是两倍以上。目前，平均每分钟定制服装几十单，仅纽约市场每天定制产品已达 400 套件。

这几个案例告诉我们，以生产模式为主题的转型升级，为传统制造企业开辟了极为广阔的新的发展空间。

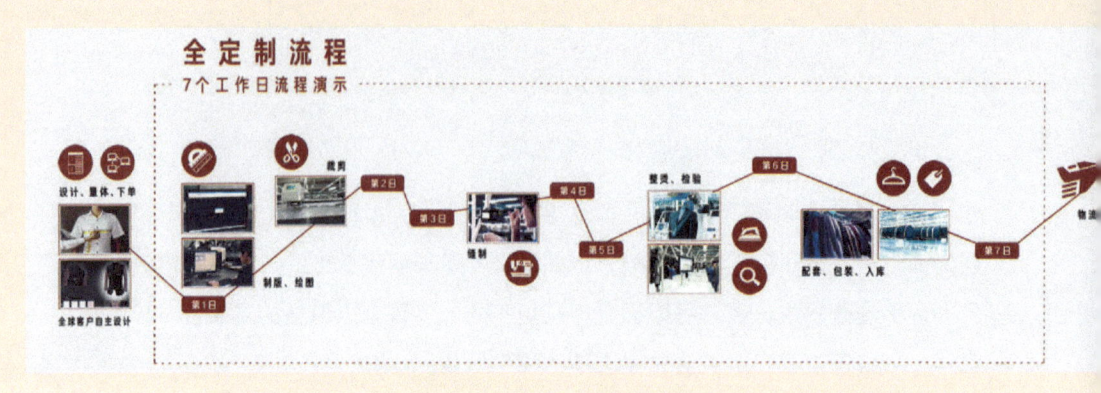

图 1-21　红领西服定制流程

2. 产业形态从生产型制造向服务型制造的转变

由硬件制造商向服务型制造商转变的最典型的例子莫过于 IBM。记得那是在 20 世纪 90 年代参观 IBM 公司，时任 CEO 告诉我 IBM 正在全面向服务业转型；当我 2005 年再次参观 IBM 时，时任 CEO 告诉我，IBM 公司服务收入所占比例已超过 50%，IBM 已经成功转型为服务型制造企业。

例 16：通用电气（GE）的服务型制造模式

GE 将传感器安装在飞机发动机叶片上，实时地将发动机运行参数发回监测中心，通过对发动机状态的实时监控，提供及时的检查、维护和维修服务。以此为基础，GE 发展了"健康保障系统"。同时，大数据的获取，将极大地改进设计、仿真、控制等过程（见图 1-22）。

从 1991 年到 2009 年，GE 开展"按小时支付"等商业服务模式，飞机发动机业务年收入从 69 亿美元增长到 187 亿美元，服务业的收入比例则从 1994 年的不足 40% 增长到 2000 年的 60% 以上。

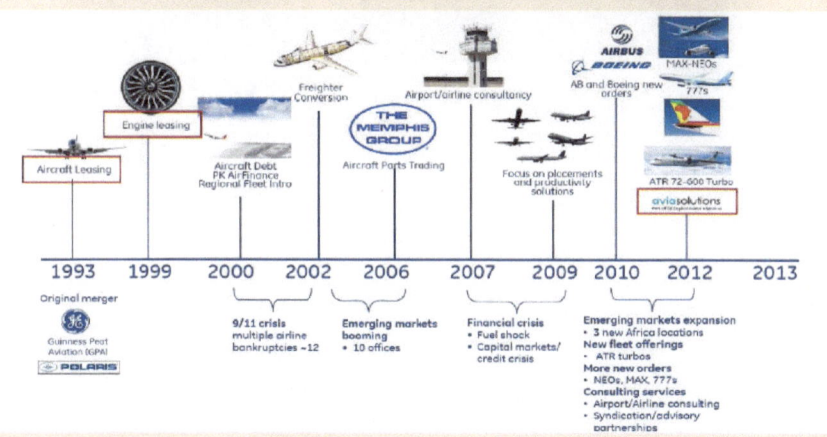

图1-22　GE的飞机发动机业务

GE的例子告诉我们，在工业互联网、云计算、大数据技术迅猛发展的大态势下，工业互联网将包括机器、设备和设施群在内的工业网络与先进的传感器、控制装置和应用软件相连，将服务整合延展到了产品的全生命周期。延展产业链的同时，服务带来了新的产业价值，智能制造时代的产品核心价值已不是产品本身，而是服务用户。

综上所述，制造业将实现从以产品为中心向以用户为中心的根本性转变，这种产业模式和企业形态的根本性变革是智能制造的主题，是"服务型制造行动计划"的主战场。

智能制造的基础建设

1. 构建信息-物理系统（CPS，Cyber-Physical System）

CPS 是一个综合计算、通信、网络、控制和物理环境的多维复杂系统，可以将信息世界和现实世界联系在一起，创建一个真正的 CPS 世界，这个 CPS 世界中，智能目标之间可以互动和互相交流。CPS 代表现有嵌入式系统的下一种演进形态。将互联网上可利用的数据和服务、嵌入式系统结合在一起，就形成了 CPS。

CPS 为构建物联网提供了基础，将其和务（服务）联网结合在一起，产生多个创新应用，以处理实际问题。它们将彻底改变物理世界的交互方式，实现大型工程系统的实时感知、动态控制和信息服务。

2. 积极推进工业互联网基础设施建设

"工业互联网"是数字世界与机器世界的深度融合，其实质也是工业化和信息化在全产业链、全价值链中的融合集成应用，是支撑智能制造的关键基础设施。"云计算、大数据、物联网、务联网"通过嵌入式系统连接装备以实现工业互联网。要制订工业互联网整体网络架构建设规划与布局，建设低时延、高可靠、广覆盖的工业互联网。

3. 强化智能制造标准体系、信息安全保障系统和网络信息平台的建设

（1）建立智能制造标准体系，加快制定以智能化为特征的重大成套装备、自动化生产线系统集成标准；

（2）建立信息安全保障系统，全面提高信息安全保障能力；

（3）建设智能制造网络信息平台，推动软件与服务、设计与制造资源、关键技术标准的开放与共享。

三、"中国制造 2025"要以创新驱动发展为主要动力

科学技术越来越成为推动经济社会发展的主要力量

三十年前，邓小平同志提出，科学技术是第一生产力。近期，习近平同志指出，创新是引领发展的第一动力。

当前，中国经济进入新常态。新的增长点在哪里？新的增长动力是什么？经济发展方式如何实现根本转变？习近平总书记指出，一个是科技创新的轮子，一个是体制机制创新的轮子，两个轮子共同转动，才有利于推动经济发展方式根本转变。我们必须加快从要素驱动发展为主向创新驱动发展转变，发挥科技创新的支撑引领作用。

创新驱动发展的历史性机遇

习近平总书记指出，新一轮科技革命和产业变革与我国加快转变经济发展方式形成历史性交汇，为我们实施创新驱动发展战略提供了难得的重大机遇。这是一个极为深刻的论断，也指出了中国制造业创新驱动、转型升级的发展方向。新一轮工业革命对中国是极大的挑战，同时也是极大的机遇。

一方面，中国制造业面临着极大的挑战。当前，世界主要国家都在寻找

| 智能制造

科技创新的突破口，抢占未来经济科技发展的先机。新科技革命和产业变革将重塑全球经济结构，就像体育比赛换到了一个新场地，如果我们还留在原来的场地，那就"跟不上趟"了。

历史上，我国曾长期位居世界经济大国之列，经济总量一度占到世界的1/3左右，但由于技术落后和工业化水平低，近代以来屡屡被经济总量远不如我们的国家打败。为什么会这样？我们不是输在经济规模上，而是输在科技落后上。由于技术创新和工业制造落后于人，西方列强才得以用坚船利炮轰开我们的国门。中国近代史上落后挨打的根本原因就是技术落后。

在200余年的全球工业化进程中，中国与前两次工业革命失之交臂。在"康乾盛世"，1800年中国GDP约占世界总量的40%，也正是在这一时期，西方发生了工业革命，科学技术和生产力快速发展。但是，"康乾盛世"只是落日的辉煌，由于当时的清朝政治制度落后，统治者闭关自守，错失工业革命的机遇。在短短100多年的时间里，中国急剧地坠入落后挨打的境地，1900年GDP下降到世界总量的4%。这个历史的教训刻骨铭心！

中国的现代化同西方发达国家有很大不同。西方发达国家是一个"串联式"的发展过程，工业化、城镇化、农业现代化、信息化顺序发展。德国已经实现了工业1.0、2.0、3.0，正在向工业4.0迈进。

作为新兴工业国家的中国，如果我们抓不住这次机会，在别人进行工业4.0的时候，我们还在进行工业2.0，就会在科技创新的大赛场上落伍，就算实现了工业化，还是有可能进一步拉大与发达国家的差距，被远远甩在后面。

另一方面，中国制造业面临着极大的机遇。我们要后来居上，决定了我国必然经历一个"并联式"的发展过程，工业化、信息化、城镇化、农业现代化是叠加发展的，也就是要工业2.0、3.0、4.0同步发展。更为宽广的技术选择，日新月异的科学技术，特别是信息技术的广泛应用，将使得我国工业化进程在时间上被大大压缩。

当前，中国和发达国家掌握新一轮工业革命的核心技术的机会是均等的，这为我国发挥后发优势、实现跨越发展提供了可能和契机。"变"，就是机遇。我们可以通过掌握新工业革命的核心技术，成为新的竞赛规则的重要制定者、新的竞赛场地的重要主导者，可以不再跟在西方发达国家后面一步一步地顺序发展，而是依靠工程科技创新和"并联式"发展，在比较短的时间内追赶发达国家的先进水平，这将大大加快中国工业现代化的进程。

我们深切地认识到，与美国相比，我们在创新和人才方面差距极大，在如苹果、谷歌、微软、英特尔公司这样的信息技术原始性创新方面差得很远。然而，今后30年，在"制造业数字化、网络化、智能化"——"互联网+制造"这样一个核心技术方面，中国制造业有自己的特色和优势，完全可以实现战略性的重点突破、重点跨越，实现与西方最发达国家并行甚至超越。我们应该有这样的道路自信，应该集中全国优势兵力打一场战略决战，实现中国制造业的弯道超车、跨越发展。这是一个重大的战略抉择，必将取得伟大的胜利。

10年规划，两个阶段

我们既要解放思想，更要实事求是。要保持清醒头脑，尊重客观实际，遵循发展规律。

"中国制造2025"和"德国工业4.0"都是为应对新一轮全球竞争和新一轮工业革命而采取的国家战略，都把制造业摆在立国之本和强国之基的战略地位，都把推进信息技术与制造技术的深度融合作为主线，都把基于工业互联网的智能制造作为主攻方向。但是，二者在发展基础和产业阶段、发展方针和战略举措等方面有很大的不同，有着各自的特色。

在发展基础和产业阶段方面，德国是世界制造强国，中国是制造大国但还不是制造强国。与德国相比，无论是研发投入还是技术水平，无论是产品质量还是品牌形象，无论是效率效益还是产业竞争力，中国制造业都还存在很大差距。

德国工业4.0是在成功完成"工业1.0"、"工业2.0"并基本完成"工业3.0"之后所提出的制造业发展战略，是自然的"串联式"发展。中国制造业

智能制造

尚处于"工业 2.0"后期的发展阶段。在"十三五"时期，中国制造业必须走"工业 2.0"补课、"工业 3.0"普及、"工业 4.0"示范的"并联式"发展道路，所以我们的任务就比德国实现工业 4.0 更加复杂、更加艰巨。

在发展方针和战略举措方面，德国工业 4.0 是瞄准新一轮科技革命制定的措施，主要聚焦制造业的高端产业和高端环节。中国制造 2025 则是对制造业转型升级的整体谋划，不仅要提出培育发展新兴产业的路径和措施，还要加大对量大面广的传统产业的改造升级力度，同时还要解决制造业创新能力、产品质量、工业基础等一系列阶段性的突出矛盾和问题。

对比一下德国"工业 4.0"与美国"工业互联网革命"之间的异同：德国的优势在于制造环节的强大、实体经济的稳固，因而德国"工业 4.0"似乎更倾向于"制造业+互联网"；美国强调"再工业化"，其优势在于技术创新，不断引领世界制造业创新发展，因而美国"工业互联网革命"似乎更倾向于"互联网+制造业"。这个对比对于我们走中国特色的信息化与工业化深度融合发展之路会有极为重要的借鉴意义。

"中国制造 2025"采取"总体规划、分步实施、重点突破、全面推进"的发展策略。

第一阶段（2015—2020 年），全面推广数字化、网络化技术的应用，部分行业和企业开展智能化技术应用的试点和示范。例如，大力推进"数控一代"机械产品创新工程。

第二阶段（2020—2025 年），大力推进网络化、智能化技术的应用。例如，着力推动"智能一代"机械产品创新工程。

万众创新、开放创新与有组织创新

1. 万众创新

"中国制造 2025"是中央向全社会发出的建设制造强国的动员令，凝聚着中国制造业界全体同志的决心和意志,全行业动员起来、全社会动员起来,打一场"创新驱动、转型升级"的"人民战争"。

"转型升级"是广大企业发展的内在需求,"互联网+"为创新驱动发展开辟了无限广阔的空间,人民群众中蕴含着巨大的"创新驱动"的积极性和发展潜力,天时、地利、人和。必须充分发挥市场在资源配置中的决定性作用并发挥政府的重要作用,统筹利用好各方面优势资源,形成全民创业、万众创新的生动局面,共同推动"中国制造2025"胜利前进。

2. 创新体系与创新平台

(1)推进协同创新,形成以市场为导向、企业为主体、用产学研金政密切合作的创新体系,形成联盟型开放创新,充分发挥各方面积极性;

(2)构建有利于万众创新的"众创"平台——智能制造创新平台,推行更加积极的平台型开放创新;

(3)激发和调动人的积极性,营造尊重知识、尊重人才、鼓励创新、宽容失败的社会氛围,促进更多科技型、创新型人才成才。

3. 有组织创新

充分发挥我国制度优越性,实行有组织的创新:

(1)总体规划、顶层设计;

(2)重点突破、典型示范;

(3)技术攻关、推广应用;

(4)企业培育、人才培养。

中国制造业的同志们有一个共同的奋斗目标:实施"中国制造2025",到2025年,中国进入制造强国行列;再经过20年的努力,到2045年,中国成为全球领先的制造强国,以制造业的繁荣和强大,支撑国家的繁荣和强大,托起中华民族伟大复兴的中国梦。

2

智能制造的内涵和特征

李培根[1] 邵新宇[2]

1 华中科技大学 院士
2 华中科技大学 常务副校长

摘要

本章阐述了智能制造的内涵，给出了智能制造的定义，分析了智能制造的建设目标，梳理了智能制造的技术体系，最后总结了智能制造的系统特征，并就智能制造相关问题进行了探讨。

一、制造与智能

智能制造（IM，Intelligent Manufacturing）通常泛指智能制造技术和智能制造系统，它是人工智能技术和制造技术相结合后的产物。因此，要理解智能制造的内涵，必须先了解制造的内涵和人工智能技术。

制造是把原材料变成有用物品的过程，它包括产品设计、材料选择、加工生产、质量保证、管理和营销等一系列有内在联系的运作和活动。这是对制造的广义理解。对制造的狭义理解是指从原材料到成品的生产过程中的部分工作内容，包括毛坯制造、零件加工、产品装配、检验、包装等具体环节。对制造概念广义和狭义的理解使"制造系统"成为一个相对的概念，小的如柔性制造单元（FMC，Flexible Manufacturing Cell）、柔性制造系统（FMS，Flexible Manufacturing System），大至一个车间、企业乃至以某一企业为中心包括其供需链而形成的系统，都可称之为"制造系统"。从包括的要素而言，制造系统是人、设备、物料流/信息流/资金流、制造模式的一个组合体。

人工智能（AI，Artificial Intelligence）是智能机器所执行的与人类智能有关的功能，如判断、推理、证明、识别、感知、理解、设计、思考、规划、学习和问题求解等思维活动。人工智能具有一些基本特点，包括对外部世界

2 智能制造的内涵和特征

的感知能力、记忆和思维能力、学习和自适应能力、行为决策能力、执行控制能力等。一般来说，人工智能分为计算智能、感知智能和认知智能三个阶段。第一阶段为计算智能，即快速计算和记忆存储能力。第二阶段为感知智能，即视觉、听觉、触觉等感知能力。第三阶段为认知智能，即能理解、会思考。认知智能是目前机器与人差距最大的领域，让机器学会推理和决策异常艰难。

将人工智能技术和制造技术相结合，实现智能制造，通常有如下好处：

（1）智能机器的计算智能高于人类，在一些有固定数学优化模型、需要大量计算、但无需进行知识推理的地方，比如，设计结果的工程分析、高级计划排产、模式识别等，与人根据经验来判断相比，机器能更快地给出更优的方案，因此，智能优化技术有助于提高设计与生产效率、降低成本，并提高能源利用率。

（2）智能机器对制造工况的主动感知和自动控制能力高于人类，以数控加工过程为例，"机床/工件/刀具"系统的振动、温度变化对产品质量有重要影响，需要自适应调整工艺参数，但人类显然难以及时感知和分析这些变化。因此，应用智能传感与控制技术，实现"感知—分析—决策—执行"的闭环控制，能显著提高制造质量。同样，一个企业的制造过程中，存在很多动态的、变化的环境，制造系统中的某些要素（设备、检测机构、物料输送和存储系统等）必须能动态地、自动地响应系统变化，这也依赖于制造系统的自主智能决策。

（3）随着工业互联网等技术的普及应用，制造系统正在由资源驱动型向信息驱动型转变。制造企业能拥有的产品全生命周期数据可能是非常丰富的，通过基于大数据的智能分析方法，将有助于创新或优化企业的研发、生产、运营、营销和管理过程，为企业带来更快的响应速度、更高的效率和更深远的洞察力。工业大数据的典型应用包括产品创新、产品故障诊断与预测、企业供需链优化和产品精准营销等诸多方面。

由此可见，无论是在微观层面，还是宏观层面，智能制造技术都能给制造企业带来切实的好处。我国从制造大国迈向制造强国过程中制造业面临5个转变：产品从跟踪向自主创新转变；从传统模式向数字化、网络化、智能化的转变；从粗放型向质量效益型转变；从高污染、高能耗向绿色制造转变；从生产型向"生产+服务"型转变。在这些转变过程中，智能制造是重要手段。在"中国制造2025"中，智能制造是制造业创新驱动、转型升级的制高点、突破口和主攻方向。

二、智能制造概念的产生与发展

国际上智能制造的研究始于20世纪七八十年代，智能制造领域的首本研究专著[1]于1988年出版，它探讨了智能制造的内涵与前景，定义其目的是"通过集成知识工程、制造软件系统、机器人视觉和机器人控制来对制造技工们的技能与专家知识进行建模，以使智能机器能够在没有人工干预的情况下进行小批量生产"。1989年，Kusiak出版专著《Intelligent Manufacturing Systems》[2]，并于次年创办智能制造领域著名的国际学术期刊《Journal of Intelligent Manufacturing》[3]。

20世纪90年代初，日本提出了"智能制造系统IMS"国际合作研究计划，其目的是把日本工厂的专业技术与欧盟的精密工程技术、美国的系统技术充分地结合起来，开发出能使人和智能设备都不受生产操作和国界限制，且能彼此合作的高技术生产系统。美国于1992年执行新技术政策，大力支持包括信息技术、新的制造工艺和智能制造技术在内的关键重大技术。欧盟于1994年启动新研发项目，在其中的信息技术、分子生物学和先进制造技术中均突出了智能制造技术的地位。这段时期，由于人工智能进展缓慢，智能制造技术未能在企业广泛应用。

21世纪以来，在经历一段时间的沉寂后，智能制造又蓬勃发展起来。美国以智能制造新技术引领"再工业化"，2011年6月，启动包括工业机器人在内的"先进制造伙伴计划"；2012年2月，出台"先进制造业国家战略计划"，提出建设智能制造技术平台以加快智能制造的技术创新；2012年3月，建立全美制造业创新网络，其中智能制造的框架和方法、数字化工厂、3D

打印等均被列为优先发展的重点领域。德国通过政府、弗劳恩霍夫研究所和各州政府合作投资于数控机床、制造和工程自动化行业的智能制造研究。2011年，日本发布了第四期科技发展基本计划，在该计划中主要部署了多功能电子设备、信息通信技术、测量技术、精密加工、嵌入式系统等重点研发方向；同时加强智能网络、高速数据传输、云计算等智能制造支撑技术领域的研究。

2012年，美国通用公司提出"工业互联网（Industrial Internet）[4]"，通过它将智能设备、人和数据连接起来，并以智能的方式分析这些交换的数据，从而能帮助人们和设备做出更智慧的决策。AT&T、思科、通用电气、IBM和英特尔随后在美国波士顿成立工业互联网联盟[5]，以期打破技术壁垒，促进物理世界和数字世界的融合，目前，该联盟的成员已经超过200个。

在2013年4月的汉诺威工业博览会上，德国政府宣布启动"工业4.0（Industry 4.0）"国家级战略规划，意图在新一轮工业革命中抢占先机，奠定德国工业在国际上的领先地位。"工业4.0"通过利用信息-物理系统（CPS，Cyber-Physical Systems），实现由集中式控制向分散式增强型控制的基本模式转变，其目标是建立高度灵活的个性化和数字化的产品与服务的生产模式，推动现有制造业向智能化方向转型。

在中国，"智能制造"的研究问题于1988年首次在国家自然科学基金委（NSFC）提出，并于1993年设立NSFC重大项目"智能制造系统关键技术"，之后相关的理论研究一直在进行，但大规模的应用探索研究并未开展。2010年，《国务院关于加快培育和发展战略性新兴产业的决定》中首次将"智能制造及装备"列为高端制造装备中的重点发展领域。之后，智能制造技术被列入国家"十二五"规划、国家中长期发展规划优先发展和支持的重点领域，并制定了《智能制造装备产业"十二五"发展规划》和《智能制造科技发展"十二五"专项规划》。2015年，国务院正式发布《中国制造2025》，在"战略任务和重点"一节中，明确提出"加快推动新一代信息技术与制造技术融合发展，把智能制造作为两化深度融合的主攻方向；着力发展智能装备和智能产品，推进生产过程智能化；培育新型生产方式，全面提升企业研发、生产、管理和服务的智能化水平。"

智能制造

纵观智能制造概念与技术的发展，经历了兴起和缓慢推进阶段，直到2013年以来的爆发式发展。究其原因有很多，其一，近几年来，世界各国都将"智能制造"作为重振和发展制造业战略的重要抓手；其二，随着以互联网、物联网和大数据为代表的信息技术的快速发展，智能制造的范畴有了较大扩展，以CPS、大数据分析为主要特征的"智能制造"已经成为制造企业转型升级的巨大推动力。

三、智能制造的定义

关于"智能制造"一词的定义非常多，下面列举了其中一些定义：

（1）1991年，日、美、欧共同发起实施的"智能制造国际合作研究计划"中定义"智能制造系统是一种在整个制造过程中贯穿智能活动，并将这种智能活动与智能机器有机融合，将整个制造过程从订货、产品设计、生产到市场销售等各个环节以柔性方式集成起来的能发挥最大生产力的先进生产系统"。

（2）百度百科中"智能制造"一词采用了路甬祥报告中的定义[6]，"一种由智能机器和人类专家共同组成的人机一体化智能系统，它在制造过程中能进行智能活动，诸如分析、推理、判断、构思和决策等。通过人与智能机器的合作共事，去扩大、延伸和部分地取代人类专家在制造过程中的脑力劳动。它把制造自动化的概念更新、扩展到柔性化、智能化和高度集成化"。

（3）2011年6月，美国智能制造领导联盟（SMLC，Smart Manufacturing Leadership Coalition）发表了《实施21世纪智能制造》报告。定义智能制造是先进智能系统强化应用、新产品制造快速、产品需求动态响应，以及工业生产和供应链网络实时优化的制造。智能制造的核心技术是网络化传感器、数据互操作性、多尺度动态建模与仿真、智能自动化，以及可扩展的多层次的网络安全。

（4）在中国《智能制造科技发展"十二五"专项规划》中，定义智能制造是"面向产品全生命周期,实现泛在感知条件下的信息化制造,是在现代传感技术、网络技术、自动化技术、拟人化智能技术等先进技术的基础上,通过智能化的感知、人机交互、决策和执行技术,实现设计过程智能化、制造过程智能化和制造装备智能化等。智能制造系统最终要从以人为主要决策核心的人机和谐系统向以机器为主体的自主运行转变"。

(5)在中国《2015年智能制造试点示范专项行动实施方案》中,定义智能制造是"基于新一代信息技术,贯穿设计、生产、管理、服务等制造活动各个环节,具有信息深度自感知、智慧优化自决策、精准控制自执行等功能的先进制造过程、系统与模式的总称。具有以智能工厂为载体,以关键制造环节智能化为核心,以端到端数据流为基础、以网络互联为支撑等特征,可有效缩短产品研制周期、降低运营成本、提高生产效率、提升产品质量、降低资源能源消耗"。

(6)2015年12月,《国家智能制造标准体系建设指南(2015年版)》提出了智能制造系统架构模型,该模型从生命周期、系统层级和智能功能三个维度来阐述智能制造的内涵,所构建的智能制造标准体系结构包括基础共性标准、关键技术标准和重点行业标准三大部分,其中,关键技术标准包括智能装备、智能工厂、智能服务、工业软件和大数据、工业互联网5个部分。

从上述定义可以看出,随着各种制造新模式的产生和新一代信息技术的快速发展,智能制造的内涵在不断变化,人工智能的成分在弱化,而信息技术、网络互联等概念在强化,同时,智能制造的范围也在扩大,横向上从传统制造环节延伸到产品全生命周期,纵向上从制造装备延伸到制造车间、制造企业甚至企业的生态系统。

关于智能制造的理解存在一定的分歧,比如,在国家973项目"高品质复杂零件智能制造基础研究"中,认为智能制造的"科学理念集中体现在智能工艺和智能装备上,是复杂工况下高性能产品制造的有效手段",这可视为对智能制造的狭义理解。虽然"工业4.0"、"工业互联网"和"中国制造2025"都没有给出智能制造的定义,但"工业4.0"中强调智能生产(Smart Production)和智能工厂(Smart Factory),"工业互联网"强调智能设备(Intelligent Devices)、智能系统(Intelligent Systems)和智能决策(Intelligent

Decisioning)三要素的整合,"中国制造 2025"把智能制造作为两化深度融合的主攻方向。因此,也有一种观点认为这些战略规划就是在讲"智能制造",这实际上过于泛化了,不利于理解智能制造的本质特征。

本书从智能制造的本质特征出发,尝试给出智能制造较为普适的定义,即"面向产品的全生命周期,以新一代信息技术为基础,以制造系统为载体,在其关键环节或过程,具有一定自主性的感知、学习、分析、决策、通信与协调控制能力,能动态地适应制造环境的变化,从而实现某些优化目标"。关于该定义的解释如下:

(1)智能制造面向产品全生命周期而非狭义的加工生产环节,产品是智能制造的目标对象。

(2)智能制造以新一代信息技术为基础,包括物联网、大数据、云计算等,是泛在感知条件下的信息化制造。

(3)智能制造的载体是制造系统,如图 2-1 所示,制造系统从微观到宏观有不同的层次,比如制造装备、制造单元、制造车间、制造企业和企业生态系统等。制造系统的构成包括产品、制造资源(机器、生产线、人等)、各种过程活动(设计、制造、管理、服务等)以及运行与管理模式。

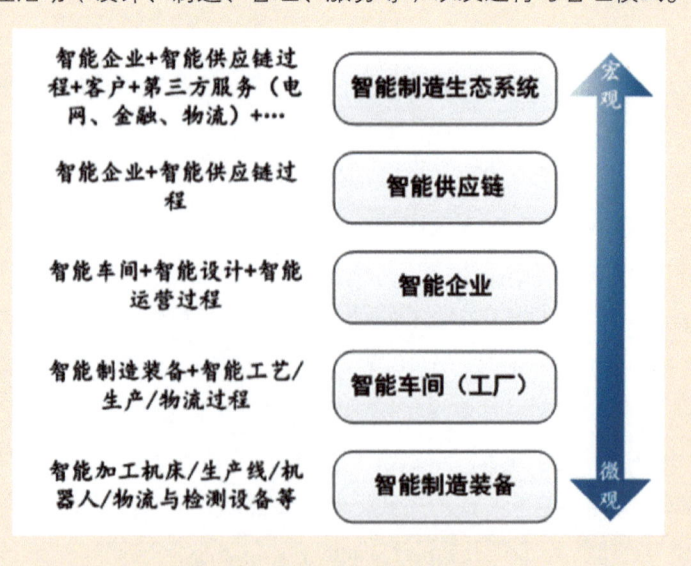

图 2-1 智能制造系统的层次

（4）智能制造技术的应用是针对制造系统的关键环节或过程，而不一定是全部。

（5）"智能"的制造系统，必须具备一定自主性的感知、学习、分析、决策、通信与协调控制能力，这是其区别于"自动化制造系统"和"数字化制造系统"的根本地方，同时，"能动态地适应制造环境的变化"也非常重要，一个只具有优化计算能力的系统和一个智能的系统是不同的。

（6）构建"智能"的制造系统，必然是为了实现某些优化目标。这些优化目标非常多，比如，增强用户体验友好性、提高装备运行可靠性、提高设计和制造效率、提升产品质量、缩短产品制造周期、拓展价值链空间等。应当注意，不同的制造系统层次、制造系统的不同环节和过程、不同的行业和企业，其优化目标及其重要性都是不同的，难以一一枚举，必须具体情况具体分析。

四、智能制造的目标

"智能制造"概念刚提出时，其预期目标是比较狭义的，即"使智能机器在没有人工干预的情况下进行小批量生产"，随着智能制造内涵的扩大，智能制造的目标已变得非常宏大。比如，"工业4.0"指出了8个方面的建设目标，即满足用户个性化需求，提高生产的灵活性，实现决策优化，提高资源生产率和利用效率，通过新的服务创造价值机会，应对工作场所人口的变化，实现工作和生活的平衡，确保高工资仍然具有竞争力。"中国制造2025"指出实施智能制造可给制造业带来"两提升、三降低"，"两提升"是指生产效率的大幅度提升，资源综合利用率的大幅度提升。"三降低"是指研制周期的大幅度缩短，运营成本的大幅度下降，产品不良品率的大幅度下降。

下面结合不同行业的产品特点和需求，从4个方面对智能制造的目标特征作归纳阐述。

1. 满足客户的个性化定制需求

在家电、3C（计算机、通信和消费类电子产品）等行业，产品的个性化来源于客户多样化与动态变化的定制需求，企业必须具备提供个性化产品的能力，才能在激烈的市场竞争中生存下来。智能制造技术可以从多方面为个性化产品的快速推出提供支持，比如，通过智能设计手段缩短产品的研制周期，通过智能制造装备（比如智能柔性生产线、机器人、3D 打印设备）提高生产的柔性，从而适应单件小批生产模式等。这样，企业在一次性生产且产量很低（批量为 1）的情况下也能获利。以海尔为例，2015 年 3 月，首台用户定制空调成功下线，这离不开背后智能工厂的支持。

2. 实现复杂零件的高品质制造

在航空、航天、船舶、汽车等行业，存在许多结构复杂、加工质量要求非常高的零件。以航空发动机的机匣为例，它是典型的薄壳环形复杂零件，最大直径可达 3m，其外表面分布有安装发动机附件的凸台、加强筋、减重型槽及花边等复杂结构，壁厚变化剧烈。用传统方法加工时，加工变形难以控制，质量一致性难以保证，变形量的超差将导致发动机在服役时发生振动，严重时甚至会造成灾难性的事故。对于这类复杂零件，采用智能制造技术，在线检测加工过程中力-热-变形场的分布特点，实时掌握加工中工况的时变规律，并针对工况变化即时决策，使制造装备自律运行，可以显著地提升零件的制造质量。

3. 保证高效率的同时，实现可持续制造

可持续发展定义为："能满足当代人的需要，又不对后代人满足其需要的能力构成危害的发展"。可持续制造是可持续发展对制造业的必然要求。从环境方面考虑，可持续制造首先要考虑的因素是能源和原材料消耗。这是因为制造业能耗占全球能量消耗的 33%，CO_2 排放的 38%[7]。当前许多制造企业通常优先考虑效率、成本和质量，对降低能耗认识不够。然而实际情况是不仅化工、钢铁、锻造等流程行业，而且在汽车、电力装备等离

散制造行业，对节能降耗都有迫切的需求。以离散机械加工行业为例，我国机床保有量世界第一，约 800 多万台。若每台机床额定功率按平均为 5 千瓦～10 千瓦计算，我国机床装备总的额定功率为 4000 万千瓦～8000 万千瓦，相当于三峡电站总装机容量 2250 万千瓦的 1.8～3.6 倍。智能制造技术能够有力地支持高效可持续制造，首先，通过传感器等手段可以实时掌握能源利用情况；其次，通过能耗和效率的综合智能优化，获得最佳的生产方案并进行能源的综合调度，提高能源的利用效率；最后，通过制造生态环境的一些改变，比如改变生产的地域和组织方式，与电网开展深度合作等，可以进一步从大系统层面实现节能降耗。

4. 提升产品价值，拓展价值链

产品的价值体现在"研发—制造—服务"的产品全生命周期的每一个环节，根据"微笑曲线"理论，制造过程的利润空间通常比较低，而研发与服务阶段的利润往往更高，通过智能制造技术，有助于企业拓展价值空间。其一，通过产品智能化升级和产品智能设计技术，实现产品创新，提升产品价值；其二，通过产品个性化定制、产品使用过程的在线实时监测、远程故障诊断等智能服务手段，创造产品新价值，拓展价值链。

五、智能制造的技术体系

智能制造技术体系的总体框架如图 2-2 所示，智能制造基础关键技术为智能制造系统的建设提供支撑，智能制造系统是智能制造技术的载体，它包括智能产品、智能制造过程和智能制造模式三部分内容。

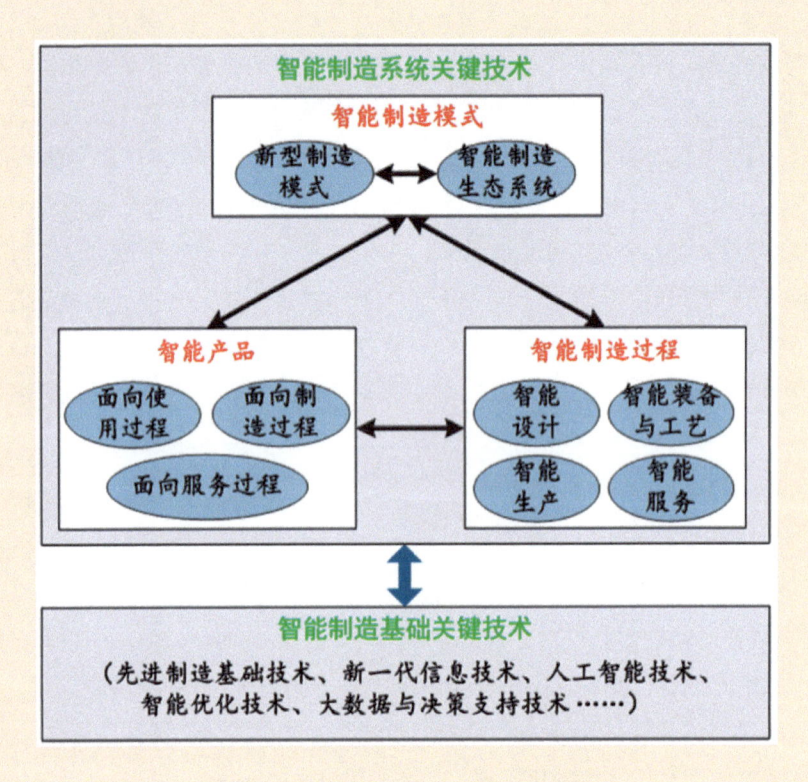

图 2-2　智能制造技术体系的总体框架

智能产品

所谓智能产品,是指深度嵌入信息技术(高端芯片、新型传感器、智能控制系统、互联网接口等),在其制造、物流、使用和服务过程中,能够体现出自感知、自诊断、自适应、自决策等智能特征的产品。产品智能化是产品创新的重要手段,和非智能产品相比,智能产品通常具有如下特点:能够实现对自身状态、环境的自感知,具有故障诊断功能;具有网络通信功能,提供标准和开放的数据接口,能够实现与制造商、服务商、用户之间的状态和位置等数据的传送；具有自适应能力，能够根据感知的信息调整自身的运行模式，使其处于最优状态；能够提供运行数据或用户使用习惯数据，支撑制造商、服务商、用户进行数据分析与挖掘，实现创新性应用等。

下面从使用、制造和服务三个环节对智能产品的关键技术进行阐述。

1. 面向使用过程的产品智能化技术

无人机、无人驾驶汽车、智能手机等是典型的创新型智能产品，它们的"人—机"或"机—机"互动能力强，用户体验性好，甚至可以代替或者辅助用户完成某些工作，因而具有较高的附加值。其智能性主要通过自主决策（如环境感知、路径规划、智能识别等）、自适应工况（控制算法及策略等）、人机交互（多功能感知、语音识别、信息融合等）、信息通信等技术来实现。借助工业互联网和大数据分析技术，这类产品的使用信息也可以反馈回设计部门，为产品的改进与创新设计提供支持。

还有一类特殊的产品就是智能制造装备，比如智能数控机床，它将专家的知识和经验融入感知、决策、执行等制造活动中，并赋予产品制造在线学习和知识进化能力，从而实现高品质零件的自学自律制造。智能制造装备和智能制造工艺密切相关。

2. 面向制造过程的产品智能化技术

产品是制造的目标对象，要实现制造过程的智能化，产品（含在制品、原材料、零配件、刀具等）本身的智能化是不可缺少的，它的智能特征体现在可自动识别、可精确定位、可全程追溯、可自主决定路径和工艺、可主动报告自身状态、可感知并影响环境等诸多方面。"工业4.0"中描述了这样一个场景，产品进入车间后，自己找设备加工，并告诉设备如何加工。这就是面向制造过程的产品智能化的具体体现，其实现的关键技术包括无线射频识别（RFID，Radio Frequency Identification）等自动识别技术、CPS技术、移动定位技术等。

智能制造

3. 面向服务过程的产品智能化技术

对于工程机械、航空发动机、电力装备等产品，远程智能服务是产品价值链中非常重要的组成部分。以通用电气（GE）为例，其位于美国亚特兰大的能源监测和诊断中心，收集全球 50 多个国家上千台 GE 燃气轮机的数据，每天的数据量多达 10G，通过大数据分析可对燃气轮机的故障诊断和预警提供支撑。为了实现远程智能服务，产品内部嵌入了传感器、智能分析与控制装置和通信装置，从而实现产品运行状态数据的自动采集、分析和远程传递。

智能制造过程

作为制造过程创新的重要手段，智能制造过程包括设计、工艺、生产和服务过程的智能化。

1. 智能设计

产品设计是产品形成的创造性过程，是带有创新特性的个体或群体性活动，智能技术在设计链的各个环节上使设计创新得到质的提升。通过智能数据分析手段获取设计需求，进而通过智能创成方法进行概念生成，通过智能仿真和优化策略实现产品的性能提升，辅之以智能并行协同策略来实现设计制造信息的有效反馈，从而大幅缩短产品研发周期，提高产品设计品质。

1) 面向多源海量数据的设计需求获取技术

设计的感知来源于客户需求，如何有效获取客户需求用于产品设计是保证产品设计有效性的前提，信息技术的飞速发展已使产品设计需求超越了客户调查的传统范畴，呈现为广泛存在于产品生命周期中的多样化数据信源，它可来自于互联网的客户评价、来自于服务商的协商调研、来自于设计伙伴的信息交互、甚至来源于正在服役产品关键性能数据的实时在线反馈，各种

2 智能制造的内涵和特征

智能方法被用于发现这些信息中所隐含的设计需求，包括智能聚类方法、神经网络技术、机器学习策略、软计算方法、数据挖掘技术等；而对于当前广泛存在于广域有线和工业无线网络中的各种异构海量数据，大数据分析方法和云计算技术正成为处理这些信息进而获取个性化定制需求的有力工具，巨量数据的有效分析使得传统方法不易获得的设计需求被智能化地呈现出来，使设计概念的创新提升到一个新的层次。

2）设计概念的智能创成技术

如何从设计需求转变为概念产品是设计智能的实际体现和具化过程，各种人工智能和系统工程方法的运用使这一阶段更具智能化和科学化。发明问题的解决理论（TRIZ）提出了一系列的理论、方法和工具来使设计创新过程系统化和规则化，有效拓展了创新思维能力。而各种基于知识的理论则着眼于经验知识的形式化表达和智能获取，包括基于规则的方法、基于案例的方法、基于模型的方法、知识流分析方法、基于语义网络的方法等，它们将知识工程的最新成果与设计概念形成原理相结合来形成有效的知识载体实现设计概念的智能创成。而随着互联网络的发展与普及，知识资源的和设计服务的共享将成为设计知识再利用的有效途径，相应分布式资源管理理论和平台技术的不断完善将使得设计效率得到显著提升；而在创新理念层出不穷的今天，支持多个创客群体实时交互、基于群体智能机制的实时协同创新平台也将成为设计概念产生的一种有效支持手段，促进新概念产品的创造性生成。

3）基于模拟仿真的智能设计技术

产品功能是产品性能的具体载体，由设计概念信息发展为具体产品需要进行产品性能的具体量化实现，随着高性能计算技术的发展，工业企业越来越倾向于使用高性能仿真来替代昂贵的物理性能实验，在节约成本的同时大幅缩短研制周期。基于计算机数字模型的模拟仿真已成为产品设计必不可少的手段，仿真的层次也从宏观逐步递进到用来真实反映介观、微观等多个层次的物理现象。而对于物理性能要求很高的产品，鉴于尺度之间的强关联特性，模拟仿真已突破了单尺度的限制，进入宏细观结合的跨尺度分析的范畴，如集成计算材料工程（ICME，Integrated Computational Materials Engineering）

利用计算工具所得的材料信息与工业产品性能分析和制造工艺模拟集成，通过界面分析及材料—产品—工艺的一体化设计来实现产品的性能提升。随着产品性能要求的不断提升，基于高精度模拟仿真数据、融高效实验设计和智能寻优为一体的优化技术已成为产品设计性能提升的不可或缺的手段。面对空间飞行器、航天运载工具、高性能舰船等具有极高维度、极复杂设计空间的设计系统，多学科优化技术已成为处理复杂设计系统综合性能优化的有效方法，它通过探索和利用系统中相互作用的协同机制，利用学科子系统间的目标耦合策略和协调计算方法来构建系统的智能迭代优化策略，从而在较短的时间内获取系统整体最优性能。而用于提高优化性能的一系列关键技术伴随着优化体系的形成而逐渐展开，如用于提升模拟仿真效率的智能实验设计技术、用于减少高成本仿真次数的智能近似技术、用于在多峰、多约束、复杂地貌的设计空间中快速找到最优区域的智能寻优技术、用于对模拟仿真中认知或模型不确定性进行定量化度量的智能不确定分析技术等，这些均为设计优化过程的自动化、智能化和精准化提供了有力的驱动力。

4）面向"性能优先"的智能设计技术

传统的产品设计体现的是"实现性优先"，即在产品设计时要对产品如何通过工艺手段实现出来加以综合考量，在确保产品能够实现的前提下对产品性能进行优化，其产品的性能将不可避免地受到后续工艺过程的限制或影响。而随着以3D打印技术为代表的新型工艺方法的飞速发展，"如何实现"的局限性已成为一个可以逾越的屏障，设计者可以把更多的精力放在如何使产品结构能够更好地满足性能要求之上，从而形成了"性能优先"的设计。工程师可以根据性能要求量身定制特定的结构形式，而如何智能生成这些结构形式则是一个新的问题。拓扑优化技术为产品的性能优先设计提供了有力的智能解决手段，拓扑优化是指一种根据给定的负载情况、约束条件和性能指标，在给定的区域内对材料分布进行优化的数学方法，其内在的机理在于如何智能地生成符合性能要求的结构布局，其灵活的布局方式使得设计者可跨越工艺限制，去追求极致的设计性能，达到传统设计所无法企及的性能水平。

2. 智能装备与工艺

制造装备是工业的基础，制造装备的智能化是其未来发展的必然趋势，是体现制造水平的重要标志之一。智能制造装备的核心思想是装备能对自身和加工过程进行自感知，对与装备、加工状态、工件材料和环境有关的信息进行自分析，根据零件的设计要求与实时动态信息进行自决策，依据决策指令进行自执行，通过"感知→分析→决策→执行与反馈"大闭环过程，不断提升装备性能及其适应能力，使得加工从控形向控性发展，实现高效、高品质及安全可靠的加工，除此之外，设备与人的协同工作，虚拟/虚实制造等也是智能装备与工艺的重要内容。表2-1从三个方面描述了从"数字装备与工艺"到"智能装备与工艺"的进化过程。

表2-1 从"数字装备与工艺"到"智能装备与工艺"

数字装备与工艺	智能装备与工艺
数控机床按照预先给定的指令进行加工	机床自动采集工况信息，根据实时状态优化调整加工参数，设备自律执行
工业机器人在固定位置按照预先设定的程序自动进行重复式工作	机器人和人协同工作，其位置不再固定，行为不再预设，能自适应环境变化
制造工艺的验证基本在物理环境中完成	在虚拟环境或者虚实结合环境中完成全部制造工艺的验证

下面以高品质复杂零件（比如航空发动机叶片）的智能加工过程为例对智能装备与工艺进行简要阐述。其关键技术包括工况自检测、工艺知识自学习、制造过程自主决策和装备自律执行等。

（1）工况自检测：零件加工过程中，制造界面上的热—力—位移多场耦合效应与材料/结构/工艺/过程具有强相关性，通过对加工过程中的切削力、夹持力，切削区的局部高温，刀具热变形、磨损、主轴振动等一系列物理量，以及刀具—工件—夹具之间热力行为产生的应力应变进行高精度在线检测，为工艺知识学习与制造过程自主决策提供支撑。

（2）工艺知识自学习：在检测加工过程的时变工况后，分析工况、界面耦合行为与工件品质之间的映射关系，建立描述工况、耦合行为和工件品质映射关系的联想记忆知识模板，通过工艺知识的自主学习理论，实现基于模板的知识积累和工艺模型的自适应进化。同时将获得的工艺知识存储于工艺知识库中，供工艺优化使用。为制造过程自主决策提供支撑。

（3）制造过程自主决策和装备自律执行：智能装备的控制系统具有面向实际工况的智能决策与加工过程自适应调控能力。通过将工艺知识融入装备控制系统决策单元，根据在线检测识别加工状态，由工艺知识对参数进行在线优化并驱动生成过程控制决策指令，对主轴转速及进给速度等工艺参数进行实时调控，使装备工作在最佳状态。在进行调控时，具有完善的调控策略，避免工艺参数突变对加工质量的影响。还能实时调控智能夹具的预紧力以及导轨等运动界面的阻尼特性，以抑制加工过程中的振动，提高产品质量。

3. 智能生产

指针对制造工厂或车间，引入智能技术与管理手段，实现生产资源最优化配置、生产任务和物流实时优化调度、生产过程精细化管理和智慧科学管理决策。生产过程的主要智能手段及其价值回报如图 2-3 所示。

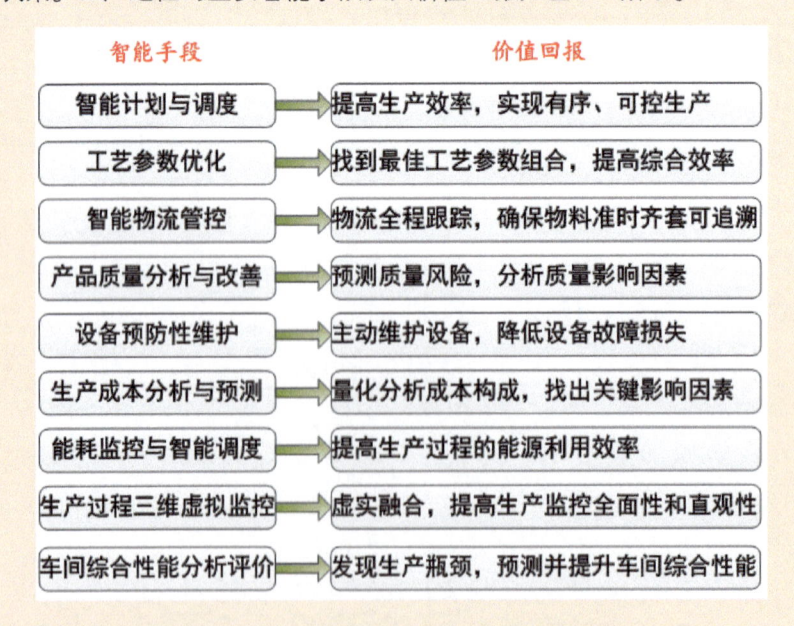

智能手段	价值回报
智能计划与调度	提高生产效率，实现有序、可控生产
工艺参数优化	找到最佳工艺参数组合，提高综合效率
智能物流管控	物流全程跟踪，确保物料准时齐套可追溯
产品质量分析与改善	预测质量风险，分析质量影响因素
设备预防性维护	主动维护设备，降低设备故障损失
生产成本分析与预测	量化分析成本构成，找出关键影响因素
能耗监控与智能调度	提高生产过程的能源利用效率
生产过程三维虚拟监控	虚实融合，提高生产监控全面性和直观性
车间综合性能分析评价	发现生产瓶颈，预测并提升车间综合性能

图 2-3　生产过程的主要智能手段及其价值回报

2 智能制造的内涵和特征

制造工厂或车间的智能特征体现为三方面，一是制造车间具有自适应性，具有柔性、可重构能和自组织能力，从而高效地支持多品种、多批量、混流生产；二是产品、设备、软件之间实现相互通信，具有基于实时反馈信息的智能动态调度能力；三是建立有预测制造机制，可实现对未来的设备状态、产品质量变化、生产系统性能等的预测，从而提前主动采取应对策略。下面对其关键实现技术进行简要阐述。

1) 制造系统的适应性技术

制造企业面临的环境越来越复杂，比如产品品种与批量的多样性、设计结果频繁变更、需求波动大、供应链合作伙伴经常变化等，这些因素会对制造成本和效率造成很不利的影响。智能工厂必须具备通过快速的结构调整和资源重组，以及柔性工艺、混流生产规划与控制、动态计划与调度等途径来主动适应这种变化的能力，因此，适应性（Adaptability）是制造工厂智能特征的重要体现。

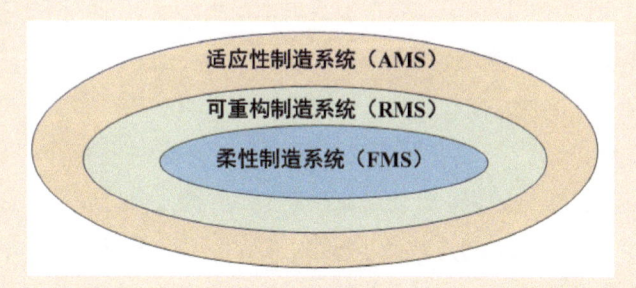

图 2-4 从柔性制造系统到适应性制造系统

如图 2-4 所示，制造系统的适应性表现为三个层次。

（1）柔性制造系统（FMS，Flexible Manufacturing System）主要通过设备的柔性来支持工厂的适应性。常见的柔性制造设备包括数控机床、机器人、3D打印设备、柔性工装、自动换刀装置、自动检测设备（比如机器视觉）、立体仓库、自动导引小车（AGV，Automated Guided Vehicle）等。由柔性制造设备构成的柔性制造单元或柔性生产线，能一定程度的适应不同型号产品的混流生产。

（2）可重构制造系统（RMS，Reconfigurable Manufacturing System）更

强调通过系统结构及其组成单元的快速重组或更新，及时调整制造系统的功能和生产能力，从而迅速响应市场变化及其他需求。其核心技术是系统的可重构性，即利用对制造设备及其模块或组件的重排、更替、剪裁、嵌套和革新等手段对系统进行重新组态、更新过程、变换功能或改变系统的输出（产品与产量）。RMS 除了包含生产单元的可重构性（FMS、物理或逻辑布局调整）以外，还包括组织结构与业务流程的可重构，以及产品的可重构（标准化、模块化等）。

（3）适应性制造系统（AMS，Adaptive Manufacturing System）是对 RMS 的进一步扩展，除了要求系统可重构外，还关注制造系统组织过程及运行控制策略的动态调整，即通过对系统功能结构与运行控制全面综合的统筹优化与逻辑重构，实现制造系统在产品全生命期乃至整个工厂生命期内对于内外部动态环境变化的适应性。

在跨企业层面，企业动态联盟与虚拟制造组织是系统适应性的表现形式。在企业内部，客户化大规模定制与平台化产品变型设计在产品自身及其生产制造系统的适应性方面则表现更为突出。相应地，在制造车间内部，为实现多品种混流制造，须采取基于混流路径的车间生产动态规划与制造执行过程智能化管控。

在混流生产规划阶段，借助产品及其零部件的任务分族和设备资源的虚拟动态分组（或称虚拟制造单元），通过充分合理地规划分配设备资源组间跨路径分支（虚拟单元）的能力共享，将整个车间运行控制分解落实到虚拟单元层次。混流生产规划方案通常需要通过仿真的方法进行分析和验证。

在制造执行管控阶段，其适应性通过"智能计划—智能感知—决策指挥—协调控制"的闭环流程来实现。对于动态混流路径，由于其中的产品品种差异大且存在需求数量比例的波动性，往往会出现生产能力的不平衡，可采取基于约束管理(TOC，Theory of Constraint)的推拉结合的生产计划控制技术。生产过程的实时状态（包括异常）通过各种感知手段来快速捕获，并通过决策中心进行指挥调度，确保多车间生产的协同，实现生产与物流的同步，并自动记录产品的质量档案。

2) 基于实时反馈信息的智能动态调度技术

基于人工智能的智能机器只能进行机械式的推理、预测、判断，它只能具有逻辑思维（专家系统），最多做到形象思维，完全做不到灵感思维，只有人类专家才真正同时具备以上三种思维能力。因此，基于实时反馈信息的智能动态调度不能全面取代制造过程中人类专家的智能，独立承担起分析、判断、决策等任务是不现实的。基于实时反馈信息的智能动态调度技术包括：

（1）智能数据采集技术：利用智能传感器，建立车间层的传感网，并实现多种现场总线、无线、异构系统集成和接入，自动获取车间制造现场的各种数据和信息，包括设备工况信息（温度、转速、能耗等）以及业务过程数据（物料数据、质量数据、人力数据、成本数据、计划数据等）。

（2）智能数据挖掘技术：对获取的海量数据进行实时处理、分析和挖掘，并以可视化的方式展示其结果，可以为不同用户提供个性化的数据分析结果。

（3）智能生产动态调度技术：根据现场数据和分析结果，针对优化目标，对各种任务、刀具、装备、物流和人员进行调度，尽可能在已有约束条件下满足生产需求。并能根据环境变化，快速反应，提出最佳的应对方案。

（4）人机一体化技术：人机一体化一方面突出人在制造系统中的核心地位，同时在智能机器的配合下，更好地发挥出人的潜能，使人机之间表现出一种平等共事、相互"理解"、相互协作的关系，使二者在不同的层次上各显其能，相辅相成。因此，基于实时反馈信息的智能动态调度中机器智能和人的智能将真正地集成在一起，互相配合，相得益彰。

3) 预测性制造技术

制造工厂是一个结构复杂且动态多变的环境，各种异常事件总会随机发生并对生产过程造成影响，这些异常通常包括两类，一类是可见的异常，比如设备停机、质量超差等，另一类是不可见的异常，比如设备性能衰退、制造过程失控等。对可见异常的应对措施属于事后处理方案，它显然是不够聪明的，因为到了问题完全暴露的那一刻，再采取纠正措施往往就打乱了原来的计划，造成生产紊乱或停滞。

智能制造

对不可见异常的感知、分析、预测与处理是智能工厂的重要特征，李杰教授称之为自省性（Self-Aware），并称满足这种特性的制造系统为"预测性制造系统"（Predictive Manufacturing System）[8]。

要实现预测性制造，首先要通过工厂物联网或工业互联网实时获取生产过程中的各种状态数据，然后通过分析和训练建立相应的预测模型，并实现对未来状态的预测。常见的分析模型包括：

（1）多变量统计过程控制（MSPC，Multivariate Statistical Process Control）：对于串并联多工位制造系统，任一工位"设备/工装/刀具"状态的异常波动将导致整个制造过程发生不同程度的偏移甚至失控，过程一旦失控将大大增加产品的质量风险。为了提前发现过程异常，可以用到多变量统计质量控制方法，监控的变量包括产品的尺寸、缺陷数等关键质量特性以及设备、夹具、刀具的状态参数等关键控制特性，通过优化设计的多变量控制图，监控上述过程变量的变化，并基于统计规律，对过程偏移发出预警，进一步通过模式识别等手段，还可以辨识失控模式并进行失控根原因分析。

（2）设备预防性维护（PM，Preventive Maintenance）：包括对制造装备和刀具的维护或更换。设备/刀具的失效是连续劣化和随机冲击共同作用的结果，其失效模型可以通过对设备大量的运行与维护历史数据进行分析而近似建立，基于该可靠性模型，可以科学评估设备的实时状态，计算继续服役的风险，预测其剩余使用寿命，并通过面向经济性或可靠性的维修决策模型，实现对设备的维护时机、维护方式和维护程度的科学决策。

（3）生产系统性能预测：如果将制造工厂视为一个黑箱系统，其输入为计划与订单，其输出是各种绩效数据，包括产出量、准时交付率、物流效率、设备综合效能等。显然，系统的输出受到系统输入、系统结构、系统当前状态等各种可见因素以及各种不可见因素（随机因素）的影响。较为准确地预测系统响应，对于生产计划制定、生产订单评价、生产动态调整等都具有重要意义。目前已有大量的数学模型可用于预测分析，比如回归分析、神经网络、时间序列等。

4. 智能服务

其目标是通过泛在感知、系统集成、互联互通、信息融合等信息技术手段，将工业大数据分析技术应用于生产管理服务和产品售后服务环节，实现科学的管理决策，提升供应链运作效率和能源利用效率，并拓展价值链，为企业创造新价值。具体体现为：

1）智能物流与供应链管理技术

成本控制、可视性、风险管理、客户亲密度和全球化是现今供应链管理面临的五大问题，通过如下智能化技术，可以为高效供应链体系的建设与运作提供支持。

（1）自动化、可视化物流技术：建立物流信息化系统，配置自动化、柔性化和网络化的物流设施和设备，比如立体仓库、AGV、可实时定位的运输车辆等。并采用电子单证、RFID等物联网技术，实现物品流动的定位、跟踪、控制。

（2）全球供应链集成与协同技术：通过工业互联网实现供应链全面互联互通，不仅是普通的客户、供应商和IT系统，还包括各个部件、产品和其他用于监控供应链的智能工具。通过持续改进，建立智能化的物流管理体系和畅通的物流信息链，有效地对资源进行监督和配置，实现物流使用的资源、物流工作的效果与物流目标的优化协调和配合。这样紧密相连，能使全球供应链网络实现协同规划和决策。

（3）供应链管理智能决策技术：通过先进的分析和建模技术，帮助决策者更好地分析极其复杂多变的风险和制约因素，以评估各种备选方案，甚至自动制定决策，从而提高响应速度，减少了人工干预。

2）智能能源管理技术

减少单位产品的能源或资源消耗，实现可持续生产，是智能制造的重要目标。智能能源管理就是通过对所有环节的跟踪管理和持续改进，不断优化重点环节的节能水平，构建智能化的资源能源管理体系，实现生产和消费的全过程能源监测、预测和节能优化。主要关键技术包括：

（1）能源综合监测技术：实现对主要能源消耗、重点耗能设备的实时可视化管理。

（2）生产与能耗预测技术：通过智能调度和系统优化，实现全流程生产与能耗的协同。

（3）能源供给、调配、转换、使用等重点环节的节能优化技术。

3）产品智能服务技术

针对某些制造行业的特点，通过持续改进，建立高效、安全的智能服务系统，实现服务和产品的实时、有效、智能化互动，为企业创造新价值。主要关键技术包括：

（1）云服务平台技术：该平台具有多通道并行接入能力，对装备（产品）运行数据与用户使用习惯数据进行采集，并建模分析。

（2）基于云服务平台的增值服务技术：以服务应用软件为创新载体，应用大数据分析、移动互联网等技术，自动生成产品运行与应用状态报告，并推送至用户端，从而为用户提供在线监测、远程升级、故障预测与诊断、健康状态评价等增值服务。

智能制造模式

智能制造技术发展的同时，催生或催热了许多新型制造模式，比如家用电器、汽车等行业的客户个性化定制模式，电力、航空装备行业的异地协同开发和云制造模式，食品、药材、建材、钢铁、服装等行业的电子商务模式，以及众包设计、协同制造、城市生产模式等。这样制造模式以工业互联网、大数据分析、3D打印等新技术为实现前提，极大地拓展了企业的价值空间。工业互联网使得研发、制造、物流、售后服务等各产业链环节的企业实现信息共享，因而能够在全球范围内整合不同企业的优势资源，实现跨地域分散协同作业。任何一台设备，一个工位、车间甚至企业，只要在资源配置权限

2 智能制造的内涵和特征

之内，都可以参与到网络化制造的任务节点中去，实现复杂的任务协同。

新模式下，智能制造系统将演变为复杂的"大系统"，其结构更加动态，企业间的协同关系也更分散化，制造过程由集中生产向网络化异地协同生产转变，企业之间的边界逐渐变得模糊，而制造生态系统（Manufacturing Ecosystem）则显得更加清晰和重要，企业必须融入智能制造生态系统，才能得以生存和发展。正如在埃森哲公司在其 2015 年技术展望报告《数字商业时代：扩展你的边界》[9]中所指出的那样，"单个想法、技术和组织不再是成功的关键，高级地位者是那些能将自己放在正在出现的数字生态系统中心的企业"。

针对上述变化，工信部电子信息司副司长安筱鹏提出[10] "要掌握智能制造产业生态系统的主导权"，主要包括：

（1）围绕泛在化的智能产品，构建覆盖客户、终端、平台、第三方应用的产品生态系统。

（2）围绕生产装备、设计工具、供应链、第三方应用、客户等智能制造系统的各种要素资源进行精准配置调用，提升及构建跨平台操作系统、芯片解决方案、网络解决方案的能力，提升智能工厂系统解决方案、智能装备创新能力和基础产业（材料、工艺、器件）创新能力，在此基础上构建制造环节的生态系统。

（3）围绕市场需求的个性化及快速变化的趋势，培育企业需求链、产业链、供应链、创新链的快速响应与传导能力，构建覆盖客户、制造、供应商的全产业链生态系统，培育新技术、新产业、新业态以及新的商业模式创新能力。

（4）整合产品生态系统、制造生态系统、全产业链生产系统等，通过标准体系、技术体系、人才体系、市场新规则，构建面向特定行业智能制造产业生态系统，并建立与之相适应的政策法律环境和体系。

智能制造基础关键技术

指与多个制造业务活动相关，并为智能制造基本要素（感知、分析、决策、通信、控制、执行）的实现提供基础支撑的共性技术。这些技术非常多，难以一一列举，下面仅对其中的一些关键技术作简要介绍。

1. 先进制造基础技术

（1）先进制造工艺技术：它使得制造过程更加灵活和高效。比如增材制造技术，基于离散-堆积原理，由零件三维数据驱动直接制造零件。由于增材制造的灵活性，人们在设计产品时可以更多的关注产品的物理性能而非可实现性。

（2）数字建模与仿真技术：以三维数字量形式对产品、工艺、资源等进行建模，并通过基于模型的定义（MBD，Model Based Definition），实现将数字模型贯穿于产品设计、工程分析、工艺设计、制造、质量和服务等产品生命周期全过程，用于计算、分析、仿真与可视化。由 MBD 技术进而演进成基于模型的系统工程（MBSE，Model Based Systems Engineering）和基于模型的企业（MBE，Model Based Enterprise）。随着 CPS 等技术的发展，未来的数字模型和物理模型将呈现融合趋势，比如西门子和 PTC 等公司正在倡导的"Digital Twin"。

（3）现代工业工程技术：综合运用数学、物理和社会科学的专门知识和技术，结合工程分析和设计的原理与方法，对人、物料、设备、能源和信息等所组成的集成制造系统，进行设计、改善、实施、确认、预测和评价。

（4）先进制造理念、方法与系统：比如并行工程、协同设计、云制造、可持续制造、精益生产、敏捷制造、虚拟制造、计算机集成制造、产品全生命周期管理（PLM）、制造执行系统（MES）、企业资源规划（ERP）等。

2. 新一代信息技术

新一代信息技术正成为制造业创新的重要源动力，通过信息获取、处理、传输、融合等各方面的先进技术手段，为人、机、物的互联互通提供基础，这些技术通常包括：

（1）智能感知技术：传感器网络、RFID、图像识别等；

（2）物联网技术：泛在感知、网络通信、物联网应用等；

（3）云计算技术：分布式存储、虚拟化、云平台等；

（4）工业互联网技术：CPS、服务网架构、语义互操作、移动通信、移动定位、信息安全等；

（5）虚拟现实（VR，Virtual Reality）和增强现实（AR，Augmented Reality）技术：构建三维模拟空间或虚实融合空间，在视觉、听觉、触觉等感官上让人们沉浸式体验虚拟世界，VR/AR技术可广泛应用于产品体验、设计与工艺验证、工厂规划、生产监控、维修服务等环节。

3. 人工智能技术

其研究目的是让机器或软件系统具有如同人类一般的智能，在制造过程的各个环节，这种智能是非常有价值的，比如智能产品设计、智能工艺设计、机器人、加工过程智能控制、智能排产、智能故障诊断等，同时它也是一些智能优化算法的基础。人工智能的实现离不开感知、学习、推理、决策等基本环节，其中知识的获取、表达和利用是关键。分布式人工智能（DAI，Distributed Artificial Intelligence）是人工智能的重要研究领域，多智能体系统（MAS，Multi Agent System）是 DAI 的一种实现手段，在十年前就已被广泛的研究。"工业 4.0"强调以信息物理融合系统（CPS）为核心，CPS 可视为依附于物理对象（小到设备、产品，大到车间、企业）并具备感知、计算、控制和通信能力的一套系统，它可以感知环境变化并自主运行，物理实体与虚拟映像共存同变。同时，远程对象也能通过它来监控并操控这个物理对象。在未来分散制造的大趋势下，CPS 是分布式制造智能的一种体现。

4. 智能优化技术

制造系统中许多优化决策问题的性质极其复杂、解决十分困难，其中大部分已被证明是 NP-hard 问题，不可能找到精确求得最优解的多项式时间算法。近十几年来，通过模拟自然界中生物、物理过程和人类行为，提出了许多具有约束处理机制、自组织自学习机制、动态机制、并行机制、免疫机制、协同机制等特点的智能优化算法，如遗传算法、禁忌搜索算法、模拟退火算法、粒子群优化算法、蚁群优化算法、蜂群算法、候鸟算法等，为解决优化问题提供了新的思路和手段。这些基于生命行为特征的智能算法广泛应用于智能制造系统的方方面面，包括智能工艺过程编制、生产过程的智能调度、智能监测诊断及补偿、设备智能维护、加工过程的智能控制、智能质量控制、生产与经营的智能决策等。

5. 大数据分析与决策支持技术

数据挖掘、知识发现、决策支持等技术早已在制造过程中得到应用，近些年来，大数据概念的发展进一步拓展了这方面的研究与应用。来源于设备实时监控、RFID 数据采集、产品质量在线检测、产品远程维护等环节的大数据，和设计、工艺、生产、物流、运营等常规数据一起，共同构成了工业大数据。一般认为，在制造领域，通过大数据分析，可以提前发现生产过程中的异常趋势，分析质量问题产生的根源，发现制约生产效率的瓶颈，从而为工艺优化、质量改善、设备预防性维护甚至产品的改进设计等提供科学的决策支持。

六、智能制造的系统特征

智能制造的载体是制造系统，脱离制造系统谈智能制造是没有任何意义的。在制造全球化、产品个性化、"互联网+制造"的大背景下，智能制造体现出如下系统特征：

1. 大系统

大系统的基本特征是大型性、复杂性、动态性、不确定性、人为因素性、等级层次性、信息结构能通性。显然，智能制造系统（特别是车间级以上的系统）完全符合这些特征，具体体现为：全球分散化制造，任何企业或个人都可以参与产品设计、制造与服务，智能工厂和智能交通物流、智能电网等都将发生联系，通过工业互联网，大量的数据被采集并送入云网络。为了更好的分析大系统的特性和演化规律，需要用到复杂性科学、大系统理论、大数据分析等理论方法。

2. 信息驱动下的"感知→分析→决策→执行与反馈"的大闭环

制造系统中的每一个智能活动都必然具备该特征。以智能设计为例，所谓"感知"，即跟踪产品的制造过程，了解设计缺陷，并通过服务大数据，掌握客户需求；所谓"分析"，即分析各种数据并建立设计目标，所谓"决策"，即进行智能优化设计，所谓"执行与反馈"，即通过产品制造、使用和服务，使设计结果变为现实可用的产品，并向设计提供反馈。

3. 系统进化和自学习

即智能制造系统能够通过感知并分析外部信息，主动调整系统结构和运行参数，不断完善自我并动态适应环境的变化。在系统结构的进化方面，从车间与工厂的重构，到企业合作联盟重组，再到众包设计、众包生产，通过自学习、自组织功能，制造系统的结构可以随时按需进行调整，从而通过最佳资源组合实现高效产出的目标。在运行参数的进化方面，生产过程工艺参数的自适应调整、基于实时反馈信息的动态调度等都是典型的例子。

4. 集中智能与群体智能相结合

"工业4.0"中有一个非常重要的概念：信息物理融合系统（CPS），拥有CPS的物理实体将具有一定的智能，能够自律地工作，并能与其他实体进行通信与协作，同样，人与机器之间也能够互联互通，这实际上体现了分散型智能或群体智能的思想，与集中管控所代表的集中型智能相比，它的好处就是：能够自组织、自协调、自决策，动态灵活，从而快速响应变化。当然，集中型智能还是不能缺少的，类似于人类社会，博弈论中的"囚徒困境"问题在群体智能中依然存在。

5. 人与机器的融合

随着人机协同机器人、可穿戴设备的发展，生命和机器的融合在制造系统中会有越来越多的应用体现，机器是人的体力、感官和脑力的延伸，但人依然是智能制造系统中的关键因素。

6. 虚拟与物理的融合

智能制造系统蕴含了两个世界，一个是由机器实体和人构成的物理世界，另一个是由数字模型、状态信息和控制信息构成的虚拟世界，未来这两个世界将深度融合，难以区分彼此。一方面，产品的设计与工艺在实际执行之前，可以在虚拟世界中进行100%的验证，另一方面，生产与使用过程中，实际世界的状态，可以在虚拟环境中进行实时、动态、逼真的呈现。

七、关于智能制造的一些思考

智能制造既是技术、又是系统、也是模式，不同的人、不同的企业，由于所处环境、知识背景的不同，对智能制造的理解和关注点都是不同的。下面谈一下我们的体会：

（1）关于制造智能的体现形式：制造系统有广义和狭义之分，"制造智能"也有低级和高级之分。制造系统根据人类预定义的一些规则和模型进行计算，得出优化结果，并指导实际制造，可视为一种低级智能。制造系统的"自

2 智能制造的内涵和特征

学习、自决策、自适应、高度人机协同"是未来方向,但这也取决于人工智能的研究进展。在现阶段,通过泛在感知技术获得大数据,并通过数据挖掘和科学计算得到知识规则或优化结果,进而实现辅助决策支持,是"制造智能"的主要体现。

(2)关于智能制造的建设目标:智能制造的终极目标是实现高效、高质量、客户满意、环境友好的制造,无论是信息化技术、自动化技术或智能化技术的采用,都应该服从它。但不同的行业和企业,智能制造的目标重点存在明显差异,以航空发动机为例,其目标重点是实现高品质零件制造,而对于家电等日常消费品而言,满足用户个性化需求、增强用户体验性更加重要,因此,企业在实施智能制造时,必须切合行业实际,找准建设目标和方向。

另外,企业在实施智能制造时,需要对"点"、"线"、"面"、"体"这四类应用层次有清醒认识。在生产过程的关键环节,通过引入智能制造手段(比如机器人和视觉检测设备),提升生产效率和质量,是智能制造的"点"应用;将智能手段融入产品研发、生产和服务过程,提升关键过程效率,是智能制造的"线"应用;通过智能手段引领技术创新,根本性提升企业竞争力,是智能制造的"面"应用;创建并主导智能制造生态系统,则是智能制造的"体"应用。显然,不同层次的智能制造的建设投入和预期目标是不同的。

(3)关于智能制造的实施基础:"数字化→网络化→智能化"是一脉相承的,"数字化"指将物理世界信息转化为计算机能理解的信息,包括采集、建模、结构化、存储、分析、传递、控制等一系列过程,没有数字化,网络化和智能化无从谈起,"网络化"指将数字化信息通过网络进行传递与共享,网络的终端可以是人(互联网),也可以是机器、产品、工具等物体(物联网),万物互联是趋势,通过"网络化",缩短时空距离,为制造过程中"人—人"、"人—机"、"机—机"之间的信息共享和协同工作奠定基础,"智能化"是指在数字化、网络化基础上,深度处理和利用信息,实现优化决策,"智能化"是"数字化"、"网络化"发展的必然趋势。

"自动化"作为一种常见的效率提升手段,是智能制造的有益支撑,但非必要条件。在许多行业,过度追求自动化可能会导致建设成本的激增和柔

中国制造 2025 **069**

性的降低。

另外，许多时候，智能制造的推进必须和先进管理理念的贯彻同步进行才能取得预期效果，比如"智能车间+精益生产"。

（4）关于智能制造的国家战略：智能制造的技术体系非常广泛，在我国，这些技术的发展现状和发展难度是完全不同的，比如一部分 IT 应用技术，我们跟紧国际潮流甚至实现部分超越，没有任何问题，但一些关键的制造基础技术，比如智能装备、智能工艺、智能设计、智能材料甚至先进管理技术等，需要大量的工作积累，实现起来难度很大，这也是中国制造与美国制造、德国制造相比的主要差距。因此，我国在大力推进智能制造和"互联网+制造"的同时，一定不能忽视强化制造基础能力的任务。

致谢

在本章的撰写过程中，华中科技大学的朱海平教授、邱浩波教授、李新宇副教授、张超勇副教授等提供了重要素材，在此致谢。

参考文献

[1] Wright, P. K., Bourne, D. A., Manufacturing Intelligence[M]. Addison-Wesley, 1988.

[2] Andrew Kusiak, Intelligent Manufacturing Systems[M]. Prentice-Hall, 1990.

[3] http://link.springer.com/journal/10845,主编：Andrew Kusiak

[4] Peter, C., Evans, Marco Annunziata. Industrial Internet: Pushing the Boundaries of Minds and Machines. http://www.ge.com/docs/chapters/Industrial_Internet.pdf

[5] http://www.iiconsortium.org/index.htm

[6] 路甬祥. 中国创新论坛之从制造到创造——装备制造业振兴专家论坛，2009,12.

[7] Worldwide trends in energy use and efficiency, key insights from IEA indicator analysis [R]. Paris：International Energy Agency (IEA), 2008.

[8] Lee J, Lapira E, Yang S, Kao, HA. Predictive manufacturing system trends of next generation production systems. In: the Proceedings of the 11th IFAC workshop on intelligent manufacturing systems, vol. 11(1); 2013. pp. 150-156.

[9] Digital Business Era: Stretch Your Boundaries. https://acnprod.accenture.com

[10] 安筱鹏. 工业4.0高峰论坛——新常态与中国工业变革之路，2014，12.

3

大数据技术的关键是数据分析

吴 澄[1] 范玉顺[2]

1 清华大学 院士
2 清华大学 教授

一、大数据的发展、定义和特征

2015年9月6日，国务院发布了《国务院关于印发促进大数据发展行动纲要的通知》（国发〔2015〕50号）[1]，强调了大数据技术对于推动经济转型、重塑国家竞争优势、提升政府管理能力的重要意义，从促进政府内部数据共享并构建政府开放数据平台、发展工业大数据和新兴产业大数据、提升数据安全标准和数据管理等角度进行了战略布局。自出现以来，"大数据"一词以星火燎原之势占据了人们的视野，从学术界、商业界、工业界到政府部门，都纷纷开始重新审视组织内潜在的数据资产、探索大数据与业务模式的契合点，大数据已经渗入工业、经济和生活的方方面面。

"数据"一词由来已久，在日常生活、科学研究、商业活动中反映客观世界运行状态的信号能够通过感觉器官感知或是被观测仪器检测到，一旦这些信号被记录下来，就可以被称为数据。人类认识世界的过程是逐渐深入的，古人创造数字是为了对客观世界中物体的数量状态进行记录，时分秒、日月年计量方式是对时间的记录，绘画、照片则是对客观世界或主观想象中图像信号的记录，这些记录下来的文字、数字、图表、视频等形式多样的资料都可以被称为数据。数据是人类对于客观世界运行信号最原始的记录，它们既没有被加工解释，也不能回答任何问题，数据与数据之间彼此是孤立的，没有建立有效的关联。随着人类探索客观世界运行规律的需求逐渐强烈，这些记录了各类信号的数据成为了人类开展分析的原料，通过对数据进行处理，人类可以建立数据之间的关联，从数据的对比中总结出规律性的结论，并用于回答某些问题，这些从数据中抽象出来的结论被称为"信息"。在从数据中获取信息的基础上，我们可以选择出那些能够"积极地指导任务执行和管理"的信息，借助它们解决问题或是辅助决策，这些信息被称为知识。从数据到信息再到知识，这一条转化链反映了人类记录世界、认识世界、探索世界的过程。

随着信息技术的发展，人类记录世界的手段越来越丰富，物联网中种类多样的传感器、随处可见的智能手机、平板电脑、遍布城市的监控摄像头、逐渐兴起的可穿戴设备，这些设备无时无刻不记录我们和我们所处世界的状态。而另一方面，存储和计算设备的成本都如同"摩尔定律"中所预言的那样不断降低，从早期的打孔纸卡到IBM推出的盘式磁带，再到软盘、硬盘、内存卡和读取速度高达2.7GB/s的固态硬盘，现在人们不需要为有限的存储空间和存取速度而担忧，越来越多的数据借助记录工具被源源不断地存入存储设备，这些数据成为了"大数据"诞生的前提。大数据的核心特征是"大"，可以被称为"大数据"的数据集中包含的数据量超过了常规数据库工具获取、存储、管理和分析的能力，我们将大数据定义为蕴含了海量信息的数据集合。正是因为大数据集合中所包含数据的丰富度远超过普通数据集的数据，数据的"量变"触发了我们使用数据模式的"质变"，越来越多让人耳目一新的知识从数据金矿中被挖掘出来，大数据正是以这种方式在改变着人们的生活、研究和经济模式。

大数据的特征可以用4个V进行概括：其中第一个V是Volume（大量的），代表大数据具有的规模特征，在国际数据公司2014年发布的《数字宇宙研究报告》[2]中，研究人员估计了当前人类所保有的数据总量，据统计，截至到2014年，中国所存储的数据总量约为909EB，占全球数据保有量的13%。而截至目前，人类生产的所有印刷材料的数据量是200PB($1PB=2^{10}TB$)，而历史上全人类说过的所有的话的数据量大约是5EB($1EB=2^{10}PB$)。当前，典型个人计算机硬盘的容量为TB量级，而一些大企业的数据量已经接近EB量级，这样的数据量级是二十年前年使用存储空间仅为720MB的3.5英寸软盘的人们所无法想象的。

大数据特征的第二个V是Variety（多种；多样化），代表数据类型的多种多样，就计算机所能够处理的数据而言，以前最常用的关系型数据库（如Oracle、SqlServer、Mysql等）中所处理的数据被称为结构化数据，即按照行列的方式存储在二维数据表中的数据，例如企业信息数据库中的每一条企业信息都包含企业名称、组织机构代码证编号、法人姓名、电话、地址、主营业务等字段，这些企业信息条目就是所谓的结构化数据，可以使用数据库直接对数据库表中的记录进行统一的添加、删除、修改和查询。而非结构化数据则广泛代指那些不能直接用数据库中的二维逻辑表来呈现和存储的数据，它包括所有格式的办公文档、图片、XML、各类报表、图像和音频、视频信息等。有统计显示，全世界结构化数据年增长率约为32%，而非结构化数据对应的年增长率却高达63%，互联网是大数据时代获取数据的最重要渠道之一，而互联网中生成数据中有85%是非结构化数据，因此，研究以非结构化数据为对象的存储、处理技术是大数据时代提出的客观要求，各类非结构化数据库也已经成为了当前的研究热点。

第三个V是Value（价值）。这个V代表了两种引申含义：一方面，大数据集合中包含的数据类型、数据体量都极大地超出了人类此前进行数据分析时的数据集，然而数据价值密度的高低与数据总量的大小成反比。以视频为例，一部1小时的视频，在连续不间断的监控中，有用数据可能仅有1~2秒，如何通过强大的机器算法更迅速地完成数据的价值"提纯"成为目前大数据背景下亟待解决的难题。当然，另一方面，正是因为拥有了更大的数据集、更加丰富的数据，我们可以更加详细、系统地进行数据分析，从数据中得到许多在小数据集中所无法获得的重要结论，这是大数据价值的重要体现。

大数据特征中对应的第四个V代表的是Velocity（速度）。在大数据分析和处理中面临的数据集体量巨大，那么相对于规模较小的普通数据集而言，从大数据的数据集中披沙沥金获取有价值的数据则需要耗费更多的计算资源和计算时间。而另一方面，包括股票交易、应急救援、基于地理位置的服务（LBS）在内的典型数据应用场景都对数据处理的结果时效性要求很高，在这些场景中，从数据的采集到运算分析得到结果之间的时间要求可能是秒、甚至是毫秒级的。例如，电子商务应用场景中，网站通常会根据用户点击、停留行为进行产品推荐，根据统计，37%的用户在购物时会发生冲动型行为，那么如果数据分析系统在冲动发生的瞬间推荐最为合适的商品，将能够有效提升成交率。

大数据的概念并不是"空中楼阁"，在将大数据的理念与实际应用紧密结合的过程中，大数据技术是实现大数据理念的关键。所谓的大数据技术，指的是"有关如何收集、整理（存储）、解读和应用大数据的理论和方法"[3]。大数据技术对于我国在当前的经济、社会和科学发展条件下所提出的实际需求具有重要的理论和应用意义：通过采集互联网用户行为、人口居住、通信设备移动数据，安保部门可以对重大社会安全事件实现即时观测、预警，针对突发群体事件进行快速反应；综合分析环境、气象、交通、工业生产、人群活动等数据，气象部门不仅可以对空气污染进行检测，还能够对雾霾的出现进行归因，辅助环境治理；通过采集医疗数据、可穿戴设备数据等信息，可以对全国健康情况进行即时素描和全景分析，提升卫生部门对传染病监控、防治的工作效率；利用社交关系、日常活动等信息构建用户信用模型，将基于大数据的信用模型构建与传统个人征信体系的完善相结合，可以为我国居民构建更完善的信用体系，有利于保证社会经济稳定、有序、活跃地发展。大体量数据和大数据技术的结合能够在诸多应用领域中发挥重要的作用，而大数据理念和大数据分析方法的推广也将对不论是自然科学研究中精确模型的构建还是社会科学中使用数据进行分析和决策的方法都带来变革，把握大数据发展的契机，我国有机会实现社会、经济、科学研究等领域的跨越式发展。

二、数据分析流程简介

大数据为我们提供了重新审视身边曾经熟视无睹的数据金矿的契机，但是也对数据存储、处理、分析和应用的技术提出了更加苛刻的要求。一般来说，从数据到知识的转化流程被统称为广义的数据分析流程，其中包括数据渠道、数据预处理、数据存储、数据挖掘和数据展现等环节（见图3-1）。

进行大数据分析的基础是海量数据资产，随着大数据理念的推广，越来越多的企业开始重视数据资产，这些资产在大数据思维的催化下转化为核心竞争力和新的业务增长点。用于大数据分析的数据既可以是产生自企业或组织内部的数据，也可以是来自外部企业机构但对本公司业务具有指导意义的数据。没有数量足够且有针对性的数据的企业，即使拥有高超的大数据分析智慧也难以在商业竞争中取胜。因此，明确数据需求，并建立完善可靠的数据来源渠道，是大数据发展战略的第一步。大数据的巨大价值不仅因为海量的数据积累，更因为类型多种多样的数据在联合分析中可以得到更多"有趣"的结论，大数据时代企业的数据分析者们既需要认真梳理本组织内部的数据，也需要拓宽思路，将企业外部的数据纳入数据资产采集的范畴。

图 3-1 数据分析流程

通过渠道所取得的原始数据中难免会存在数据缺失、数据格式不规范等问题，在进行数据存储和挖掘值之前，需要对数据进行预处理。传统的数据预处理环节一般指 ETL（Extract，Transform，Load）环节[4]，它用来描述将数据从来源端经过抽取（Extract）、转换（Transform）、加载（Load）至目的端的过程。ETL 一词较常用在数据仓库，但其对象并不限于数据仓库。随着数据来源的增多，数据结构趋于多样化，越来越多的非结构化数据和半结构化数据成为企业数据资产的重要组成部分，因此，传统的数据预处理环节也需要将结合数据对象的变化进行改进，以满足将大数据时代的海量形式多样的数据转化为适于被储存与分析的数据形态的重要需求。这一环节中，用户从数据源中抽取出所需数据，经过数据清洗，将数据加载到数据仓库中去。由于数据规模的增长，数据质量良莠不齐也将更加明显，对于企业来说，如果不加以处理和筛选全部载入数据仓库，将会使得后续的数据存储和处理工作变得格外繁重。因此，在数据预处理阶段，企业也应该建立完善的数据质量规范，结合标准进行数据的处理，去粗存精，保证企业以最低的成本存储最大性价比的数据资产。

3 ■ 大数据技术的关键是数据分析

数据存储包括数据存储模式和存储结构本身，当前应用得比较广泛的数据存储模式包括数据仓库、数据集市等。数据仓库是决策支持系统和联机分析应用数据源的结构化数据环境，与传统的数据库不同，数据仓库的特征在于面向主题、集成性、稳定性和时变性。数据集市建立在数据仓库的存储上，是按照更加细分的主题域所组织的数据的集合。数据仓库和数据集市为公司的决策支持和商业智能提供了结构化的数据环境，它为进一步的数据挖掘分析提供了一个面向主题的具有集成性平台，带来了极大的便利。在大数据背景下，企业数据仓库还要满足大数据环境所提出的新要求：数据产生的速度加快，短期内需要进行大数据量的读写操作；数据的类型多种多样，不仅要处理传统的结构化数据，还需要关注各类半结构化和非结构化数据；针对海量数据的分析操作要求对数据执行相对于传统的增删改查来说更加复杂的操作，对于分析的时效性要求使得数据库能够快速地完成数据的复杂操作；数据的快速增长不仅对数据读写速度提出了要求，更要求数据库和数据仓库具有更加良好的扩展性，从而减少增加硬件时升级数据库系统带来的麻烦。以 NoSQL 技术为代表的新一代数据库技术成为了海量数据处理中逐渐发展壮大的力量，它们的出现革新了关系型数据库为数据存储设定的行列式原则，实现了提升数据库系统的可扩展性，针对海量数据的管理要求，通过加入存储节点的方式对数据库结构进行横向扩展；放松对原来关系型数据库的一致性约束，在快速频繁读写时允许数据暂时出现不一致的情况，而接受最终一致性；对各个数据分区进行备份，以适当冗余的方式来弥补大集群系统中节点或是网络失效所带来的稳定性风险。

数据挖掘是指综合使用传统的统计学知识和人工智能、机器学习、模式识别等方法，从大量的数据中归纳、推断其隐含的有效信息的过程。常见的数据挖掘分析方法有聚类分析、关联分析以及异常分析等，这是大数据发展战略中将数据资源转化为智慧资源的关键环节，在这个环节中，数据挖掘人员结合数据集特征和分析目标建立对应的数据分析模型，在理解数据的基础上选择相应的数据挖掘算法，并对算法进行反复地调试、实验，最终使得算法能够从数据集合中得到用户所需要的模式。在数据挖掘阶段，根据所面对的数据挖掘任务不同、需要挖掘的数据模式的不同，所需要采取的方法也不一样。一般来说，数据挖掘任务可以分为两类：描述性任务和预测性任务，其中描述性挖掘任务刻画目标数据中数据的一般性质，而预测性挖掘任务在当前数据上进行归纳，从而进行预测。数据挖掘的核心是模式发现，总的来说，使用数据挖掘的方法可以完成特征分析与数据区分、频繁模式挖掘、使用分类和回归进行预测、聚类分析、异常点检测等任务。其中特征分析与数据区分用于对数据群体进行特征性分析，从众多特征中提取关键性区分特征，继而用于进行数据分类；频繁模式挖掘用于在数据集中挖掘频繁复出现的模式；分类是按照已知的分类模式找出数据对象的共同特征，并依据共同特征建立模型，进而对未分类的数据进行分类，可以用于预测分析；聚类分析将一组对象按照相似性划分为几个不同的类别（簇、子集），使得同一类别中样本的相似性尽可能大，而不同样本集合之间的差异性尽可能大；异常点是数据集内与其余数据有显著不同的数据点，异常点的背后往往可能跟蕴含着数据集中不常见的行为，所以，通过异常点检测可以对医疗保险、证券交易等数据集中的非正常行为（如欺诈等）进行有效的判断和筛选。

　　数据展现也可以被称为数据可视化，它既可以作为数据分析中技术步骤的最后一环，展示前述步骤中分析得到的结果，使用户更加直接明了地了解结论，也可以作为数据挖掘之前的步骤以可视化的形式展示数据中的关联和特征。数据展现也被称为数据可视化技术，它是指借助于图形化手段，清晰有效地传达数据中的信息，我们所熟悉的散点图、条形图、饼图、折线图等图表就是最常用的数据可视化手段。当然，随着数据可视化技术的不断拓展，美学形式与功能在数据展示中可以形成良好地配合，以直观地、美观的方式传达关键的数据特征，从而实现对于相当稀疏而又复杂的数据集的深入洞察。图 3-2 以数据可视化的方式展示了纽约布鲁克林街区中历史，其中颜色越深的区域对应的建筑历史也更加悠久，通过这样的方式将建筑的历史时段数据直观地体现在了地图上。

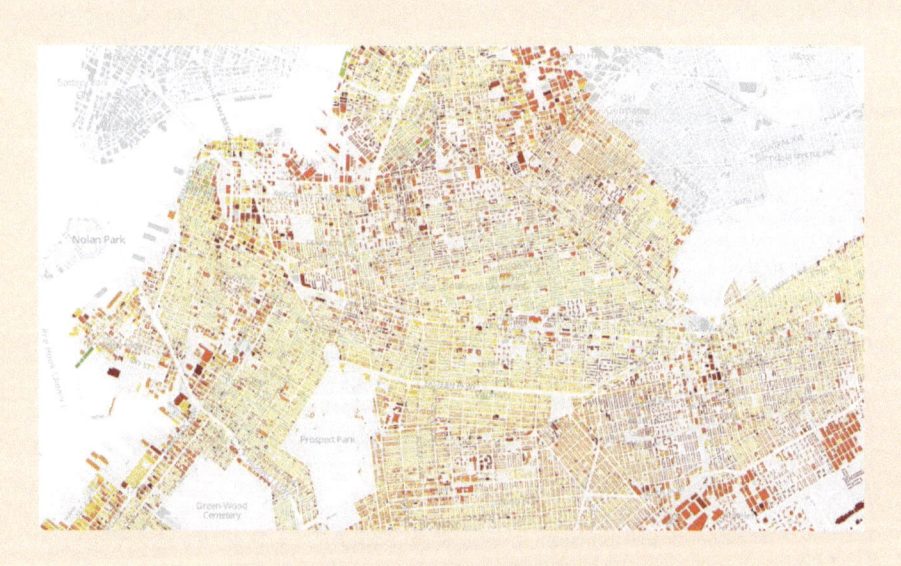

图 3-2　布鲁克林街区的建筑年代分布图[5]

三、大数据时代的数据分析变革与挑战

数据采集、存储技术的发展造就了可用的海量数据，而大数据是一场建立在海量、多类型数据基础上的革命，这场革命以挖掘数据中的价值、帮助人类更好地认识客观世界为目的，大数据变革给人们最直观的印象是数据在体量上的变化，然而数据体量的变化带来的是思维模式和技术要求的变革，我们需要打破过去常用的分析模式，才能更好地享用大数据时代所带来的分析红利。

从抽样分析到关注数据全体[6]

在传统的数据分析领域中，人们习惯于通过抽样来估计待研究对象的全貌。这是因为在很长的一段时期里，人们使用的用于记录、存储和分析数据的工具、处理能力和速度都不够好，在面对那些超过当前计算能力的数据时，只能退而求其次，通过科学的抽样方法以较少的样本来进行分析，这些抽样得到的样本就近似作为数据的全貌使用。

这样的一种思维方式已经逐渐成为了人们在开展数据分析时的惯性思维，人们会习惯性地采用统计学的方式，以尽可能少的数据得到尽可能接近"真相"的结论。为了实现这个目标，统计学家们不断探索着科学的采样方法，他们证明：抽样分析的精确性随着抽样随机性的增加而大幅提升，并且与样本数量的增加关系不大。当样本数量达到某个阈值后，再增加新的样本而带来的信息增加会越来越少。

随机抽样在过去的科学研究中扮演了十分重要的作用，帮助人们以较少的花费作出高精准程度的判断，但它毕竟只是在有限计算能力下的一种权宜之计。随机采样的有效性依赖于采样的随机性，然而采样的完全随机性是难以保证的，而这些偏差就会在最终的分析结果中得到体现，例如在 2008 年美国大选的民调中，几家大型的咨询公司就发现，如果在抽样过程中没有将只使用移动电话的用户进行单独考虑，就会导致最终的准确度发生 3 个点的偏差，而如果将这些用户考虑进来，就可以将偏差缩小到 1 个点。

除了抽样的随机性之外，人们还发现随机采样不适合考察子类别的情况，在有限的样本下，可以通过当前的随机样本来估计总体，而如果研究人员希望能够在当前样本基础上进一步研究子类别的情形，则会由于样本量的急剧减少而导致研究结果不准确。这就像是人们使用可以接受的抽象程度对现实世界进行了缩微照相，这张缩微照片反映出了现实世界的轮廓，但是如果还希望能够利用缩微照片进一步研究更细致层面的问题时，当前的抽象程度就难以满足进一步的要求了。这样的问题不仅存在于研究子类别分布的情况，也会导致一次随机抽样只能满足特定预置问题、特定抽象层面的需要，而无法应对在研究过程中人们希望能够解决的新问题。

抽样的目的是为了减少信息收集、存储和处理的工作量，使得研究者能以更加低成本和高效的方式去解决数据问题。然而，随着大数据时代的到来，人们所面对的客观环境和所能利用的工具都发生了巨大的变化：在大数据时

3 ■ 大数据技术的关键是数据分析

代,数据收集变得更加便利,人们可以轻而易举地获得海量的完整数据,可以具体到每一个人在日常生活中的每一个行动;人们使用的数据处理技术水平得到了巨大的提升,分布式存储和运算使得海量数据分析变得可行。所以,现在人们不必再纠结于如何以更加随机的方式完成采样的过程,通过采集并使用所有的数据,人们可以发现那些原本可能会由于采样的不完整性而被淹没的重要结论,而这些在随机抽样中被作为不重要的细节而被忽略的"异常",则恰恰可能是带来新发现的关键所在。

虽然从传统的抽样统计分析过渡到基于大体量数据全体的分析,人们掌握了更多的数据,但是这也意味着大数据分析对于传统的数据处理和分析技术提出了新的挑战。在传统的数据分析中,通过采样的方式可以为后续的数据分析环节极大地减轻工作量,将现实中复杂的数据大量简化为中小规模、体量稳定、非时变、结构类似、集中存储的数据,但是在大数据背景下,数据分析所面临的数据具有超大规模、体量增加迅速、结构多元化、非结构数据占比高、超高维、分布式存储等特征,而原有的数据分析模式也面临着新的挑战。由于大规模数据不再具有抽样数据中的独立同分布特征,统计学进行假设检验、参数估计的应用条件和算法机制也需要针对新的数据特征做出改进,而 MapReduce 等基于分布式环境的计算模式对传统的数据分析算法提出了新的技术要求,如何将传统的数据分析算法迁移到分布式系统中进行并行计算,这也是数据分析领域中亟需解决的重要问题。

对数据准确性容忍度的提升

在只能通过抽样获得少部分数据以估计全体数据的时代,数据的准确性十分重要,因为收集信息的有限性意味着其中的每一个小错误都会在全体数据的估计中被放大,从而导致结果发生意料之外的偏差。然而大数据的出现使人们对于数据精确程度锱铢必较的习惯也发生了改变。

智能制造

在收集少量有限数据的情形下，数据采集者需要不断优化测量的工具，保证每一次测量的准确性，但是当数据的规模变成原来的成千上万倍乃至更多时，人们将会很难确保每一次的测量的精准性。而也正是因为放松了容错的标准，人们才可能会掌握更多的数据，并利用这些数据去探索规律，完成新的分析和研究。因此，数据的"良莠不齐"是获取大数据时所伴随的一个必然结果，它既指数据的质量会出现波动，甚至包含一些不那么精确，甚至是错误的数据，同时，它也代表了数据格式多样化、非结构化数据大量涌现的特征，总之，传统的数据分析工作中确保每一个数据精确程度的要求不再是大数据时代的必要特征。

　　数据的误差必然会对后续的分析带来不利的影响，所幸的是，在大数据时代，人们拥有了规模更大的数据，在概率意义下，那些细微的错误所带来的影响将作为小概率事件而被消除。例如在进行果园的温度监控时，既可以采用1个温度计进行测量，在测量时充分保证它的运行正常和读数准确，但是同时也可以采用分片检测的方式，在每10平方米的空间上安置一个温度计进行温度的监控。在这新的1000个温度计中，可能有部分的温度计会出现读数的误差或是混乱，然而当综合研究这1000个温度计的读数，将必然可以得到远比以前那种依赖一个温度计准确读数的方式更加精确可靠的结果。而这就是这些可能良莠不齐，但是却具有海量规模的数据给人们带来的改变。相比较依赖少量数据和精确性的时代，大数据更加关注数据的完整性并同时正视数据的混杂性；在大数据时代的分析中，数据通常用概率来说话，而不是用"确凿无疑"的方式来给出结论。

从"为什么"到"是什么"

　　因果关系是人类认识世界时最直观的关注点，在传统的科学体系和逻辑体系中，人们认为事出必有因，任何所观察到的现象都有原因的驱使。在这样的模式下，人们习惯于追寻现象之间的因果关系，因果关系可能来自于人们的直观假设，并在严格控制因变量和排除干扰变量的科学实验中得到证实。研究因果关系使得人们不仅知道"是什么"，更了解了背后的"为什么"。然而，人们所面临的世界是十分复杂的，在极少数的情况下，人们可以归纳可能对某个结果发生作用的变量，并在精心设计的实验中严格控制每一个变量对最终现象的作用，从而探讨因果关系的存在，然而，在大多数情况下，因果关系是难以得到证实的。

相关关系的核心是量化两个变量或者是多个变量之间的数值关系：对于强相关关系的两个变量而言，一个数据值增加时，其他的数据值也可能会增加（正相关）或者减少（负相关）；而对于相关关系较弱的两个变量，当一个数据值增加时，其他的数据值则不会发生明显的变化。与因果关系不同，相关关系并不关注"为什么"，它只需要能够通过相关性确认变量之间的关联，并用来进行数据的预测，寻找相关关系的实现难度明显小于因果关系，尤其是在人们掌握了海量数据的情况下。

在亚马逊的推荐系统中，根据所有用户的购书或是浏览记录，"item-to-item"协同过滤算法自动为当前用户推荐它可能会感兴趣的书，整个亚马逊网站的销售额中，有近三分之一来自于这个推荐系统，而在推荐时，系统并不需要为当前用户推荐这些书籍的原因何在，它只是根据所有的用户记录，从用户行为和这本书籍的购买之间发现了相关关系的蛛丝马迹而已。全球最大的零售商沃尔玛公司在对过往交易系统中的数据库进行整理、分析后发现，每当季节性飓风来临之前，不仅手电筒的销售额增加了，POP-Tarts蛋挞的销售额也会增加，因此，即便无法直接了解飓风和该品牌蛋挞之间的因果关系，但是沃尔玛公司依然决定在下一次的季节性飓风来临前把蛋挞放在靠近飓风用品的位置。

在以前，人们通过理论假设来建立世界的运作方式模型，并通过数据收集和分析来验证这些模型，从而形成通用的因果规律。而在大数据时代，不再需要在还没有收集数据之前，就把分析建立在早已设立的少量理论假设的基础上，人们可以在海量数据的帮助下直接发现数据之间的规律而不受限于各种假设。也正是因为不再受限于传统的思维模式和特定领域里面所隐含的固有偏见，大数据才能为人们提供更开阔的视野，从数据中挖掘出更多的价值。

大数据的思维模式对人类的决策方式带来了变革，但是就像传统的数据分析和决策支持中需要借助假设检验完成的"去伪存真"工作一样，这种基于查询和简单模型的大数据决策方式中所得出的结论也需要进行检验和有效性分析，而支持大数据决策分析的理论基础依然需要进一步研究和探索。

跨类型、跨领域数据的联合分析

在传统的数据分析领域，大部分的数据分析者只能掌握某一领域的相关数据，例如保险公司可以收集用户的基本信息（年龄、性别、职业等）并用来对用户的消费行为进行预测，天气预报部门可以根据过去天气的信息进行未来天气情况的预测，超市可以根据不同商品被同时购买的记录向新的用户推荐产品。虽然这些使用单一类型的数据进行分析的行为可以给人们提供许多有意义的结论，但是，跨类型、跨领域的多数据集关联分析却没有得到广泛的应用。这一方面是由于跨领域的数据相对于单领域的数据更加难以获得，大部分的数据可能会因为涉及个人隐私或是商业机密而没有进行公开，而那些公开的少部分数据集也因为数据存储方式的问题而难以被数据分析过程直接使用；另一方面则是因为数据分析能力的限制，假如需要对数据集进行合并关联分析，那么究竟该选取什么样的数据集？使用什么样的数据集可以得到有意义的结论？这些都是跨领域数据分析中需要解决的问题。

大数据技术和思想的发展使得跨类型、跨领域的数据分析成为了可能，随着政府、企业等社会组织对于数据分析的重视和对于数据共享意识的提升，越来越多的公开数据可以被获取，取得跨领域的数据集并用于数据分析变得比以前便利得多。而基于海量数据分析的技术使得用户可以对海量的数据进行相关分析，而不用将自己的精力花在讨论因果关系上，这样使得用户可以输入品类繁杂的大量数据,并最终得到"有趣"的相关关系结论。

正是这样的变化使得数据分析的视野得到了空前的扩展,人们可以将任意类型的、来自不同领域的数据组合到一起,使用最先进的数据分析方法去探索那些原本在单一数据集里无法呈现的关联关系,并将这些关联应用到实际的生活中。因此,人们才能获取用户的社交网络数据去进行信用评级,使用朋友圈中的有效信息得到对于个人生活的更精准描述,从而减少个人贷款发放的风险;而谷歌的工程师们才能够将种类繁多的输入词语和流感爆发的数据库进行合并分析,并最终发现两者之间的关联。

人们所生活的世界原本就是一个由紧密关联的众多要素所组成的复杂系统,在这个系统中,要素与要素之间的联动最终使得事物以人们所看到的模式而运行。传统的单一类型、单一领域的数据集的分析方式就像是盲人摸象,帮助人们在无法得到足够多的数据、无法进行大规模的分析时能够以管窥豹,对生活中的规律形成认识。然而,原本这些数据之下所蕴含的规律本来就不是相互割裂的方式而彼此独立存在的,大数据的出现使得人们可以更好地完成不同类型数据之间的联合分析,而这样的分析过程无疑也将更加完整准确地呈现出世界的本来面目。

四、数据分析关键技术和应用

在数据分析的完整流程中,数据采集、预处理和存储环节是为了实现数据从无到有、从不规范到规范的转化,数据可视化是对数据分析中所取得结论的呈现,而数据挖掘步骤则是根据数据特征采用分析手段,从良莠不齐的数据中提炼有用知识的关键。因此,虽然在数据分析的过程中,每一个环节都必不可少,但是数据分析过程中所取得的知识对于生产、生活实践意义的大小则是由数据挖掘的环节所决定的。数据挖掘所指的是通过分析大量的数据获得有意义的新关系、新趋势和新模式的过程,数据挖掘出现于 20 世纪 80 年代,用来描述在数据库知识发现(KDD,Knowledge Discovery in

Databases）过程中发现新模式的核心步骤。数据挖掘是一种通用的技术，它的对象可以是任何类型的数据，既可以来自数据库存储的规范化数据，也可以是企业的数据仓库中所存储的数据，还可以是文本数据、网络数据、多媒体数据、视频数据等多种类型的数据集合。广义的数据分析指代从获取数据到抽取规律的完整过程，而狭义的数据分析则指代以使用以数据挖掘为代表的一系列方法、手段，从数据中提取有意义的模式、规律、知识的环节。

在数据挖掘阶段，根据数据分析的主要目的不同、数据集的基本特征不同，所使用的具体方式也不同。一般来说，数据分析的任务可以分为两类：描述性任务和预测性任务，在描述性任务中，需要通过数据挖掘的手段刻画目标数据集中数据的一般性质和特征，而预测性任务则要求数据分析人员在数据集上进行归纳分析，从而进行预测。总的来说，在数据分析中使用数据挖掘的方法可以完成关联规则分析、使用分类和回归进行预测、聚类分析、时间序列分析、异常点检测等任务。

关联规则分析

关于关联规则分析，最著名的莫过于"啤酒和尿布"的故事了，据说在20世纪90年代，沃尔玛的超市管理人员分析销售数据时发现了一个令人难于理解的现象：在某些特定的情况下，"啤酒"与"尿布"两件看上去毫无关系的商品会经常出现在同一个购物篮中，这种独特的销售现象引起了管理人员的注意。经过后续调查发现，这种现象出现在年轻的父亲身上。原来在当时的美国家庭中，大部分的年轻美国家庭中，女人在家里照料孩子，而购买尿布这样的工作则常常由父亲来完成，出于方便的考虑，大部分的购物者都愿意在一次购物过程中完成大部分的采购工作，因此，这些年轻的父亲习惯性地在购买尿布时顺便为自己购买啤酒，而这样的情况也就被反映在了购物数据中。在发现了这个现象之后，沃尔玛为了方便这些年轻父亲们购买物品，专门将啤酒和尿布放在靠近的区域，让年轻的父亲可以同时找到这两件商品，并很快地完成购物，这就是"啤酒与尿布"故事的由来。

"啤酒和尿布"的问题是数据分析中一类非常典型的问题，这类研究不同的物品同时出现在同一个购物篮中的几率的问题被称为购物篮问题（Market Basket Analysis）。从购物篮规则出发，研究人员们定义了关联规则：假设 $I=\{I_1,I_2,\cdots,I_m\}$ 是项的集合，而 $D=\{T_1,T_2,\cdots,T_n\}$ 是一个交易数据集，其中每一条交易 T_i 都拥有一个唯一的交易标识符 TID，T_i 中包含了一系列 I 中的项，那么关联规则就是形如 $I_1 \rightarrow I_2$ 的蕴涵式，其中 I_1 和 I_2 都是项集合 I 中的项，如果 I_1 和 I_2 同时出现在某一条交易记录 T_i 中时，则认为 T_i 对于关联规则 $I_1 \rightarrow I_2$ 是支持的。关联规则的分析任务一般来说也可以等效为从数据集中挖掘频繁模式的任务。频繁模式是指在数据集 D 中频繁出现的模式，一般来说包括频繁项集、频繁子序列、频繁子结构等类型。其中频繁项集指的是在事务数据集条目中一起频繁出现的个体，例如在上面"啤酒和尿布"例子中的"啤酒"和"尿布"；频繁子序列则是在频繁项集的基础上加入了频繁模式中个体出现的先后特征（或者序列化特征），例如光顾数码商店的顾客常常是先购买智能手机，再购买手机贴膜、手机保护套、充电宝等手机配件；频繁子结构则是针对存在复杂内部结构的数据而言，如图、树、网格状结构等，通过频繁子结构挖掘，可以发现这些数据结构中的内部规则。

频繁项集挖掘是频繁模式挖掘的基础，它的方法可以扩展应用于频繁子序列挖掘和频繁子结构挖掘。目前针对频繁项集挖掘已经开发了许多行之有效的方法，总体来说可以分为三类：Apriori 和类 Apriori 算法；频繁模式增长算法（FP-growth 算法）等；使用垂直数据格式的算法。

Apriori 算法是应用最广泛的算法之一，该算法基于"频繁项集的所有非空子集也是频繁的"规则而运行。Apriori 算法使用逐层搜索的迭代方法，其中第 k 次迭代时获得的频繁 k 项集用于支持对频繁（k+1）项集的挖掘。首先，通过扫描数据集，累计每个个体项的技术，并收集满足最小支持度（该项最少出现的次数）的项，找出频繁 1 项集的集合，并将其记为 L_1，然后使用 L_1 找出频繁 2 项集的集合 L_2，使用 L_2 再找出 L_3，依次逐层迭代，直到不能再找出频繁 k 项集为止。

频繁模式增长（FP-growth）方法是一种不产生候选集合的频繁项集挖掘方法，它通过构造一个高度压缩的FP树而压缩原来的事务数据库，与Apriori方法的产生所有项集并继续测试筛选的模式不同，它采用的是频繁模式逐段增长的模式，这样可以在面对海量数据集时具有更高的效率。

在Apriori和频繁模式增长算法中，数据都是以{事务编号：个体项集合}的模式出现的，例如{001：尿布、啤酒、清洁剂}、{002：尿布、清洁剂}、{003：尿布、啤酒}等，这种模式被称为水平数据模式。以等价类变换（Equivalence CLAss Transformation，Eclat）为代表的基于垂直模式的算法，采用就是以{个体项：事务编号集合}类型的数据，例如{薯条：001、003}、{啤酒：001、002}、{炸鸡：001、002、003}。在算法运行过程中，不断选取满足最小支持度的项集，并通过对不同个体项集合对应的事务编号集合求交集，并同时不断扩大个体项集合的规模，从而最终得到所需要的频繁项集合。

与关联规则分析的出发点相似，基于顾客购买数据分析其中的频繁项集，挖掘有趣的频繁模式进而用于推荐商品是它最典型的应用之一。例如在保险行业的应用中，数据分析过程中，分析人员可以将每一位客户的保险险种购买记录等效为一条交易数据，通过从交易数据中挖掘出频繁出现的保险险种，可以发掘出类似于"啤酒和尿布"的规律，保险销售人员在推荐保险时，可以根据顾客的过往购买数据，参考频繁模式进行新保险的推荐，提升销售成功率。

分类和回归分析

在中国古代，未卜先知是先人们梦寐以求的能力，龟甲、八卦、解梦都是他们期望揣测自然运行发展的规律，进而提前预知未来变化所作出的努力，而其实在认识的过程中，我们通过不断地理解客观世界的运行规则，并

3 ■ 大数据技术的关键是数据分析

将之总结为科学和工程经验，也就可以实现对部分简单现象的"预测"，但是对于经济系统、天气系统等更加复杂的系统而言，混沌效应的广泛存在使得预测任务变得更加艰难。然而大数据的出现却使人们看到了预测未来的一线曙光，在《爆发》一书中，复杂网络研究领域的权威巴拉巴斯指出，人类的活动是有迹可循的，其中93%的人类行为都是可以预测的[7]。一旦掌握了足够多的历史信息，就可以从其中得到规律，并对未来即将发生事件进行准确的预判，大数据给了人们一把打开未来之锁的钥匙。

在数据分析的过程中，可以将使用的技术分为有监督的（supervised）和无监督的（unsupervised）两种，两者的区别在于，有监督的数据分析中，不仅有用于分析的数据特征输入，还会有这些数据对应的标签目标值，在无监督的数据分析中，则仅有数据的基本特征输入，没有对应的标签值。一旦有了具有数据特征输入和输出目标的数据，有监督分析的主要工作就是基于这些数据构建模型，模型以这些特征作为输入，以目标数据值作为输出；在得到模型的基础上，可以根据新的输入数据得到预测的输出结果，只要在预测过程中能够获取一定的历史数据、构建准确率合适的模型、建立模型输出数据到预测目标之间的映射关系，就可以使用数据分析实现预测的目的。根据模型输出数据的类型，有监督数据分析也可以分为分类（classification）和回归（regression）两个类别，其中那些使用函数拟合连续型目标变量进行预测的数据分析过程被称为回归，如果目标变量是标签式的（如"是"和"否"、"红"、"黄"和"蓝"），那么这类分析过程被称为分类，对应的模型被称为分类器。

分类是按照已知的分类模式找出数据对象的共同特征，并依据共同特征建立模型，从而将待分类样本划分到对应的类别中，对未知类的标号或者类别进行预测。分类的输入是单次事务的各项数据特征，例如银行顾客的收入、职业、年龄等，而输出对应的是各项类别，每一个类别则代表不同实际意义，并与每一项事务相对应，如"能结清贷款"和"不能结清贷款"、销售额的"高"、"中"和"低"。通过抽取 Web 服务模型中不同服务的标签、创建时间、调用次数等特征，可以构造分类器，对服务失效可能性进行分类预测，从而服务用户选择稳定性更好的服务；基于服务结构中原有的服务合作模式，可以对即将出现的新的服务连接进行预测，从而为用户推荐可能的服务组合模式。回归的出发点与分类相类似，只是将分类器所输出的编号改为具体的数值，例如房产经纪希望通过房屋的朝向、面积、地理位置、小区环境等特征进行综合分析，得到房屋的价值估计，这个读取特征，建立模型并输出具体预测数值的过程就是回归分析。

目前，用于分类有许多成熟的算法，包括决策树归纳方法、贝叶斯分类方法、支持向量机方法、神经网络方法等。

决策树归纳是一种自顶向下的递归树归纳算法，以生成树的方式不断生成新的规则从而实现对数据的区分，树中每个非叶子节点对应一个属性规则，而叶子节点则对应分类的结果。常用的决策树方法有 ID3、C4.5、CART 等。同时，通过树剪枝的方式可以减去数据中带来噪声的分支，从而得到更加有效的分类模型。基于规则的分类器使用 IF-THEN 规则进行分类，规则可以从决策树直接提取，也可以使用顺序覆盖算法直接从训练数据中产生。

贝叶斯分类方法基于后验概率的贝叶斯定理，其中朴素贝叶斯分类假设类条件独立，而如果使用贝叶斯信念网络，则可以通过构造变量之间的因果关系而利用训练数据进行学习，最终产生可以用来分类的贝叶信念网络。

支持向量机（SVM）方法是一种用于线性和非线性数据分类的方法，它把源数据变换到较高维空间，使用支持向量作为基本元组，训练得到能够用于分离数据的超平面。

同时，神经网络算法也得到了十分广泛的引用，例如使用后向传播神经网络（BP 神经网络）可以通过构造神经网络层、隐藏层，并通过训练集以及输出结果误差前馈的方法迭代获得层间权重，最终获得可以用于分类的神经网络。近年来，基于神经网络思路的深度学习算法因为其在构造多层神经网络中的表现而得到了越来越多的重视，在计算机视觉等模式识别领域得到了广泛的应用。

正如上文所述，"预测"是大数据最为强大的能力，因此，借助各类模型、算法根据输入属性预测目标变量也成为大数据应用最为广泛的模式之一。

按照美国相关规定，公共卫生部门需要随时对流感疫情进行监控并统计疫情状况，然而由于大部分患者都是在患病长时间后才会向医院寻求帮助，这导致卫生部门的统计信息可能会产生一至两周延迟，而在面对快速传播的疫情时，这一段延迟可能会对流感疫情的控制产生非常重大的影响。在对搜索引擎上的用户检索词条和流感爆发数据进行对比分析时，谷歌公司的工程师们惊奇地发现，在流感疫情爆发的前期，搜索引擎上用户搜索的词条会发生变化，而这些变化也许可以帮助卫生部门更好地预测流感疫情。于是，谷歌公司的工程师们把 5000 万条美国人频繁检索的词条和美国疾控中心 2003 年至 2008 年季节性流感传播时期的数据进行了对比分析[8]。在对检索词条的频繁使用和流感在时间和空间上的传播建立相关关系的基础上，工程师们分析了 1 亿多个模型，发现了 45 条检索词条的组合，使用它们进行流感发病预测的准确率高达 97%，而且这个模型不仅可以像卫生部门一样判断流感的传播来源，同时能够得到更具有即时性的预测结果，这意味着卫生部门可以借助它迅速地对流感疫情作出反应，从而控制疫情传播。

预测分析在大数据环境下应用还有很多，例如航班价格预测网站 Farecast 网站根据 2000 亿条飞行数据记录预测出每一条航线上每班飞机每个座位的综合票价变更趋势，对冲基金可以通过分析 twitter 上的数据信息预测股市的表现，UPS 快递公司通过分析汽车行驶数据可以对车队中 60000 辆汽车进行监测和预测性维修。

聚类分析

客观世界是复杂的，人类在认识世界的时候，常常需要对复杂的对象进行分类，借用分类的方式来简化这些对象，进而针对性地按照类别进行讨论，例如将人群分为男、女两种，然后针对这两种性别的特征建造各类公共设施，这样的工作量将远远小于根据年龄分类特征、性格特征等方式进行分类。而如果现在讨论的问题是人群的睡眠时间，那么更好的分类方式则可能是根据

智能制造

年龄段进行分类。如性别、年龄，甚至星座这样的分类是较为简单的分类，加入不同的数据对应的属性较多，那么为这些数据划分类别可能就不是一件那么简单直观的事情了。加入保险公司的客户服务人员希望能够更好地梳理客户的特征，想要根据客户的年龄、职业、婚姻状况、资产情况、受教育程度、购买记录等数据对客户进行类别的划分，那么这个问题将会须要借助聚类的手段来解决。

聚类分析将一组对象按照相似性划分为几个不同的类别（簇、子集），使得同一类别中样本的相似性尽可能大，而不同样本集合之间的差异性尽可能大。例如，在 Web 服务推荐中，可以使用话题模型对不同的 Web 服务所重点解决的问题进行分类，并给予 Web 服务描述中不同话题的比重进行聚类，从而实现对 Web 服务的自动聚类，以用于服务推荐、失效服务替换等领域。

在所有的聚类分析中，都需要根据研究对象的基本属性和研究目的选择合适的相似性（差异性）判断指标，在选择指标并计算相似度的过程中，可能会使用欧氏距离、余弦相似度等空间距离计算方法。在得到相似度之后，就可以直接使用机器学习的方法，对数据点进行分类了。

目前常用的聚类方法包括划分方法、层次方法、基于密度的方法、基于网格的方法等以下几类。

划分方法：给定 n 个对象组成的集合，划分方法构建数据的 k 个分区，每个分区代表一个分类簇。一般来说，划分方法首先根据用户所需要构建的簇数 k 对原始数据构造初始分区，然后通过迭代的方式将簇中的对象移动到更加合适的簇中，从而对现有划分进行优化。为了加快优化划分的效率，一些启发式算法也被用于进行聚类，其中 k-均值和 k-中心点就是最常用的算法代表。

层次方法：层次方法创建给定数据对象集的层次分解，从而形成聚类。针对现有的数据集合，层次方法可以采用自底向上的方法，在初始划分中将每个对象作为单独的一个组，然后逐次合并相近的对象或者组，直到所有的组合并为一个组，或者是满足用户设置的终止条件为止；同时层次方法也可以采用自顶向下的方法，开始将所有的对象置入一个簇中，在每次相继迭代中，一个簇被划分为更小的簇，知道最终每个对象在单独的一个簇中。

基于密度的方法：大部分划分方法是基于对象距离进行聚类的，因此发现的簇大多数是球状簇，而基于密度的方法则可以用于发现任何形状的簇。基于密度方法的核心思想是，只要"领域"中数据点的个数（密度）超过了某个阈值，就继续增长给定的簇。

基于网格的方法：基于网格的方法把对象空间量化为有限个单元，形成一个网格式的结构。所有的聚类操作都在网格结构上进行。相对于其他的方法，基于网格方法的优点是其处理时间随着数据对象规模的增长不明显，因为基于网格方法的处理时间仅依赖于量化空间中每一维度的单元数，而与数据的个数无关。

作为一种无监督式的数据分析方法，聚类分析通常用于帮助人们对群体进行分类，进而根据类别来针对性地研究、分析，因此，聚类分析常用于对客观世界中的各类群体，提取群体中的个体特征后，通过聚类了解群体的构成结构，简化对群体研究的复杂度，不论是研究保险客户群体还是研究大选的选民群体，聚类都能够发挥重要的作用。

在2012年的美国总统竞选中，奥巴马竞选阵营的数据挖掘团队为竞选活动搜集、存储和分析了大量数据，数据挖掘团队的研究人员基于海量社交网络统计数据构建了庞大的分析系统，将从民调专家、筹款人、选战一线员工、消费者数据库等处得到的信息进行了汇总，在分析系统中，每个选民被划分为了1000多个特征群体，根据不同州的选民特点，分析系统可以对奥巴马团队的竞选过程给出最精确的建议。例如，通过对数据进行分析，奥巴马竞选团队发现明星乔治·克鲁尼（George Clooney）对于年龄在40～49岁之间的美国西海岸地区女性选民具有较强吸引力，因此特别联系乔治·克鲁尼举办了竞选筹资晚宴，这次晚宴大获成功，为奥巴马筹集了1500万美元的竞选经费。类似地，竞选团队在东海岸选择了女明星莎拉·杰西卡·帕克（Sarah Jessica Parker），成功地复制了西海岸的筹款效果。在数据的支持下，竞选团队帮助奥巴马筹措到了创纪录的10亿美元竞选资金。在竞选团队的帮助下，奥巴马最后成功连任，而数据团队在这其中发挥的作用也至关重要。

时间序列分析

在 7000 年前的古埃及，尼罗河的洪水常常会引发河流两岸的巨大损失，当时的埃及人试着把洪水的发生时间记录下来，他们发现原来洪水的发生按照时间来看是有规律可循的，渐渐地，古埃及人通过这些数据掌握了洪水涨落的趋势，继而将这些规律应用到农业生产中，根据灾害的发生安排农业生产和生活活动，能够提前对洪水的发生有所准备，减小洪水带来的影响。这可能是人类使用时间序列分析最早的案例之一。

其实，和分类、回归的出发点类似，时间序列分析的出现也是为了帮助人们对未来的事件进行预测，只是在分类的过程中，分类器的数据输入在性质、顺序上并没有进行过多的限制，而在时间序列分析中，时间的先后顺序被作为重要的输入数据纳入考虑范畴，进而，这些和时间相关的特征被针对性地用于设计算法，提高预测的准确率。举例来说，如果还是古埃及人在研究洪水的涨落，如果他们所采取的方式是仅根据几个重要的变量（不包括时间）进行预测，如河床的湿润程度、水流的流速、河水的深度、水生物的密度等，那么他们完全可以直接将以这些数据为参数的历史数据用于训练分类器，进而使用分类器进行洪水的预测。然而，由于洪水的涨落和时间具备相关性，一旦时间的要素被引入，那么这些数据的发生先后就需要严格区分，而一般来说，随着时间的推移，数据的有效性也会逐渐减弱，那么在进行分类器训练时也需要纳入考虑范畴。因此，时间序列分析就是专门为了解决人们和时间相关的预测需求而产生的。

时间序列是通过定期测量时间段中的某个变量而获得的一组观测值，是一个按照时间发生的先后排序的随机变量取值序列，可以记为 $Y_t(t=t_1,t_2,\cdots,t_n), \{t_i \in T\}$，$T$ 是一个有序集，例如某一段时间内汽油价格波动的情况。根据测量时间段的不同，时间序列可以分为连续时间序列和离散时间序列，其中连续时间序列对应的时间是连续的，描述了变量在一段连续的时间内的取值，例如心电图就是最典型的连续时间序列，而离散时间序列对应的时间则是不连续的，它们是分散的时间点。其实，在实际的分析中，连续时间序列通常会通过采样的方式被转化为离散的时间序列，然后再进行分析，采样的精读会对数据分析预处理过程中丢失的数据信息有影响，采样的时间间隔越短，得到的离散时间序列越接近原来的连续时间序列，但是同时也将加大分析的工作量，因此，我们需要结合数据特征和分析需求选择合适的采样间隔。

时间序列和时间相关，具有下面四个特征要素：

趋势——趋势是指时间序列在长时期内呈现出来的持续向上或持续向下的变动，趋势反映了研究者们关注的区间中，时间序列所表现出的总体特征。同一个序列可以在不同的时间维度中表现出不同的趋势，例如股票在总体时间层面上呈现增长的趋势，然而在某些经济下滑的时间区段中则呈现在震荡中下滑的趋势。

季节变动——季节变动是时间序列在月度或是季度周期内重复出现的周期性波动。它是诸如气候条件、生产条件、节假日或人们的风俗习惯等各种因素影响的结果。

循环波动——循环波动是时间序列呈现出得非固定长度的周期性变动。循环变动又称周期变动，成因较为复杂，经常与不规则波动交织在一起，其规律性不如季节变动明显。同一经济现象在各个时期的循环变动具有其自身的特点，各个周期长度往往很不相同，比如可有 3 年的周期，也可有 7、8 年的周期。因而大部分循环变动的研究不仅依赖于统计分析，而且依赖于经济分析，最终可能还要归结于平均周期的研究。

不规则波动——不规则波动是时间序列中除去趋势、季节变动和周期波动之后的随机波动，通常由一些不可控因素影响产生。不规则波动通常总是夹杂在时间序列中，致使时间序列产生一种波浪形或震荡式的变动。

指数平滑模型（Exponential Smoothing Model）在时间序列分析中是最重要的模型之一，在经济学相关的预测中应用十分广泛。根据模型的复杂度不同，指数平滑模型可以分为简单指数平滑法、霍尔特指数平滑法、简单季节指数平滑法、温特斯指数平滑法等。简单指数平滑法是其他指数平滑法改良的基础，它通过定义时间序列中一直到时间 t 的平均估计值 $L(t)$ 来进行预测，$L(t)$ 以递归的方式定义如下：

$$\begin{cases} L(t) = \alpha Y(t) + (1-\alpha)L(t-1), \\ L(1) = Y(1) \end{cases} \text{其中} \alpha \in [0,1]$$

而在进行预测时，对于给定的时间范围 t，下一步 $t+1$ 的预测值 $\hat{Y}(t+1) = L(t+1)$，可以发现距离当前时间越远的时间在最终的预测值中对应的权重越低，可以发现，当 α 越接近 0 时，预测模型具有更强的惰性，因为不同时间对应的取值具有类似的权重，而当 α 越接近 1 时，模型对距离当前时间较近的取值更加重视。由于指数平滑模型只是对过去取值的平均，不能反映出有趋势的序列中趋势的作用，因此，霍尔特指数平滑法在 $L(t)$ 的计算中加入了趋势变量 $T(t)$，将趋势和时间的关系也纳入考虑范畴。简单季节指数平滑法则将季节性要素纳入考虑，加入了集结性的平滑权重参数。而温斯特指数平滑法是对前两种平滑法的结合，既考虑了趋势的作用，还将季节周期考虑到模型中。

除了指数平滑模型之外，自回归模型（Autoregressive Model）也是时间序列分析中非常重要的方法，自回归模型是用自身做回归变量的过程，即利用前期若干时刻的随机变量的线性组合来描述以后某时刻随机变量的线性回归模型，它是时间序列中的一种常见形式。由它衍生出的移动平均模型、自回归移动平均模型和差分自回归移动平均模型都在经济学领域有深厚的应用基础。

时间序列分析在各类和时间相关的预测中都能有用武之地，如企业接收不同类型订单的数量变化、气温随时间的变化、价格在时间段内的波动等。

异常点检测

如果在基于某种度量而言，该数据点与数据集中的其他数据有着显著的不同，那么这个点就被定义为异常点[9]。在长期以来，异常点都被作为系统中的噪声而对待，希望能够减少异常点对于系统描述的影响。异常点的主要来源包括三类，第一类异常点由数据变量固有变化而引起，由于观测值在样本总体中发生了变化而出现，这类异常是不可控的，也是无法避免的，它的出现从侧面反映了数据集的数据分布特征；第二类异常点由测量错误引起，是因为测量仪器的一些缺陷导致部分测量值成为异常点；第三类异常点由执行错误引起，如黑客网络入侵、系统机械故障的出现导致数据集出现异常点。随着对数据挖掘领域研究的不断深入，研究人员发现，异常点往往反映着研究对象本身所发生的变化，或是数据采集工具中所出现的故障，对于异常点进行检测和识别，不仅可以对数据对象本身进行精炼，使数据更加准确，还可以作为判断样本异常的重要手段。

异常点是数据集内与其余数据有显著不同的数据点，因此，挖掘异常点比较直观的方法是建立数据集中绝大部分数据的数据模型，从而把不满足该数据模型的那一部分数据认为是异常点。一般来说，异常点检测包括基于统计模型的方法、基于距离模型的方法、基于偏差/偏离模型的方法等。基于统计模型的方法首先对给定的数据集假设一个分布或者概率模型，然后针对该模型采用不一致检测，从而确定异常点；但是该类方法需要了解数据集的数据模型类型、分布参数以及假设的异常点的数目。基于距离模型的算法与聚类的思路非常类似，通过待检测数据点与数据集中其他点的距离进行异常的判断，如果某个数据点与其他的至少 p 个对象距离大于 d，则该数据点是基于距离的(p,d)异常点。基于偏差的算法通过对一组数据对象的特征进行检查而确定异常点，如果某些数据点的特征与给定的数据特征差异过大，就可以被认定为异常点。

异常点的背后往往可跟蕴含着数据集中不常见的行为，所以，通过异常点检测可以对医疗保险、证券交易等数据集中的非正常行为（如欺诈等）进行有效的判断和筛选。在证券交易行业中，通过提取客户交易数据中的异常点，券商可以有效发现客户交易中的违法违规行为，而通过跟踪行为出现异常的客户并采取相应的防范措施，能够更好地避免违法违规交易行为的发生，维护良好的证券交易秩序。

五、大数据分析软件工具介绍

从传统的数据分析到基于海量数据的大数据，大数据思维为我们重新看待数据资产提供了新的视角，也为科学、经济、社会的发展提供了新的契机，但是与此同时，大数据理念的落地也离不开相应的信息技术的支持。海量、异构数据特征为支持大数据分析的软件工具提出了新的要求：

（1）支持异构、海量、非结构数据的快速存取。传统的关系型数据库所擅长处理的数据是标准格式的结构化数据，但是大数据应用中所面对的不仅是原有的结构化数据，更包括视频、音频、图片等大量的非结构化数据，这些数据结构各异、无法用传统的结构化方式统一存储、随时间快速增加、体量巨大，因此，需要新的数据存储软件工具，以支持大数据应用中对海量数据的快速存取。

（2）快速、准确地完成海量数据的分析过程。在应用数据分析关键技术进行数据分析时，数据结构、规模都会对分析数据耗费的时间带来影响。在小规模的数据分析中，待分析数据的体量较小，分析计算过程可以在单台个人PC上完成，但是大数据分析的对象是体量达到或是超过TB级别的数据，单台计算机的计算能力提升将会使得计算成本大量提升，为了支持海量数据的高效分析，分布式计算成为了必然的解决方案，因而，研发支持计算机集群分布式计算的软件也是大数据背景对软件工具所提出的要求。

（3）支持大规模、多类型数据的可视化。可视化是对数据分析结果进行展现的步骤，它既是数据分析结果的形式化体现，对数据分析的结果进行检测和验证，也可以在数据分析的过程中提供单纯数据分析所未能关注到的视角。随着数据的规模迅速增大、数据的类型趋于多元、数据分析任务的复杂性增加、应用场景中对数据展现过程提出的实时交互等新要求，以饼状图、柱状图等图表展现模式为主体的传统数据可视化方式发展和变革。

面对上面所提出的新要求，近年来，研究人员针对非结构化数据存储、分布式计算、多元数据可视化等领域开展了研究和开发，出现了具备较大应用价值的软件工具，以下分别对数据存储、数据分析和数据展现等过程中涉及的典型软件工具进行介绍。

支持非结构化数据存储的 NoSQL 数据库

  数据库技术的发展为数据存储和分析提供了基础，关系数据库的原型理论诞生于 20 世纪 70 年代 IBM 工程师 Codd 所发表的论文《A Relational Model of Data for Large Shared Data Banks》，Codd 将现实世界中的各类实体以及他们相互之间的关系映射成为表格以及表格中的行和列，并建立了严格的关系代数运算体系，严格的数据基础以及简单直接的模型逻辑使得关系型数据库模型成为了最流行的数据库模型，并同时带来了数据库产业的繁荣发展。即便是在大数据概念逐渐升温的今天，三大关系型数据库 Oracle、MySQL 和 Microsoft SQL Server 依然在数据库流行度排行榜中占据前三名的位置。然而在榜单中异军突起的 MongoDB、Redis 等 NoSQL 数据库也已经进入榜单前十名，成为了一股不容小觑的力量。

  传统的关系型数据库往往具有较好的性能，定义格式规范，读写简单，可用性较强，在数据存储领域具有不可动摇的地位。然而，大数据中所包含的海量交易数据、海量交互数据和海量处理数据对数据库软件提出了频繁并发访问、快速增长、结构异构、高扩展性、高可用性等新的需求，传统的关系型数据库在应对静态网页时代数据存储问题时所具有的优势却显得力不从心，因此，具备易扩展特征、能够支持更加灵活的数据模型的 NoSQL 数据库成为了支持大数据应用的利器。NoSQL 是一类技术的统称，用以代指那些不使用传统的关系型数据库模型的、具备超大量数据处理能力的数据库技术。各类 NoSQL 技术在设计的时候，考虑了一系列新的原则，首要的问题是如何对大数据进行有效处理。对大数据的操作不仅要求读取速度要快，对写入的性能要求也是极高的，这对于写入操作密集的应用来讲非常重要。这些新原则包括：提升数据库系统的可扩展性，针对海量数据的管理要求，通过加入存储节点的方式对数据库结构进行横向扩展；放松对原来对关系型数据库的一致性约束，在快速频繁读写时允许数据暂时出现不一致的情况，而接受最终一致性；对各个数据分区进行备份，以适当冗余的方式来弥补大集群系统中节点或是网络失效所带来的稳定性风险。当前主流的 NoSQL 软件可以分为键值对（Key-Value）存储、列（Column Family）存储、文件（Document）存储、图（Graph）存储等类型。

1. 基于键值对（Key-Value）存储的 NoSQL 数据库

基于键值对（Key-Value）进行存储的数据库技术使用哈希表存储 Key 值到 Value 值的映射，程序访问数据库时通过提供 Key 值寻找对应的 Value 值的存储地址，从而寻找到对应的 Value 值并返回。在仅需要查询单个 Key 值对应的 Value 时，键值对存储能够获得良好的性能。同时，和传统的关系型数据库不同，虽然键值对存储的 Value 部分内部可能会具有某种结构，即存储某种类型的数据，但是 NoSQL 系统并不对其进行解释，而是直接将 Value 部分取出并返回给应用程序进行处理，而应用程序就需要根据数据存储时所定义的格式进行解读；但是另一方面，用户无法像从关系型数据库中读取字段值一样直接根据 Key 值读取 Value 内部某属性值。

由于键值对存储模型和查询的简单性便于把数据进行横向分割，从而分布到大规模集群上进行存储和处理，键值对型数据库十分适合分布式存储，并具有较高的操作性能。采用键值对模式比较典型的系统是 Tokyo Cabinet/Tyrant、Redis、Voldemort、Oracle Berkeley DB、Amazon Dynamo/SimpleDB 等。

2. 基于列（Column Family）存储的 NoSQL 数据库

基于列存储的 NoSQL 数据库和基于键值对数据库的索引方式相似，同样是通过 Key-Value 的模型对数据进行索引和存储，但是列存储模型中所对应的 Value 具有了更精细的内部结构——一个 Value 存储中包含多个列，而这些列还可以分组进行存储，用来表现更加复杂的结构。此外，在列存储结构中，每列数据都带有了时间属性的，用来描述同一种数据所对应的不同版本，这样就可以在数据库里面十分便利地实现历史版本的管理和数据的恢复。

列存储模型是一种在分布式系统中应用十分广泛的 NoSQL 模型，当前主流分布式计算模型中的 Google BigTable、Hadoop 架构中的 HBase 数据库都是典型的代表，此外包括 Cassandra、Hypertable、Vertica 等数据库也是采用列存储模型进行设计的。

3. 基于文件（Document）存储的 NoSQL 数据库

基于文件存储的 NoSQL 技术同样以键值对存储模型作为基础，但是这个模型可以对文档的历史版本进行追踪，而每个文档内容又对应一个 Key-Value 的列表，形成了循环嵌套的结构。在基于文件存储的 NoSQL 系统中，文档格式一般采用 JSON 或者类似于 JSON 的格式，具有既易于人阅读和编写，同时也易于机器解析的效果。基于文件存储给予数据库设计者极大的灵活性对数据进行建模，但是对数据进行操作的编程负担落在了程序员身上，数据的循环嵌套结构特点有可能会增加应用程序数据操作的复杂性。主要的技术和产品包括在流行度排行榜中仅次于三大关系型数据库的 MongoDB 数据库、CouchDB、SimpleDB 和 Riak 等。

4. 基于图形（Graph）的 NoSQL 数据库

随着 Web2.0 的发展，社交网络逐渐成为海量数据的重要来源，而和传统的文档式、关系型数据相比，类似于社交网络人际关系这样的数据在使用图进行表示时更加直观。因此，基于图存储的 NoSQL 数据库也取得了不小的发展，目前比较常见的基于图存储的系统包括 Neo4J、InfoGrid、Infinite Graph、Hyper Graph DB 等。因为表示对象的不同，图数据库和其他 3 类 NoSQL 技术在存储模型、物理设计、数据分布、数据遍历、查询处理、事务的语义等方面都具有明显的差异。

除了社交网络作为典型的图存储服务对象外，用于生物学研究的基因表达网络、服务计算领域中 Web 服务组合关联网络以及计算机通信领域的计算机互联网络等研究课题中，基于图存储的 NoSQL 数据库软件都可以发挥十分重要的作用。

分布式计算中的 MapReduce 和 Hadoop 软件平台

　　大数据背景下海量数据的快速处理对计算机的运算能力提出了要求，而为了保障更高的计算机硬件性能：一方面可以基于集中式计算，提升单台计算机的运算能力，应用服务器级的大型机进行计算，所有的数据存取、运算过程都在一台机器上完成；另一方面，可以将一组计算机相互连接，组织成为计算机集群，把需要处理的数据分为多个部分，分别在集群中的各台计算机上进行运算，最终再汇总计算结果，这样相当于把原本一台计算机要完成的任务分配给了多台计算机完成，而小型机的成本之和将远小于单台大型机，这样的计算模式也被称为分布式计算。相较于提升单台大型机的性能，分布式计算的成本比较低廉。

　　由于大数据之前的数据分析对象规模有限，同时考虑到分布式计算中涉及的理论较为复杂、技术实现较为困难，因此，研发高性能大型机一直是更加主流的方向。随着进入 21 世纪之后互联网的高速发展，Google、Facebook 等公司对于海量数据的低成本存储、处理、分析方案的需求也越来越强烈，它们成为了开展分布式计算模式研究的主力军。2003 年至 2004 年的两年间，Google 公司发表了一系列论文，披露了研发人员在分布式计算中所取得的成果，其中最为核心的三项技术分别是 GFS（Google File System）、MapReduce 和 BigTable，这三者解决了分布式计算中的关键问题。

　　Google File System（谷歌文件系统，GFS）是一个面向大规模数据密集型应用的分布式文件系统，具有高度的可扩展性。GFS 通过高效的监控措施、错误侦测机制、冗余存储机制和自动恢复机制等设计大大减少了整个系统稳定运行对单台计算机性能的要求，使得通过购买廉价的计算机就可以组成具有高性能的计算机文件处理集群系统。而它的高度扩展性可以帮助企业在面临快速增长的数据时，通过增加新的计算机快速扩展存储能力。目前为止，谷歌公司最大的一个集群利用数千台机器的数千个硬盘，提供了数百 TB 的存储空间，同时为数百个客户机服务。GFS 是 Google 云存储的基石，分布式计算体系中的其他存储系统的功能实现都需要以 GFS 作为基础。

为了在计算机集群上完成多台计算机的协同运算，需要设计一种有效的并行计算机制，而 MapReduce 模型就是为了解决这个问题。在 MapReduce 算法实现的过程中，这个并行计算的过程被分为了"映射"（Map）和"归约"（Reduce）两个阶段：在"映射"阶段，需要处理的工作被分割为多个子集，多个节点并行处理这些子集，并产生一个键值对（Key/Value Pair），键（Key）用来区分不同的记录，而值（Value）则是需要处理或是计算的数据值；在"归约"步骤中，对具有相同关键字（Key）值的数值记录（Value）应用适当的合并操作，最终输出汇总的结果。在实现 MapReduce 运算过程时，用户只需要分别编写自己的"映射函数"（Map Function）和"归约函数"（Reduce Function）就可以实现整个过程。用户定义的映射函数接受一个输入对，产生一个中间的键值对集合，随后 MapReduce 系统将所有具有某些关键字（Key="A"）的键值对聚合起来，将他们传递给归约函数。归约函数也由用户定义，它可以接收符合某些关键字约束（例如 Key="A"）的键值对集合，并通过预设好的合并操作，输出最终的值集合。

BigTable 是一个为管理大规模数据而设计的分布式存储系统，可以扩展到 PB 级数据和上千台服务器。很多 Google 的项目使用 Bigtable 存储数据，Bigtable 能满足这些多变的要求，为这些产品成功地提供了灵活、高性能的存储解决方案。正如其他的 NoSQL 数据库一样，BigTable 是一种非传统关系型数据库，它使用键值对的方式实现，具有适用性广泛、可扩展、高性能和高可用性的特点。

Google 所提出的这三项核心技术极大地解决了分布式计算中的关键问题，成为了低廉、便捷的海量数据分析软件得以迅速发展的基础。由于 Google 公司在发布论文时并没有开源这些分布式计算模型的具体技术实现，其他的互联网公司只能够根据 Google 公开论文中的理念自行搭建系统。受到 Google 公司的启发，2005 年，开源组织 Apache 开始启动 Hadoop 项目，2006 年 3 月份，MapReduce 和 Nutch Distributed File System（NDFS）分别被纳入项目中，后者就是对 GFS 理念的实现。经过近 10 年的发展，越来越多的支持工具加入到了项目体系中，Hadoop 已经发展成为了最为成熟的开源分布式计算软件生态系统，在多个商业领域得到十分广泛的应用（见图 3-3）。

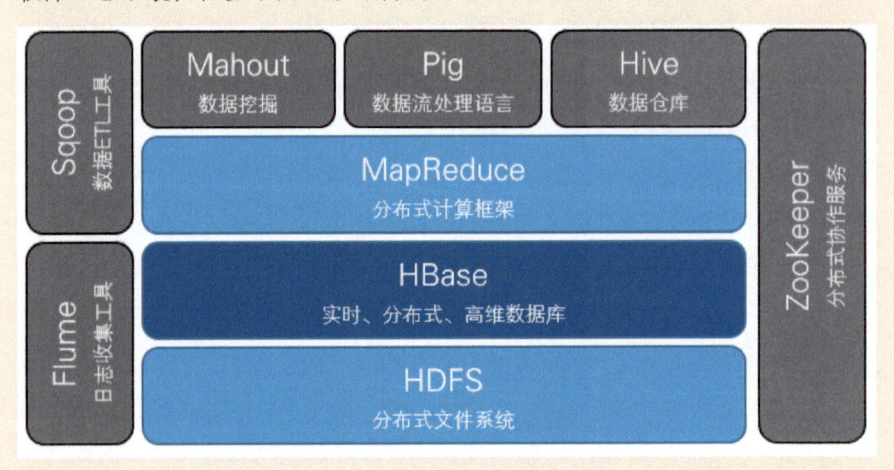

图 3-3　Hadoop 生态圈结构

　　Hadoop 中的这些子项目分别完成大数据处理过程中的不同工作内容，例如 Core 和 Avro 为其他项目提供底层的支持，Core 提供了一系列分布式文件系统和通用 I/O 的组件与接口，Avro 是一个用于数据持久化储存的数据序列号工具，分布式文件系统 HDFS 用于支持集群中的数据存储和管理，MapReduce 用于支持并行大规模数据分析，Zookeeper 则提供了用于分布式数据管理的服务框架，如统一服务命名、集群管理等，HBase 是一种基于 HDFS 的分布式数据库系统，Hive 是基于 Hadoop 的数据仓库工具。

　　除了 Hadoop 之外，Spark 和 Storm 也是目前引起广泛关注的另外两种分布式计算系统。Spark 也是 Apache 基金会的开源项目，它由加州大学伯克利分校的实验室开发，是另外一种重要的分布式计算系统。它在 Hadoop 的基础上进行了一些架构上的改良，引入了 RDD(Resilient Distributed Datasets)机

3 ■ 大数据技术的关键是数据分析

制。Spark 与 Hadoop 最大的不同点在于，Hadoop 使用硬盘来存储数据，而 Spark 使用内存来存储数据，因此 Spark 可以提供超过 Hadoop 100 倍的运算速度。但是，由于内存断电后会丢失数据，Spark 不能用于处理需要长期保存的数据。Storm 是 Twitter 主推的分布式计算系统，它由 BackType 团队开发，是 Apache 基金会的孵化项目。它在 Hadoop 的基础上提供了实时运算的特性，可以实时的处理大数据流。不同于 Hadoop 和 Spark，Storm 不进行数据的收集和存储工作，它直接通过网络实时的接受数据并且实时的处理数据，然后直接通过网络实时的传回结果。

以上三类分布式计算软件框架各有侧重，其中 Hadoop 常用于离线的复杂的大数据处理，Spark 常用于离线的快速的大数据处理，而 Storm 常用于在线的实时的大数据处理。

种类繁多的数据可视化应用软件

可视化技术[10]是指利用计算机图形学和图像处理等技术，将数据、信息等较为枯燥、抽象的内容转化成为更加直观、易于理解的图形、图像进行显示，并为观看者提供交互功能的理论、方法和技术。传统的数据可视化软件中，用户可以更加直观地观察到数据中蕴含的趋势、特征，而大数据背景下的数据的海量、快速增长等特征则对数据可视化软件提出了新的要求[11]。首先，在性能层面，新的数据可视化软件面对的是规模更大的数据，对于图形运算和显示的性能也就更高；而在实时性方面，考虑到大数据快速增长的特性，一个好的数据可视化工具需要能够对数据中的变化特征进行快速地计算，保证用户能够即时、迅速地得到最新的数据显示；由于大数据的分析对象可能会包含多种类型、来源的数据，数据分析结果的应用场景也各不相同，因此，为了达到更加生动、有效的表现效果，数据可视化工具不仅需要能够在传统图表的基础上拓展可视化展示的模式，同时，也可能需要探索如何支持不同类型、来源数据的聚合展示。

伴随着大数据和数据分析的持续升温，种类繁多的数据可视化工具也如雨后春笋一样出现：这其中既有需要进行编程实现的专业类工具，也有操作简单便捷、用于快速实现定制化功能的工具；既有用于传统信息图表类显示的工具，也有支持时序、空间显示的可视化工具；既有运行于 PC 端的工具，也有直接在线运行，或者是通过提供 API 与程序进行集成的工具。本文根据数据可视化工具显示图形的表现方式选取信息图表类、时序类和空间类等类别中的典型工具进行介绍。

1. 信息图表类的数据可视化工具

在传统的数据分析时代，大部分流行的数据分析软件中都集成了一定的图形绘制功能，例如在使用简单便捷的 Microsoft Excel 软件中就包含了绘制二维及三维的柱形图、条形图、折线图、饼图、散点图、面积图、圆环图、雷达图、曲面图、气泡图、股价图等多种图形的功能。R 软件是统计分析领域中最为常用的软件之一，它不仅提供了能满足基础统计学、社会学、经济学、生态学、空间分析、系统发育分析、生物信息学等领域分析需求的数千个开源程序包，同时也提供了功能较 Excel 更加强大丰富的图表绘制功能。它灵活的面向对象（OO，Object-Oriented）编程方式让用户可以很方便地控制图形输出，从而制作出既精美又专业的统计图形（见图 3-4），而它的开源特性也使得用户可以通过调用绘图程序包绘制出空间分布图、热度图等更为复杂的图形（见图 3-5）。类似的还有著名的商业数学软件 Matlab，它不仅可以绘制几乎所有的标准图形，同时还提供了句柄绘图方法，用户可以基于面向对象的图形设计方法开发各类专业的图形，它所提供的多维图形绘制功能十分出色。

图 3-4 使用 R 软件绘制的基本图表

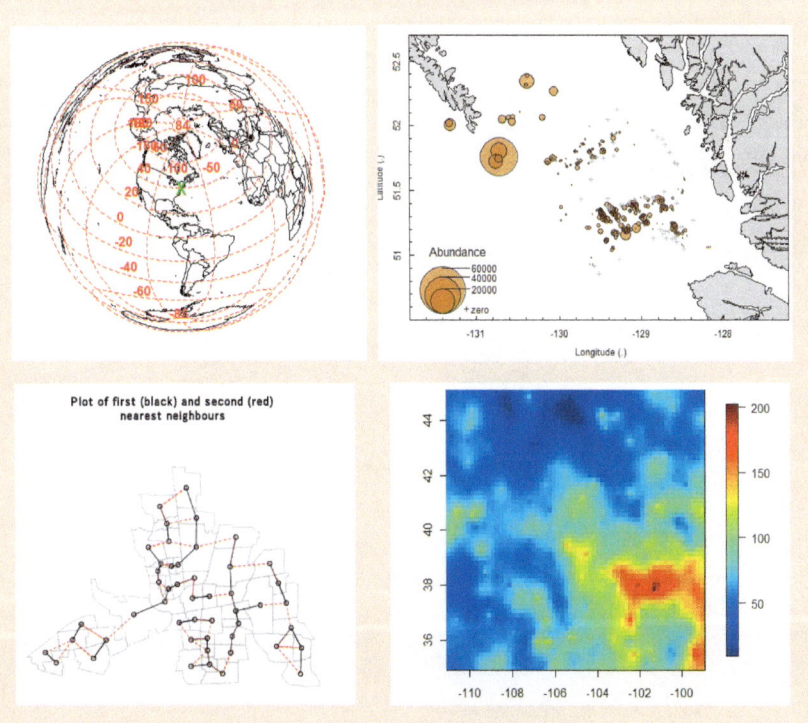

图 3-5 使用 R 软件绘制的高级图表

除了传统的 PC 软件之外，越来越多数据可视化软件也逐渐出现，它们API 调用的方式向用户提供更加丰富多彩的图表显示功能。D3 是目前最流行的开源 JavaScript 可视化图表库之一，它是《纽约时报》的工程师 Mike Bostock 开发的数据可视化工具，发布在开源社区 Github 上，能够提供大量线性图和条形图之外的许多复杂图表样式（如力导向图、桑基流图、日历视图、分子式图等），此外 D3 还支持 SVG 格式的输出、可以添加即时的事件交互，提供图表的动画显示（例如展示液体流动、图形的变换），应用十分广泛（见图 3-6）。

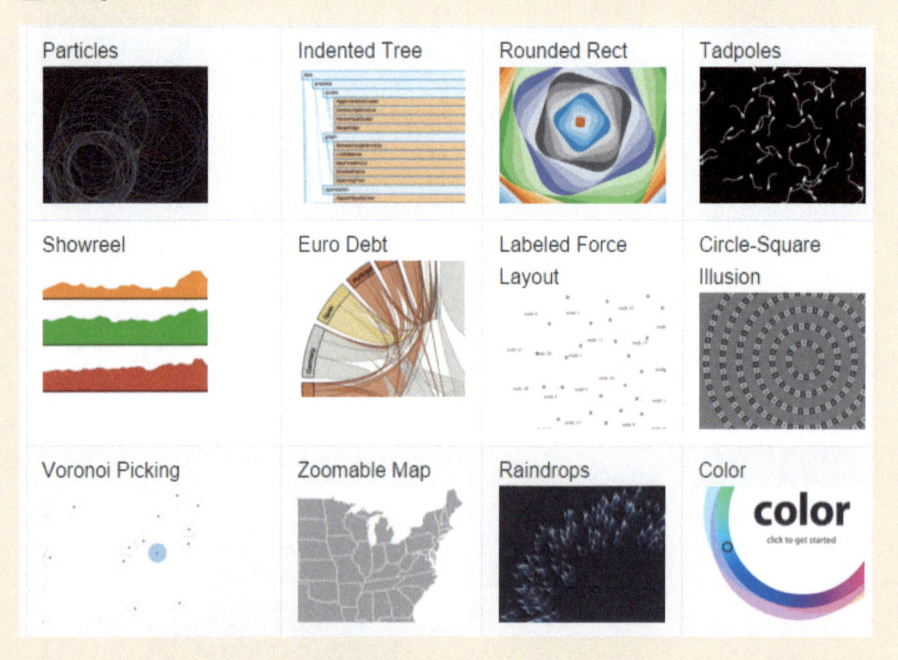

图 3-6　使用 D3 完成的部分图形绘制效果

当前比较常见的图表绘制工具还包括用于绘制信息图的 Visual.ly、基于 Flash/JavaScript 的图表控件 AnyChart 等（见图 3-7）。

3 ■ 大数据技术的关键是数据分析

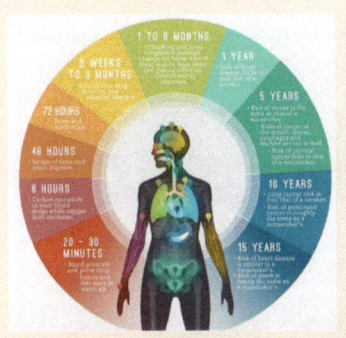

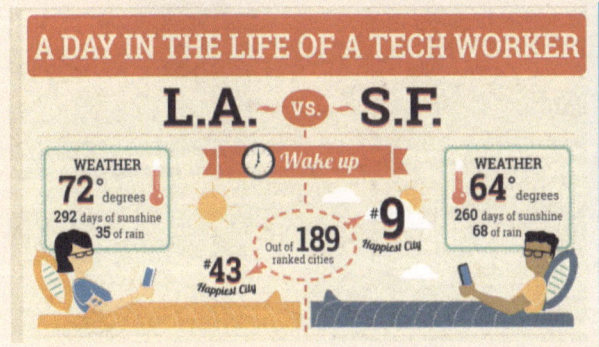

图 3-7　使用 Visual.ly 完成的信息图示例

2. 时序类的数据可视化工具

除了传统的二维图形绘制之外，大数据分析中数据快速迭代更新的特征也使得绘制时间相关的图形成为了用户的重要需求。通过引入时间轴相关的图形和交互，可以是用户感受到数据、事件、特征随着时间而发生的变化，提供新的分析视角。

Smoothie Charts 是一个小巧的图表生成脚本，专为生成实时数据图表而设计，可以用于生成类似于 CPU 使用情况的图表（见图 3-8）。TimeFlow 是一款开源数据可视化工具，主要针对数据新闻中的事件序列生成而开发，既可以生成交互式的时间线、也可以生成日历图表（见图 3-9）。

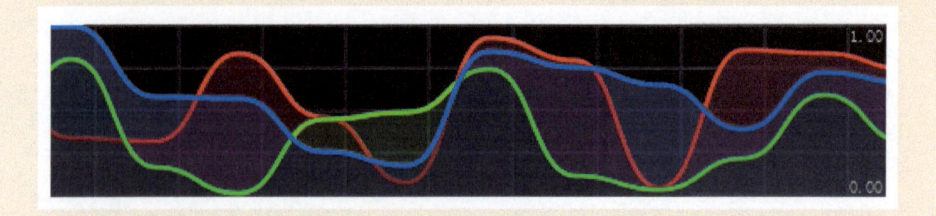

图 3-8　Smoothie Charts 时序图示例

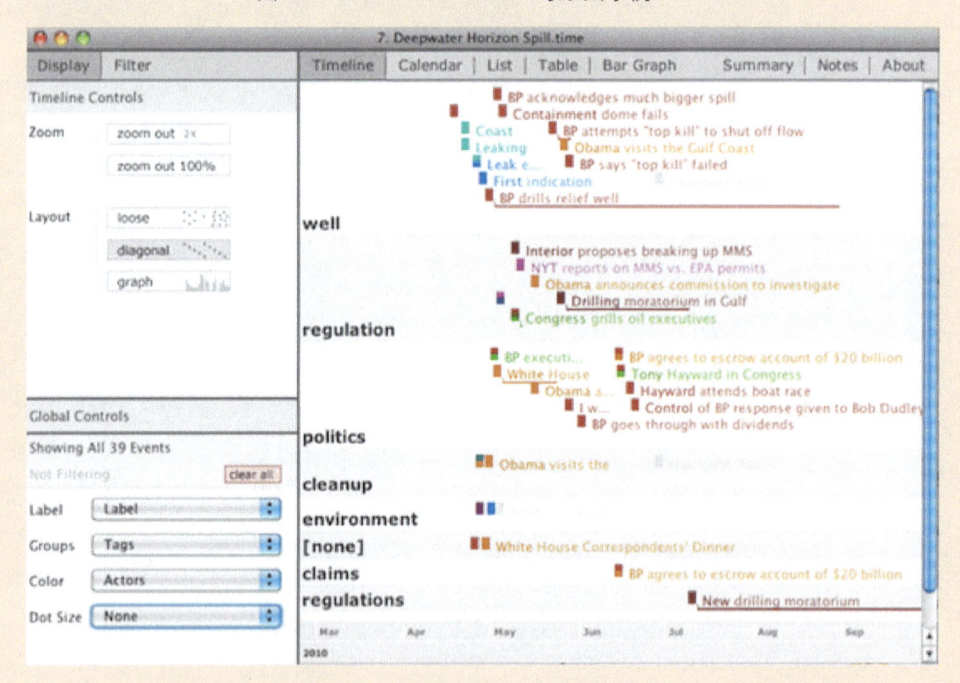

图 3-9　TimeFlow 时序图示例

Rickshaw 是一款开源的时序图形绘制工具，提供了丰富的图形绘制和互动显示功能，由于它以 D3 为基础进行设计，所以能够绘画 SVG 图形和 CSS 风格的图形（见图 3-10）。

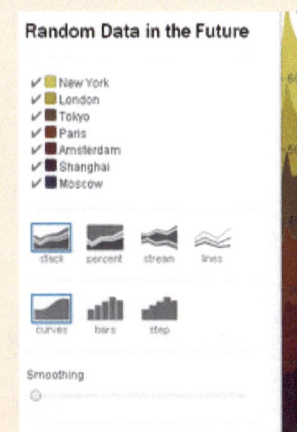

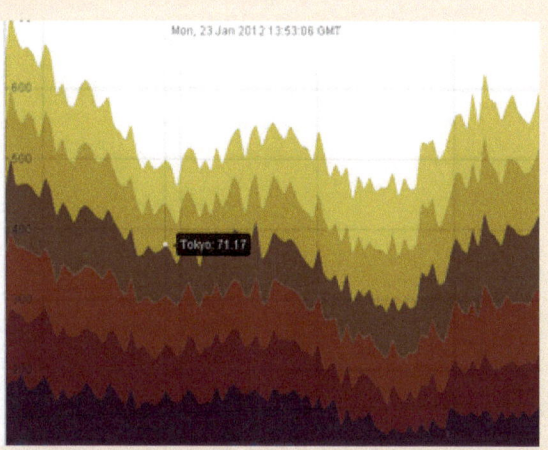

图 3-10　Rickshaw 时序图示例

3. 空间类的数据可视化工具

对于数据可视化来说，地图是一种特殊的显示元素，在引入地图等空间显示元素后，所绘制的图形能够表现出空间层级上的分布。目前网络上有许多的地图 API，通过调用这些地图 API，将之与图表显示控件相结合，可以创造出具有生动的显示和交互功能的图表。目前比较常用的公开地图应用工具包括 Google Maps、Leaflet、OpenLayers、PolyMaps 等，在使用这些工具时需要通过工具提供的接口调用相应的地图 API，开发者可以将其与自己的应用场景结合，扩展性较好，但是要求开发者具有一定的程序开发基础。Quantum GIS 是一款专门用于数据的可视化、管理、编辑与分析和印刷地图的制作的开源 GIS 工具。

除了专门的地图开发工具之外，目前也有一些工具专门为数据在地图上的可视化展示而设计。CartoDB 提供的可视化工具，旨在帮助人们把手机或网站里位置数据进行可视化处理，转化成直观的地图（见图 3-11）。它不仅能处理地理空间数据，还可以提供了数据分析、可视化和讲故事的新的可能性。用户可以通过 CartoDB 基于 Web 的编辑器向平台导入数据，进行分析，然后设计可视化展现方式，使用起来十分便捷。此外，CartoDB 也提供了 API 接口，便于用户可将地图集成到应用中，并实时更新可视化数据。

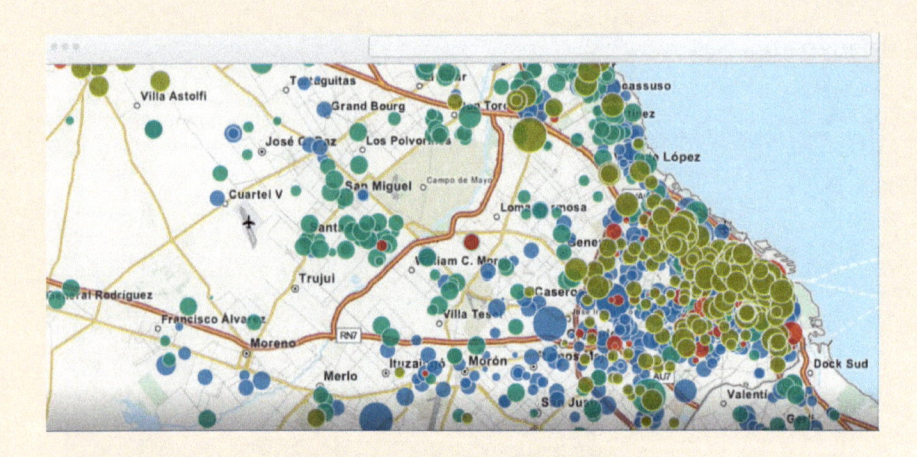

图 3-11　CartoDB 绘制的地图示例

　　OpenHeatMap（见图 3-12）是一款将地图和热图显示相结合的工具，它可以把数据表单转化为交互式的地图应用，并在网上分享。它为开发者提供了 JQuery 插件，可以方便地利用开源地图组件来构建 Flash 或 HTML5 Canvas 应用。

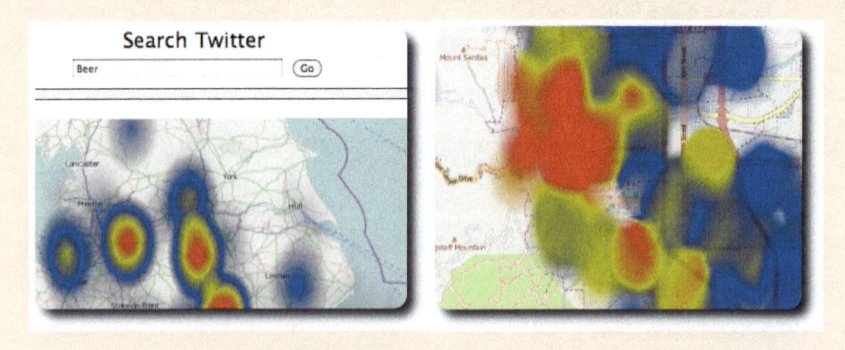

图 3-12　使用 OpenHeatMap 绘制的热度地图

　　Tableau 公司是一家数据可视化领域的商业软件公司，在它所提供的 Tableau Desktop 工具中，用户可以在简洁的拖放式界面中自定义视图、布局、形状、颜色等，方便地实现地图上的数据可视化展示（见图 3-13）。

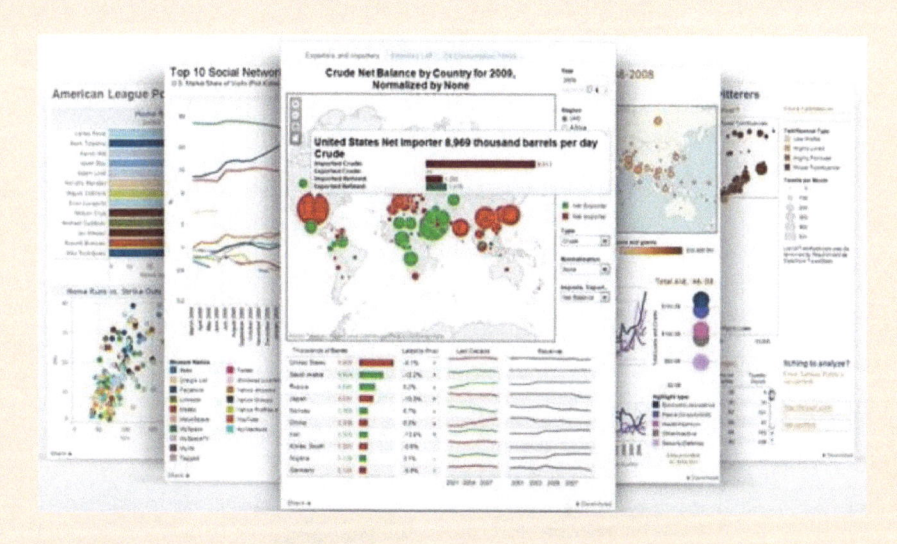

图3-13 Tableau 绘图效果

4．其他数据可视化工具

针对人际网络、合作网络、互联网结构等对象开展数据分析时，常常会用到复杂网络的分析方法，而 Pajek、Gephi 都是复杂网络分析中比较常用的工具。Pajek 是运行在 Windows 平台上的复杂网络分析和绘制工具，可以分析合著网、化学有机分子、蛋白质受体交互网、家谱、因特网、引文网、疾病传播网等多种网络，同时也提供了图形绘制的功能。Gephi 是一款开源免费的跨平台复杂网络分析软件，其主要用于各种网络和复杂系统，其功能与 Pajek 类似（见图 3-14）。

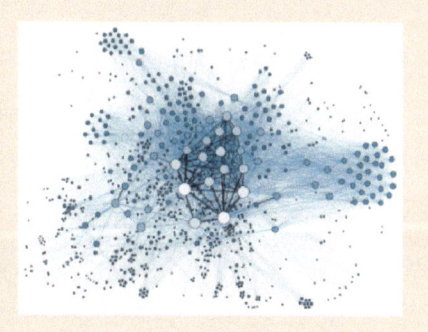

图3-14 使用 Pajek（左）和 Gephi（右）绘制的复杂网络图

Circos 是一款可以用于生命科学研究中基因组绘制的工具，它用来画基因组数据的环状图，也可以用来绘制其他数据的相关环状图（见图 3-15）。

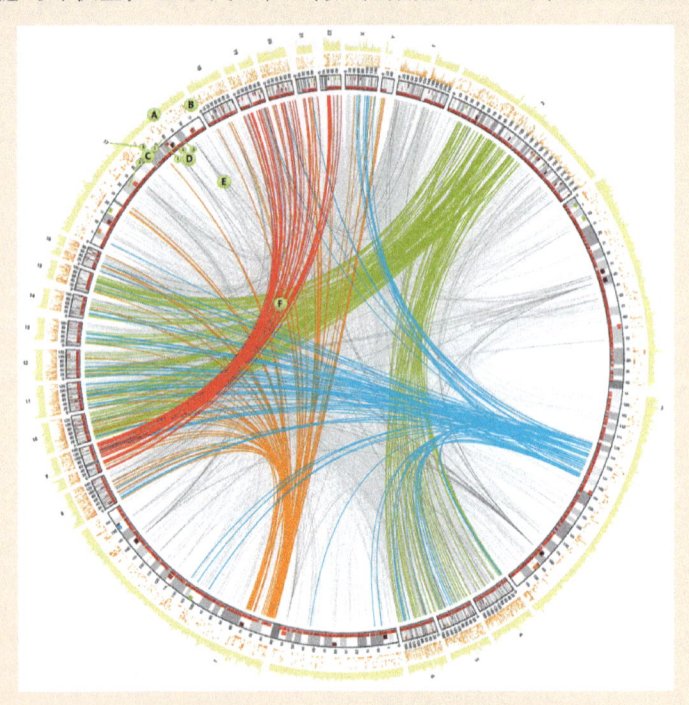

图 3-15 使用 Circos 绘制的基因数据环状图

六、大数据在智能制造中的应用

大数据在智能制造中有着广泛的应用前景，从产品市场需求获取、产品研发、制造、运行、服务直至报废回收的产品全生命周期过程中，大数据都可以发挥出巨大的作用。

大数据在设计领域应用

福特公司内部每一个职能部门都会配备专门的数据分析小组，同时还在硅谷设立了一个专门依据数据进行科技创新的实验室。这个实验室收集着大约 400 万辆装有车载传感设备的汽车数据，通过对数据进行分析，工程师可以了解司机在驾驶汽车时的感受、外部的环境变化以及汽车的环境相应表现，从而改善车辆的操作性、能源的高效利用和车辆的排气质量，同时，还针对车内噪声的问题改变了扬声器的位置，从而最大程度减少了车内噪声。在 2014 年举行的北美国际车展中，福特重新设计了 F-150 皮卡车，使用轻量铝代替了原来的钢材，有效减少了燃料消耗。负责 F-150 皮卡车设计的数据分析师 Michael Cavaretta 说，在减少燃料消耗的过程中，技术团队选择了多项备选方案，并在估算了这些技术的成本和利润，以及实现技术需要消耗的时间的基础上进行了优化分析和抉择，而轻量铝就是团队进行数据分析和综合评估之后的选择。图 3-16 是使用轻量铝的福特新型 F-150 皮卡。

图 3-16 使用轻量铝的福特新型 F-150 皮卡

福特研究和创新中心一直希望能够通过使用先进的数学模型帮助福特汽车降低对环境的影响，从而提高公司的影响力。针对燃油经济性问题，这个由科学家、数学家和建模专家所组成的研究团队开发出了基于统计数据的研发模型，对未来 50 年内全球汽车所产生的二氧化碳排放量进行预测，进而帮助福特制定较高的燃油经济性目标并提醒公司高层保持对环境的重视。针对汽车能源动力选择问题，福特数据团队利用数学建模方法，证明某一种替代能源动力要取代其他所有动力的可能性很小，由此帮助福特开发出包括 EcoBoost 发动机、混合动力、插电式混合动力、灵活燃料、纯电动、生物燃油、天然气和液化天然气在内的一系列动力技术。同时，福特团队还开发了具有特殊功用的分析工具，如福特车辆采购计划工具，该分析系统能根据大宗客户的需求帮助他们进行采购分析，同时也帮助他们降低成本，保护环境。福特公司认为分析模型与大数据将是增强自身创新能力、竞争能力和工作效率的下一个突破点，在越来越多新的技术方法不断涌现的今天，分析模型与大数据将为消费者和企业自身创造更多的价值。

大数据在复杂生产过程优化的应用

1. 制造大数据在复杂生产过程优化的应用场景

对可基于传统建模方法建立生产优化模型的相关工序建立精确生产优化模型，对无法基于传统建模方法建立生产优化模型的相关工序建立特征模型，基于订单、机器、工艺、计划等生产历史数据、实时数据及相关生产优化仿真数据，采用聚类、规则挖掘等数据挖掘方法及预测机制建立多类基于数据的生产优化特征模型。

针对大规模复杂生产过程中全局或局部优化性能指标及其相关优化特征指标预测需要，研究基于数据的生产优化模型建模方法。在问题特征分析和提取的基础上，采用订单、工艺、机器等生产数据，建立用于全局或局部性能指标及其相关特征指标快速预测的生产优化模型，并将该预测模型应用于基于预测机制的迭代式分解算法中生产优化子问题的形成和迭代求解，以及生产优化子问题间的自适应协调过程，以显著提高大规模复杂生产过程生产优化算法的优化性能。

基于数据和知识的优化，通过分析和利用生产历史数据、实时数据及相关仿真数据，结合所建立的生产优化模型及相关经验和知识，综合采用特征分析手段和生产优化特征属性的提取/约简、分类/聚类、关联关系/函数挖掘等数据挖掘理论和方法，并结合仿真手段研究基于数据的生产优化知识获取方法，进而将所获得的知识应用于复杂生产过程优化问题中。

基于制造上下文感知计算的协同生产过程实时监控，基于由突发性、海量性事件所表征的制造过程语义信息，在整合计算上下文和物理上下文的基础上，通过制造上下文建模与表示、制造上下文的感知计算等技术，实现协同生产过程的实时监控。

2. 英特尔制造大数据应用

处理器巨头英特尔公司正在不断挖掘大数据对于其发展的潜在巨大价值。从 2012 年起，英特尔公司开始意识到对历史数据的利用，并将其列入 2012—2013 年度报告中，开始着手将企业过去没有处理的数据收集起来加以利用。在过去两年里，公司已开发出十几个大数据相关的项目，其中在产品制造环节比较典型的应用，包括利用大数据来提升新产品开发速度和识别制造故障以及网络安全等方面。

英特尔制造出的每一个芯片都要经过大量的、复杂的测试过程，包括一系列广泛的测试。而在新产品推出之前，更需要这些测试来发现更多的问题并加以修正。现在，英特尔首先收集前面批次产品的制造工艺，并在晶圆级对制造过程中收集到的历史数据进行分析，然后仅针对特殊芯片进行集中测试，而不是对每一个芯片进行 19000 个测试实验。通过这种方式，英特尔可以大大减少试验进行的次数和时间。

这一预测分析方法的运用同时为英特尔带来相当可观的经济效益。仅酷睿处理器单条生产线，2012 年就为英特尔节省 300 万美元的制造成本。2013—2014 年度，英特尔拟将该方法扩展至更多的芯片线，预计节省约 3000 万美元的制造成本。

另外，大数据分析过程也有助于英特尔及时发现生产线故障。由于芯片制造生产线具有高度自动化的特点，因此每小时所产生的数据量多达 5 百万兆字节。

通过捕获和分析这些信息，英特尔可确定在生产线运行过程中从何时、那个特定步骤开始加工结果偏离正常公差。

大数据在生产质量控制的应用

以典型离散制造模式下生产质量控制为目标，对包括产品属性数据、生产制造数据、质检数据、零配件数据等结构化数据和监测及机器控制相关的非结构化数据在内的产品制造全过程大数据进行面向产品质量控制的分析与挖掘，重点解决两个主要问题：

（1）质量分析问题，即在产品的生产质量出现问题后,利用对生产实时数据和历史数据的挖掘分析生产过程中工艺或设备对产品质量的影响，找出隐藏的生产规律,为企业改进工艺或设备等提供决策支持；

（2）质量预测问题，即通过对生产过程中历史记录数据的挖掘分析,建立产品质量预测模型。具体内容包括：

面向高维多源异构制造大数据挖掘的产品质量控制：建立面向高维多源异构制造大数据挖掘的产品质量控制模型，重点解决面向质量控制主题的制造大数据多维数据仓库结构和数据模型，为解决产品质量控制的复杂性与继承性问题提供有效的模型支撑。

基于制造大数据的制造过程质量控制数据挖掘：在面向质量控制的制造大数据仓库基础上，建立制造质量影响因素模糊关联规则挖掘模型，研究面向产品制造过程质量控制的数据挖掘方法，挖掘产品质量特性与关键工艺参数之间的关联规则，抽取过程质量控制知识，为在线工序质量控制和工艺参数优化提供指导性意见。

基于生产过程动态数据挖掘的在制品装配质量跟踪：基于质量特征值的在制品质量跟踪方法，建立与工位节点设备、人员、工艺、物料等动态实时信息的多维视图，挖掘质量缺陷分布规律，为在制品装配过程的质量跟踪与追溯管理提供依据。

基于产品零部件大数据的质量问题分析及优化匹配：基于产品零部件信息，研究零部件问题分析技术，挖掘包括零件问题、生产商和最终使用性能之间可能产生的因果关系，进而达到产品整体质量的预防和预测；在挖掘零部件数据、产品装配工艺规程和组装质量指标内在关系基础上，研究面向产品组装过程中零部件优化匹配方法，建立零部件装配组合优化模型，结合问题特征设计满足工程应用需要的智能优化算法，实现零部件组合自动化，提高产品整体装配质量。

大数据在大型设备远程故障诊断与服务中的应用

大数据在大型设备远程故障诊断与服务中有很高的应用价值。图 3-17 给出了工程机械状态监测实时流数据处理框架，包括数据层、运行层、模型层、工具层和应用层五层架构，以及二次开发辅助工具和实时运行监控等功能模块。该框架可以支持多种上层应用与用户集成使用[12]。

智能制造

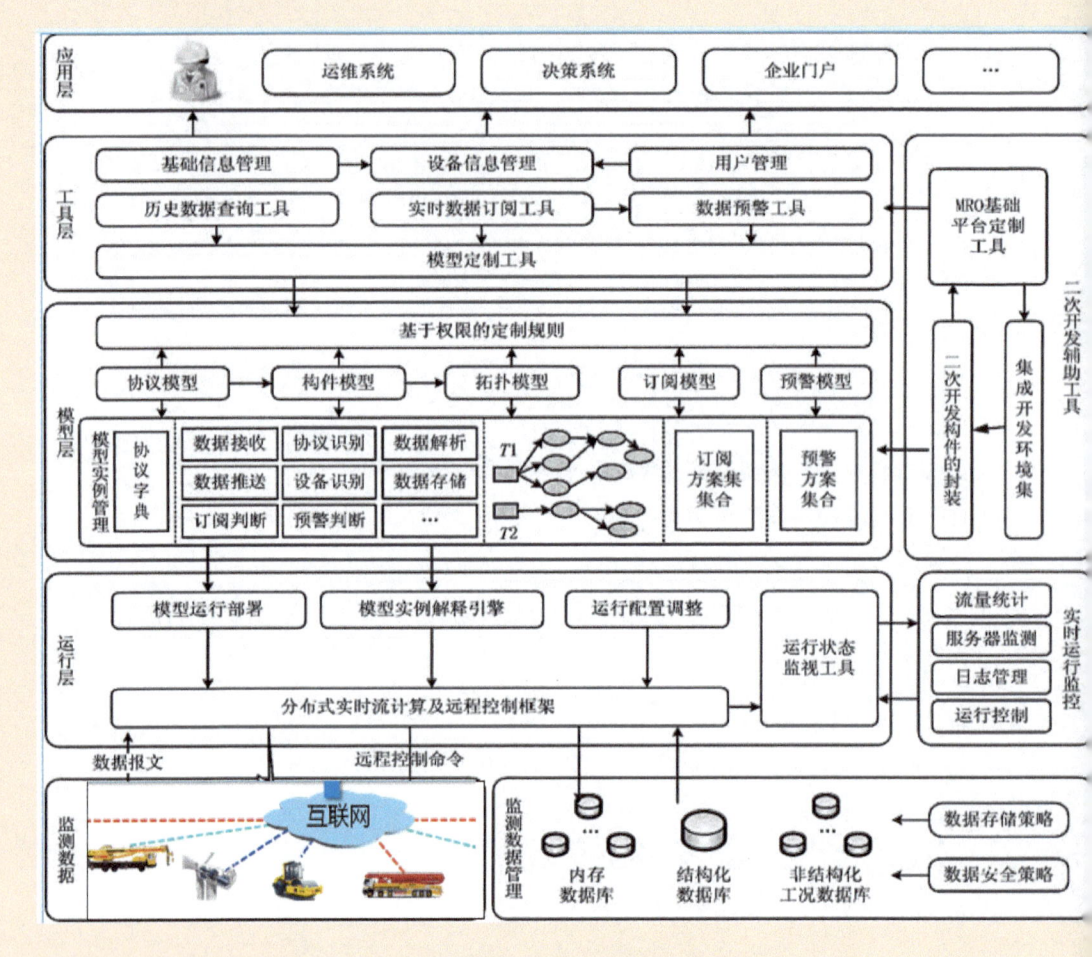

图 3-17 工程机械状态监测实时流数据处理框架

1. 数据层

包括系统外部数据和内部数据。外部数据是指系统与设备之间交互的数据。内部数据是指系统处理的状态监测数据、模型、基础信息数据等，内部数据的存储管理采用多种类型数据库来完成，非结构化数据库用于支持海量工况数据的存储和查询；内存数据库用于数据处理中间结果的缓存以及资源加载；结构化数据库用于存储系统模型和基础信息数据。

2. 运行层

用于部署、运行状态监测数据处理业务，进行状态监测实时流数据处理以及海量数据存储。该层包括分布式 SPE、远程控制支撑，以及所需的模型解释引擎、配置、部署、监控工具。数据处理业务流程可通过模型层中拓扑模型的定制实现，拓扑实例必须在该层提供的实时流处理引擎中进行部署后，才能实际运行。

3. 模型层

用于对框架中的协议模型、处理单元、拓扑模型、订阅模型及预警模型等进行管理。采用模型驱动的方式，用户可对状态监测数据传输协议、数据处理业务流程、数据订阅方案及数据预警方案等进行描述与定义。该层同时提供了基于权限的定制规则以及模型实例管理功能。运行层是模型运行的容器，工具层为模型层提供了必要的模型定制工具。

4. 工具层

在模型层及运行层的基础上，为系统提供模型管理、数据查询分析及基础信息管理等工具，具体包括对 5 种模型的定制工具、数据订阅及实时数据查看、数据预警及警报信息查看、历史数据查询，以及设备、用户与系统基础数据管理等。

5. 应用层

泛指用户在以上框架的基础上，自行开发的各种上层分析应用系统。状态监测数据处理的上层应用通常包括各种运维及远程控制系统、统计分析及决策系统、企业门户及移动终端等。应用层通过应用集成接口与工具层进行集成，利用系统提供的工具，用户可定制出满足特定业务需求的应用系统，工具层则对不同的应用系统提供共性支撑（如用户管理、数据查询等）。

此外，通过二次开发辅助工具，用户可以根据实际需要扩展框架模型、开发系统工具。实时运行监控对实时流处理进行状态控制、流量统计、日志记录以及服务器监测等。

三一重工基于大数据的远程诊断和服务系统自 2007 年应用以来，取得了显著的经济和社会效益。

三一重工的设备使用客户逐步摆脱了设备故障只能求助现场服务工程师的传统模式。三一重工自主研发的 ECC（企业控制中心）系统运用强大的信息化手段让客户享受最便捷的服务。该系统集成了大数据与物联网技术，目前累计接入设备超过 20 万台。这些设备遍布全球各地，它们通过安装在自己身上的各类传感器、控制器，适时向 ECC 回传数据。

定期进行设备保养是延长使用寿命的重要操作，每台设备交付客户使用后，系统内都会自动产生保养订单。根据出厂日期，订单会设置保养周期，一旦到期，系统就会自动派单给服务工程师。这样一来，无需客户提醒，服务工程师就会主动上门服务。

三一重工服务部主任王威对此感触颇深。"现在，每天上班的第一件事就是查看系统里自动下达的保养订单。以往都是客户打电话追着跑，现在变成了我们主动出击，这样可以避免不必要的故障发生造成客户损失。"他说："一位客户的设备使用了两年，到达 2500 小时保养节点，幸好我们到了工地上查看设备，发现出现臂架异响。经过仔细检查，发现是平常保养时加了劣质黄油造成的，幸亏发现得早，如果再晚一点，臂架没有黄油干磨造成臂架损坏就严重了。"

在大数据时代，数据管理及有效应用十分重要。通过设备回传过来的数据，系统将会对设备所需配件进行预测，配件服务部会提前储备配件，以供客户不时之需。这样能缩短交付期，减少停工等待时间，降低客户运营成本。

在 ECC 系统里，除了设备每月的工作时长一目了然外，还能查看机群作业概览。如果客户拥有多种三一设备，便能通过分类查看每一种设备在每月或每年的总工作时间与总方量、平均工作时间与平均方量，并以此数据为客户的经营决策提供支持。

打开全球客户门户系统（GCP），系统提供的信息十分详尽，有设备本身的信息、最新位置、设备状态、工作时长等信息都能在屏幕上展现。以泵

3 ■ 大数据技术的关键是数据分析

车为例，除了位置外，还能查看到液压、转塔、排量、换向、发动机转速等，点击支腿、臂架等信息，就能看到设备此时的样子。当设备一旦出现异常，客户将第一时间得知。如果选择了手机订阅，并预定好订阅时间，那么设备的相关信息及保养提醒还能发送至手机短信。庞大的数据资源不仅为客户设备管理和服务请求提供了方便，还通过对大量工况数量的分析挖掘，从研发、服务等产品生命周期的各环节为客户创造更大价值。

广西一位客户购买了十多台三一起重机，但使用快一年的时候，客户反映说起重机臂架开裂。三一重工重起研究本院立马派遣工程师到现场，同时在 ECC 系统中调出客户设备的历史工况。"设备的臂长、使用时间、使用频率，这些数据都可以在系统中查到，我们发现这些设备使用频率是别人的一二十倍。" 三一重工重起事业部副总经理兼研究本院副院长唐修俊说，设备主要用于在钢材市场装卸货物，虽然每次吊起的重量不大，但是速度非常快，因此出现臂架疲劳。后来，通过专项研发，加入高强度设计，解决了这一问题。"现在的新品研发中，也经常用到 ECC 数据。"唐修俊说，在新品研发的顶层设计中，通过分析 ECC 数据所反映的客户需求，可以让产品研发更有针对性。

以西门子对燃气发电机组监测控制系统为例，其监测变量数目大于每秒 5000 个，需要计算 1000 个以上的中间模型，每台燃机 24 小时运行信息约 2TB，通过对这些数据的分析可以进行系统实时诊断故障，优化发动机运行状态，减少发动机运行故障，提高工作效率并降低废气排放。

英国著名的飞机引擎制造商劳斯莱斯（Rolls Royce）公司在飞机引擎的制造和维护过程中采用了大数据分析。

劳斯莱斯的引擎中，都配备了劳斯莱斯引擎健康模块。所有的劳斯莱斯引擎，不论是飞机引擎，直升机引擎还是舰艇引擎，都配备了大量的传感器，用来采集引擎的各个部件、各个系统，以及各个子系统的数据。任何的微小细节，如振动、压力、温度、速度等，都会通过卫星传送到进行数据分析的计算机中。除此之外，莱斯劳斯公司为了更好地解决地面团队手工检查引擎作业所面临的技能要求、高操作难度大的难题，开发了一种蛇形工业机器人，可以由相对低级别的工程师放入引擎内部，把引擎内的图像传回给远程操纵的高级工程师，由高级工程师进行远程修理。

或者直接在引擎内部放置能耐受高达2000℃高温的摄像头，通过闭路电视系统传回图像。而这，也无疑在现有的传感器数据的基础上，又大大增加了数据量，每一部引擎都将成为名副其实的"大数据"引擎。

这些信息通过专门的算法，进入引擎健康模块的数据采集系统中。无论是在37,000英尺的高空，还是在海里，数据都会被传回位于英国德比郡的总控室。即使在飞机以每小时1000km的速度飞行中，如果发现引擎的一个错误，也可以马上进行修复。所有引擎传感数据由一个总共200人左右的工程师团队，按照每25到30人一组轮班地进行不间断的分析。一年下来，大概会产生5亿份数据报告。

劳斯莱斯的目的，就是使得引擎更加安全可靠。当有故障出现时，它能够第一时间发现并且进行修理。如果有一些更加严重的错误被发现，那么劳斯莱斯的地面支持团队就会在飞机着陆后到达现场。为此，他们配备了一个200人的工程师团队以保证随时都有需要的备件，以及一个160人的团队保证随时为全球的500家航空公司进行修理。

这样的数据分析，不仅可以帮助劳斯莱斯提前发现故障，还可以帮助客户更及时有效地安排引擎检测和维修。对劳斯莱斯来说，这样的数据分析并不新鲜。早在2006年，劳斯莱斯就已经通过卫星，实时监测它的3000多个引擎的数据并进行分析。而通过算法的不断改进，劳斯莱斯如今已经可以通过数据分析预测可能出现的技术问题。这样既节省了时间和金钱，对他的客户也有很大的帮助。

参考文献

[1] 国务院.《国务院关于印发促进大数据发展行动纲要的通知》(国发〔2015〕50号). 2015.

[2] THE DIGITAL UNIVERSE IN 2020: Big Data, Bigger Digital Shadows, and Biggest Growth in the Far East[J], 2015.

[3] 徐宗本. 大数据与数据科学：基本科学问题与初步探索[R]. 2015中国自动化大会，武汉. 2015.

[4] 彭鸿涛，聂磊. 发现数据之美：数据分析原理与实践[M]. 北京：电子工业出版社，2015.

[5] 布鲁克林街区分布图. http://bklynr.com/block-by-block-brooklyns-past-and-present/.

[6] 维克托·迈尔·舍恩伯格. 大数据时代[M]. 浙江：浙江人民出版社, 2012.

[7] 艾伯特·拉斯洛·巴拉巴西. 爆发[M]. 北京：中国人民大学出版社, 2012.

[8] Jeremy Ginsberg, Matthew H. Mohebbi, Matthew H. Mohebbi, et al. Detecting influenza epidemics using search engine query data[J]. Nature, 2009,457(7232):1012-1014.

[9] 王宏鼎，童云海，谭少华，等. 异常点挖掘研究进展[J]. 智能系统学报，2006(01):67-73.

[10] 任磊，杜一，马帅，等. 大数据可视分析综述[J]. 软件学报，2014(09):1909-1936.

[11] 谢然. TOP50+5 大数据可视化分析工具[J]. 互联网周刊，2014(17):58-59.

[12] 庄雪吟，张力，翁晓奇，等. 复杂装备状态监测实时流数据处理框架[J]. 计算机集成制造系统，2013(12):2929-2939.

4

云制造——
一种智能制造的模式与手段

李伯虎[1]　柴旭东　张　霖　林廷宇等

---
1 中国航天科工集团二院 院士

智能制造

　　本文基于笔者团队对云制造的技术研究与应用实践，首先，简析我国制造业面临的挑战、对策，进而提出云制造 1.0 与云制造 2.0（智慧云制造）的内涵及基于云制造模式、手段构成的云制造系统（制造云）的概念模型、系统体系结构、技术体系、典型技术特征；论述云制造 2.0 是"互联网+"世界的一种制造新模式、新手段、新业态及其在促进企业创新驱动和转型升级方面的优势；是云计算在制造领域的落地与拓展；是实施"中国制造 2025"和制造领域的"互联网+"行动计划的一种智慧制造的新模式和新手段。简介云制造技术、应用与产业的国内外现状，并给出本团队在云制造技术研究方面的主要成果索引及本团队在航天云网上实施集团企业及智慧城市中小企业群实云制造的案例。最后，提出云制造进一步研究与实施中值得关注的几个问题。

一、引言

　　当前，制造业正面临全球新技术革命和产业变革的挑战，特别是新一代信息通信技术快速发展并与制造业的深度融合，正引发制造业制造模式、制造流程、制造手段、生态系统等的重大变革。

　　在国外，德国在 2013 年 4 月的汉诺威工业博览会上正式提出"工业 4.0"战略，认为"工业 4.0"是以智能制造为主导的第四次工业革命。美国 GE 公司率先提出工业互联网的概念，倡导将智能设备、智能网络和智能决策与传统的机器、机组深度融合，促进生产力的极大提升。

　　在国内，2015 年李克强总理的政府报告中已明确提出了"中国制造 2025"战略规划和"互联网+"行动计划。

4 ■ 云制造——一种智能制造的模式与手段

"中国制造 2025" 战略规划[1]

"中国制造 2025"提出用三个 10 年分"三步走"的制造强国战略，第一个 10 年（2025 年）的目标是基本实现工业化、迈进制造强国的行列。其指导思想是，创新驱动、质量为先、绿色发展、结构优化、人才为本；战略路线是，坚持走中国特色新型工业化道路，以创新发展为主题，以促进制造业提高质量增加效益为中心，以加快新一代信息技术与制造业深度融合为主线，以推进智能制造为主攻方向。为了实现中国制造由大变强，"中国制造 2025"进一步提出 9 项任务、10 个重点发展领域和五项重大工程。

"互联网+"行动计划[2]

在 2015 年 7 月国务院发布的《"互联网+"行动计划指导意见》中提出"互联网+"是把互联网的创新成果与经济社会各领域深度融合，推动技术进步、效率提升和组织变革，提升实体经济创新力和生产力，形成更广泛的以互联网为基础设施和创新要素的经济社会发展新形态。其总体发展思路是，顺应世界"互联网+"发展趋势，充分发挥我国互联网的规模优势和应用优势，推动互联网由消费领域向生产领域拓展，加速提升产业发展水平，增强各行业创新能力，构筑经济社会发展新优势和新动能。"互联网+"行动计划提出了"互联网+"创新创业、"互联网+"协同制造等 11 个方面的重点行动。

笔者认为，一个以"泛在互联、数据驱动、共享服务、跨界融合、自主智慧、万众创新"为特征的崭新的"互联网+"世界正在形成。"互联网+"的核心技术是以互联网为平台，以云计算、物联网、移动互联网、大数据等为代表的新一代信息技术、智能科学技术以及各应用领域专业技术等技术深度融合的一种综合性技术。国家大力倡导的"互联网+"行动计划，本质上是以"互联网+"核心技术相关的设施和实现工具为基础，对国民经济、国家安全、社会民生等各领域中的人、机、物、环境、信息自主智能地感知、分析、决策、执行，使各领域技术与"互联网+"技术深度融合后产生化学反应、放大效应，发展形成各领域的新模式、新流程、新技术、新手段、新生态系统，进而大力提升国民经济，国家安全、社会民生的创新能力和竞争能力。

笔者团队自20世纪80年代即介入制造业信息化研究与应用工作，综观国内外制造领域有关技术与应用的现状与发展，并基于我国制造业信息化技术与应用的成果，于2009年提出了"云制造"的理念、模式、技术手段和业态[3~6]，并开始了云制造1.0的研究与实践。经过近几年的实践，随着有关技术的发展，特别是大数据、云计算、仿真、移动互联网、高性能计算、网络安全、智能终端等新兴信息技术的智慧化和3D打印、智能化机器人、智能制造装备等新兴制造技术的智慧化快速发展，它们为加强云制造的智慧化提供了技术支撑，因此，本团队于2012年进一步提出并开始了"智慧云制造"（云制造2.0）的研究与探索，它在制造模式、技术手段、支撑技术、应用等方面进一步发展了云制造1.0。它是"互联网+"世界的一种智慧制造模式与手段；是实施"中国制造2025"和制造领域的"互联网+"行动计划的一种智造模式和手段[7]。

二、云制造1.0简介[3~6]

云制造1.0内涵

云制造是一种基于网络（互联网、物联网、电信网、广电网、无线宽带网等）的、面向服务的智慧化制造新模式。它融合与发展了现有信息化制造

4 ▪ 云制造——一种智能制造的模式与手段

(信息化设计、生产、实验、仿真、管理、集成)技术及云计算、物联网、面向服务、智能科学、高效能(性能)计算、大数据等新兴信息技术,将各类制造资源和制造能力虚拟化、服务化,构成制造资源和制造能力的服务云池,并进行协调的优化管理和经营,使用户通过终端和网络就能随时按需获取制造资源与能力服务,进而智慧地完成其制造全生命周期的各类活动。

1. 云制造的服务对象

云制造的服务对象包含两类用户,一类是制造企业用户,一类是制造产品用户。他们可以在制造云池中获取及提供制造资源/能力服务。

2. 云制造的服务内容

按照制造产品全生命周期,云制造的服务内容可以分为论证为服务(AaaS)、设计为服务(DaaS)、仿真为服务(SaaS)、生产加工为服务(FaaS)、实验为服务(EaaS)、经营管理为服务(MaaS)、运营为服务(OpaaS)、维修为服务(ReaaS)、集成为服务(InaaS)等。

3. 云制造的新模式和新手段

以"生产"加"服务"型为主导的"网络化、服务化"是云制造的新模式。

制造资源和能力"数字化、物联化、虚拟化、服务化、协同化、智能化"是云制造的新手段(见图4-1)。

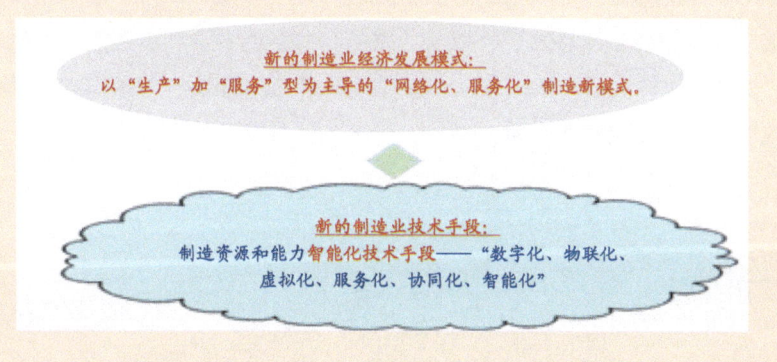

图 4-1　云制造 1.0 的新模式和新手段示意图

中国制造 2025 ▪ 133

云制造 1.0 系统概念模型

按云制造 1.0 模式和手段构建的制造系统称为云制造 1.0 系统。它的概念模型如图 4-2 所示。

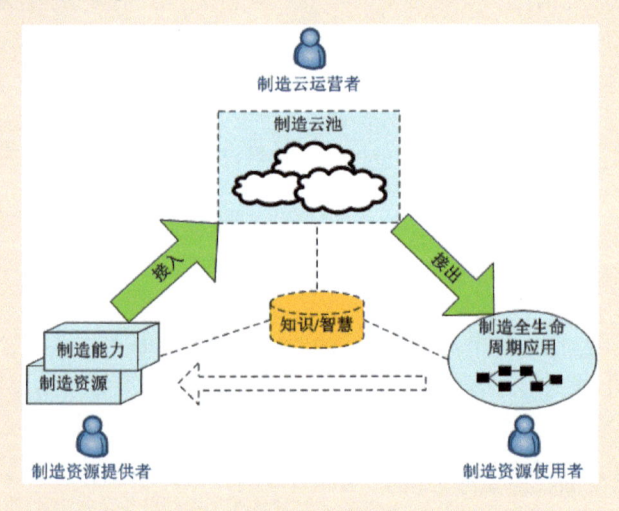

图 4-2 云制造 1.0 系统概念模型

它可以抽象为"一个核心支持"、"两个过程"、"三大组成部分"和"三类角色"。其中,"三类角色"指制造服务提供者、云制造运营者、制造服务使用者;"三大组成部分"指制造资源和制造能力、制造服务云池、制造过程全生命周期应用;"两个过程"指制造资源和制造能力的"数字化"、"物联化"、"虚拟化"的接入过程以及"服务化"制造资源和制造能力的接出以及"协同化"的过程;"一个核心支持"指云制造 1.0 系统中累积的多学科专业的领域知识和专家的智慧。

云制造 1.0 系统体系结构

图 4-3 是一个通用性的云制造 1.0 系统体系架构,由资源/能力层、云制

4 云制造——一种智能制造的模式与手段

造平台层（感知/接入层、虚拟资源/能力层、核心功能层、用户界面层）和服务应用层及云制造标准规范、安全管理等组成。

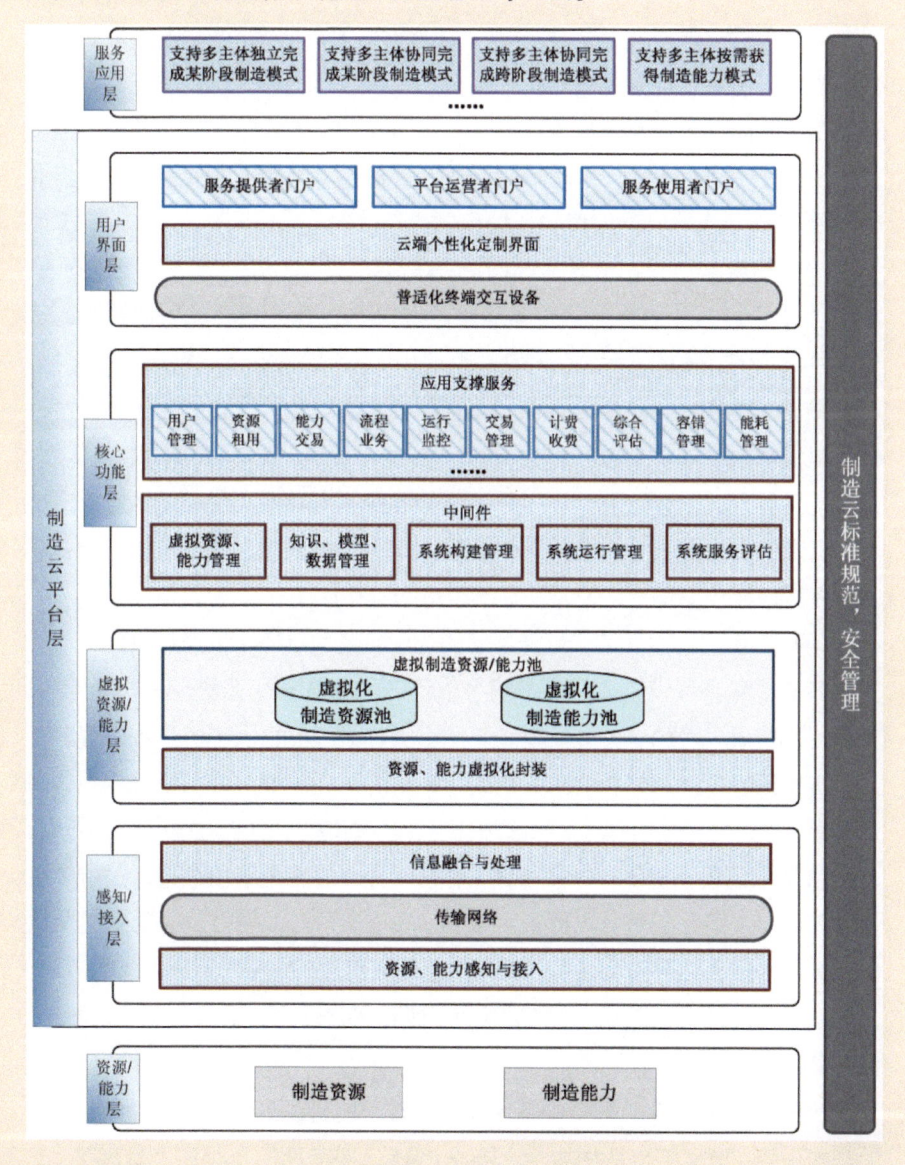

图 4-3 云制造 1.0 系统体系结构

中国制造 2025 ■ **135**

资源/能力层：体现了云制造"数字化"的技术特征，整合了经过数字化的制造资源和制造能力，包括高性能 IT 基础资源、大型仿真试验设备、高端数字化生产线等"硬"制造资源，各类企业信息系统、（大）制造工具软件、集成应用平台、库管理系统、模型、数据、知识等"软"制造资源以及产品全生命周期各类制造能力。

感知/接入层：体现了云制造"物联化"的技术特征，主要支持各类资源/能力的感知与接入、网络传输、信息融合与处理。

虚拟资源/能力层：体现了云制造"虚拟化"的技术特征，包括对制造资源/能力进行虚拟化封装与规范化描述，将物理的资源/能力映射成逻辑的资源/能力，形成虚拟化制造资源/能力池。

核心功能层：体现了云制造"服务化"、"协同化"、"智能化"的技术特征。提供平台中间件支撑，包括虚拟资源/能力管理、知识/模型/数据管理、系统构建管理、系统运行管理、系统服务评估等中间件；在中间件接口支持下，提供应用支撑服务，包括用户管理、资源/能力交易、运行监控、计费收费等多种应用支撑服务。

用户界面层：体现了云制造"智能化"的技术特征，包括可以普适化地支持各类终端交互设备（提供云服务以及云加端服务两类使用方式），可以实现用户使用环境的个性化定制，总体来说针对服务提供者、平台运营者以及服务使用者三类用户（参见云制造 1.0 系统概念模型）分别提供相应的门户界面。

服务应用层：提供支持多主体（租户）独立完成某阶段制造、支持多主体协同完成某阶段制造、支持多主体协同完成跨阶段制造以及支持多主体按需获得制造能力四种应用模式，支持制造企业用户、制造产品用户两类用户，开展从论证、设计、仿真、生产到运营、维修等产品全生命周期的"大制造"任务。

另外，标准规范、安全体系建设是支持云制造 1.0 系统可靠、高效运行的基本保障，贯穿整个系统的各个层次。目前，笔者团队已经研究提出了《云制造术语》的标准草案报国家标准管理委员会批准。

三、智慧云制造（云制造2.0）概论[7]

■ 智慧云制造定义

智慧云制造是一种基于泛在网络，以用户为中心，人机融合，互联化、服务化、个性化（定制化）、柔性化的智慧制造新模式和新手段。

具体地讲，它基于泛在网络，以用户为中心，借助新兴制造技术、新兴信息技术、智能科学技术及制造应用领域技术等4类技术深度融合的数字化、网络化、智能化技术手段，将智慧制造资源与能力构成智慧服务云（网），使用户通过智慧终端及智慧云制造服务平台便能随时随地按需获取智慧制造资源与能力，对制造全系统、全生命周期活动（产业链）中的人、机、物、环境、信息进行自主智慧地感知、互联、协同、学习、分析、预测、决策、控制与执行，使制造全系统及全生命周期活动中的人/组织、经营管理、技术/设备（三要素）及信息流、物流、资金流、知识流、服务流（五流）集成优化；进而高效、优质、低耗、柔性地制造产品和服务于用户，提高企业（或集团）的市场竞争能力。

上述"智慧云制造"定义给出下列内容：

智慧云制造模式：用户为中心、人机融合，互联化、个性化、服务化、柔性化的智慧制造新模式；

智慧云制造技术手段：基于泛在网，借助新兴制造科学技术、新兴信息科学技术、智能科学技术及制造应用领域的技术等深度融合的数字化、网络化（互联化）、智能化技术手段，将智慧制造资源与能力构成用户能随时随地按需获取的智慧服务云（网）；

智慧云制造特征：制造全系统及全生命周期活动中人、机、物、环境、信息自主智慧地感知、互联、协同、学习、分析、预测、决策、控制与执行；

智慧云制造的实施内容：借助上述技术手段，使制造全系统及全生命周期活动中的人/组织、经营管理、技术/设备（三要素）及信息流、物流、资金流、知识流、服务流（五流）集成优化；

智慧云制造目标：高效、优质、低耗、柔性地制造产品和服务用户，提高企业（或集团）的市场竞争能力。

笔者团队认为，"智慧云制造"的"智慧"体现在，其中的制造资源、制造能力、制造云平台及制造云的构成、运行、评估等方面都具有制造的智慧特征。另外，"智慧云制造"在制造模式、手段和支撑技术（智慧化的信息技术和智慧化的制造技术）方面也都体现了智慧特征。这里的"智慧"强调了：创新驱动；以人（用户）为中心的人机深度融合；数字化、网络化（互联化）、智能化的深度融合；工业化与信息化的深度融合；智慧地运营制造全系统和制造全生命周期活动中的人、机、物、环境与信息等方面的内容。

智慧云制造系统概念模型

智慧云制造系统是按智慧云制造模式和手段构建的制造系统（智慧制造云）。它涉及的范围可以是制造单元（生产线）、制造车间、制造工厂（企业）、城市、区域、产业（行业）等，在这些范围内均可以构建智慧云制造系统。

智慧云制造系统的概念模型如图 4-4 所示，相比于云制造 1.0，同样也抽象为"一个核心支持"、"两个过程"、"三大部分"和"三类人员"。只是更加强调智慧制造（软、硬）资源/制造能力以及制造全生命周期智慧应用。

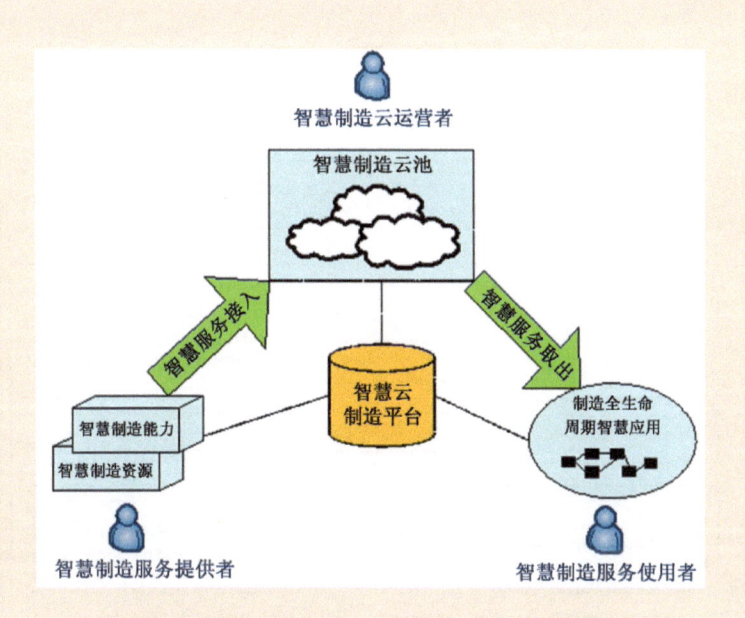

图 4-4　智慧云制造系统（智慧制造云）概念模型

智慧云制造系统体系结构

　　智慧云制造系统实质是一种基于泛在网络及其组合的、人/机/物/环境/信息深度融合的、提供智慧制造资源与智慧能力随时随地按需服务的智慧制造服务互联系统。它就是一种"互联网（云）+制造资源与能力"的智慧制造系统。它的体系结构如图 4-5 所示。

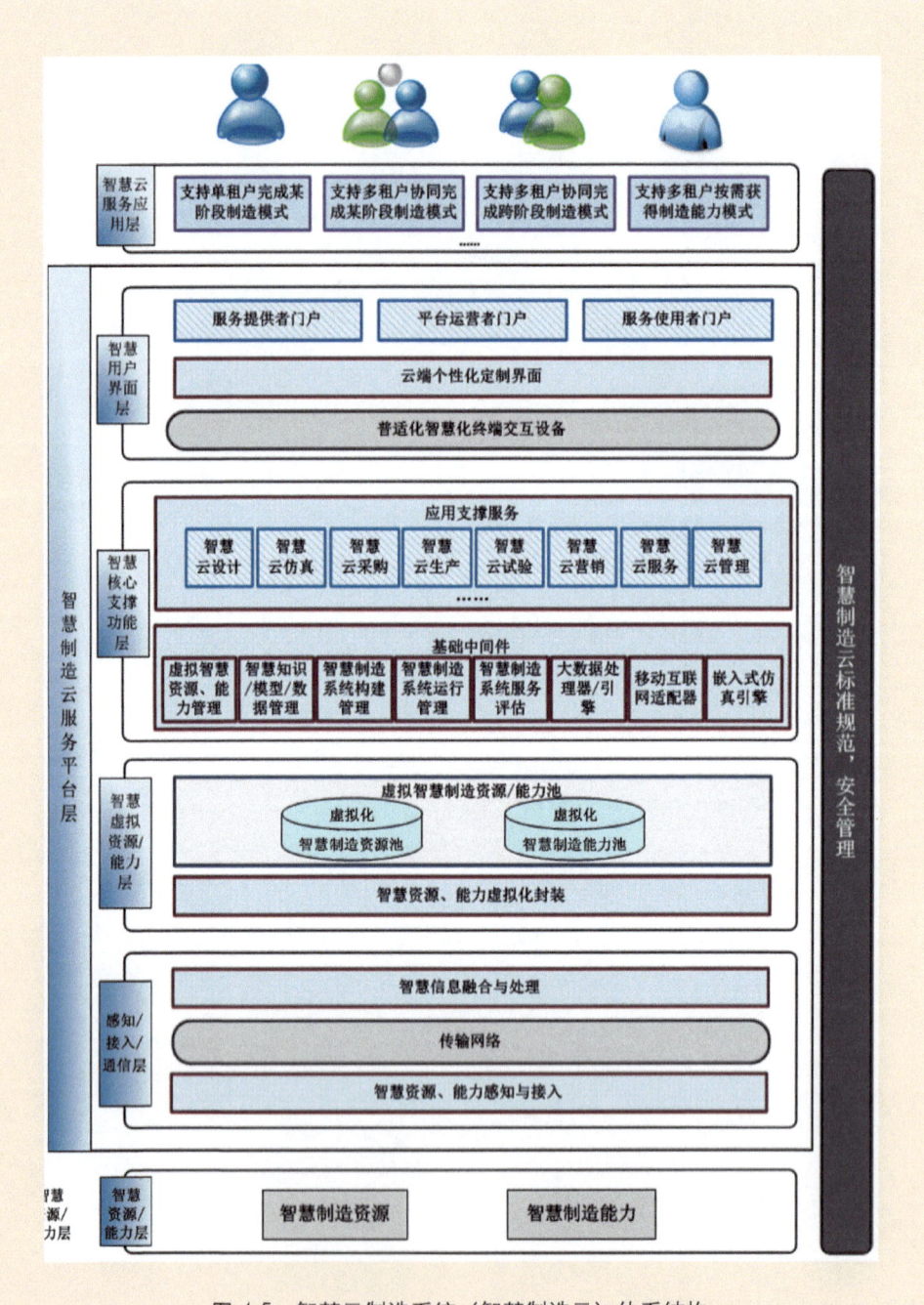

图 4-5 智慧云制造系统（智慧制造云）体系结构

4 云制造——一种智能制造的模式与手段

智慧资源/智慧能力层：制造资源和制造能力具有自主、半自主的感知、决策与执行能力，体现出智慧的特征，如智能机床、智能机器人、智能库管理系统、模型、数据/大数据、知识等。

智慧感知/接入/通信层：主要支持各类智慧资源/能力的感知与接入、网络传输以及智慧信息融合与处理。

智慧虚拟资源/能力层：对智慧制造资源/能力进行虚拟化封装与规范化描述，将物理的资源/能力映射成逻辑的资源/能力，形成虚拟化智慧制造资源/能力池。

智慧核心支撑功能层：较图 4-3 中的云制造 1.0 系统，在基础中间件中增加了大数据处理器/引擎、移动互联网适配器、嵌入式仿真引擎等新智能模块。在应用支撑服务中根据应用业务进行了拓展与细化，包括智慧云设计、智慧云仿真、智慧云采购、智慧云生产、智慧云试验、智慧云营销、智慧云服务、智慧云管理等。

智慧用户界面层：针对服务提供者、平台运营者以及服务使用者三类用户，可以普适化地支持各类智慧终端交互设备（提供云服务以及云加端服务两类使用方式），可以实现用户使用环境的个性化定制。

智慧云服务应用层：增加了人/组织层，以突出人/组织的作用。支持制造全系统及全生命周期活动中人、机、物、环境、信息自主智慧地感知、互联、协同、学习、分析、预测、决策、控制与执行。

值得注意的是，指出智慧云制造系统的实施范围可以是区域、行业乃至跨行业的层次，也可以是工厂、企业的层次，还可以是制造单元、车间的层次，见图 4-6~图 4-8。

智能制造

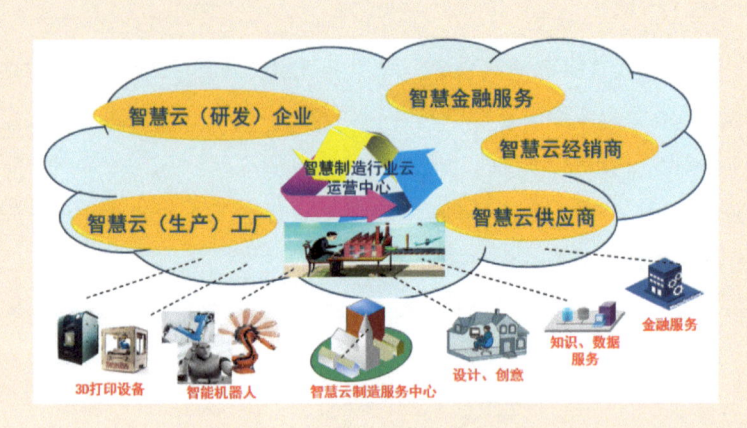

图 4-6　智慧制造行业云示意图

图 4-7　智慧制造企业（工厂）云示意图

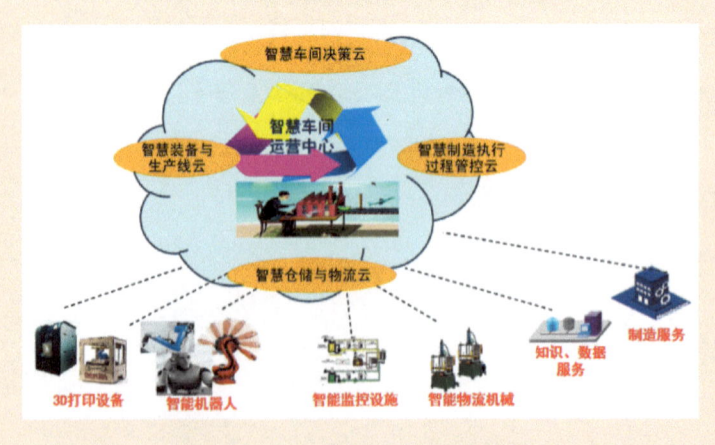

图 4-8　智慧制造车间云示意图

智慧云制造系统的技术体系

智慧云制造技术体系包含八大类关键技术（见图4-9），是实现智慧云制造所需关键技术的集合，它为智慧云制造的研究与实施指明了方向。

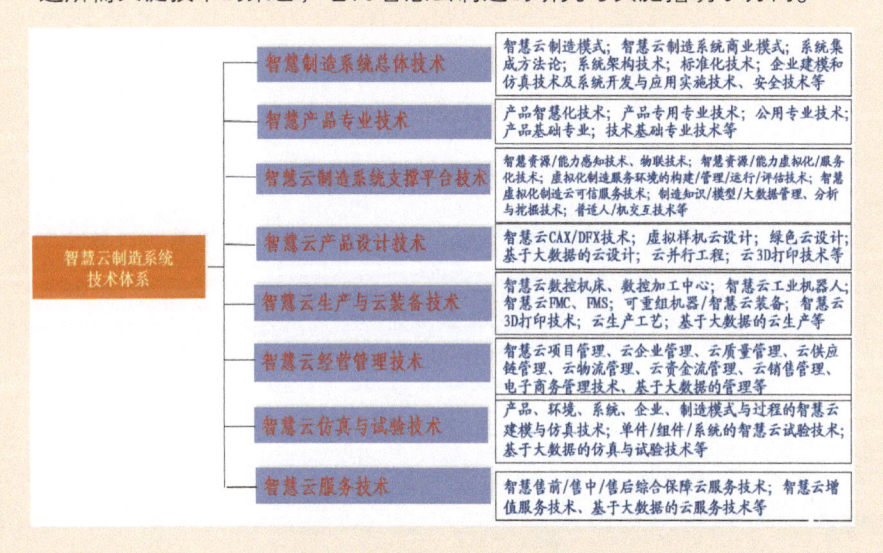

智慧云制造系统技术体系		
	智慧制造系统总体技术	智慧云制造模式；智慧云制造系统商业模式；系统集成方法论；系统架构技术；标准化技术；企业建模和仿真技术及系统开发与应用实施技术、安全技术等
	智慧产品专业技术	产品智慧化技术；产品专用专业技术；公用专业技术；产品基础专业；技术基础专业技术等
	智慧云制造系统支撑平台技术	智慧资源/能力感知技术、物联技术；智慧资源/能力虚拟化/服务化技术；虚拟化制造服务环境的构建/管理/运行/评估技术；智慧虚拟化的云可信服务技术；制造知识/模型/大数据管理、分析与挖掘技术；普适人/机交互技术等
	智慧云产品设计技术	智慧云CAX/DFX技术；虚拟样机云设计；绿色云设计；基于大数据的云设计；云并行工程；云3D打印技术等
	智慧云生产与云装备技术	智慧云数控机床、数控加工中心；智慧云工业机器人；智慧云FMC、FMS；可重组机器；智慧云装备；智慧云3D打印技术；云生产工艺；基于大数据的云生产等
	智慧云经营管理技术	智慧云项目管理、云企业管理、云质量管理、云供应链管理、云物流管理、云资金流管理、云销售管理、电子商务管理技术、基于大数据的管理等
	智慧云仿真与试验技术	产品、环境、系统、企业、制造模式与过程的智慧云建模与仿真技术；单件/组件/系统的智慧云试验技术；基于大数据的仿真与试验技术等
	智慧云服务技术	智慧售前/售中/售后综合保障云服务技术；智慧云增值服务技术、基于大数据的云服务技术等

图4-9　智慧云制造系统技术体系

针对构建智慧云制造系统，智慧云制造软件技术体系包括智慧云制造的系统软件技术、平台软件技术以及应用软件技术（见图4-10）。

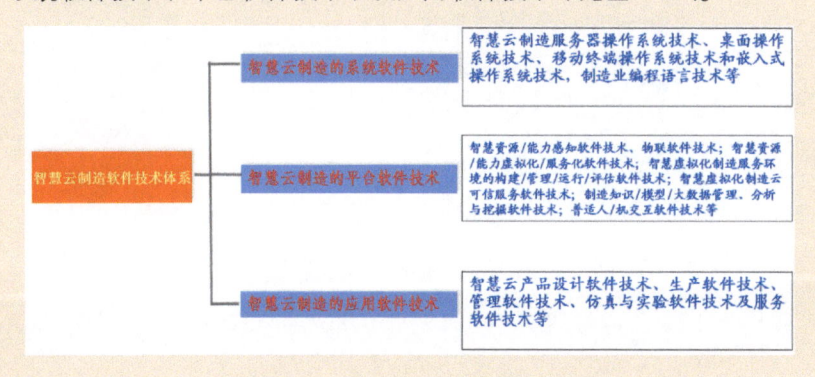

智慧云制造软件技术体系		
	智慧云制造的系统软件技术	智慧云制造服务器操作系统技术、桌面操作系统技术、移动终端操作系统技术和嵌入式操作系统技术，制造业编程语言技术等
	智慧云制造的平台软件技术	智慧资源/能力感知软件技术、物联软件技术；智慧资源/能力虚拟化/服务化软件技术；智慧虚拟化制造服务环境的构建/管理/运行软件技术；智慧虚拟化制造云可信服务软件技术；制造知识/模型/大数据管理、分析与挖掘软件技术；普适人/机交互软件技术等
	智慧云制造的应用软件技术	智慧云产品设计软件技术、生产软件技术、管理软件技术、仿真与实验软件技术及服务软件技术等

图4-10　智慧云制造软件技术体系

智能制造

智慧云制造系统的技术特征

智慧云制造系统具有"数字化、物联化、虚拟化、服务化、协同化、定制化、柔性化、智能化"等综合体现为"智慧化"的技术特征。此"八化"技术手段相互联系、层层递进，是智慧云制造系统区分于其他各种制造系统的重要标志。

1. 数字化

智慧云制造系统中的"数字化"是指，（1）将制造资源和能力的属性及静/动态行为等信息转变为数字、数据、模型，以进行统一分析、规划和重组处理；（2）制造资源和能力与数字化技术融合形成能用数字化技术控制/监控/管理的智慧制造资源和能力，如数控机床、机器人（"硬"制造资源）、计算机辅助设计软件、管理软件（"软"制造资源）等资源和人力/知识、组织、业绩、信誉、资源等能力（见图4-11）。

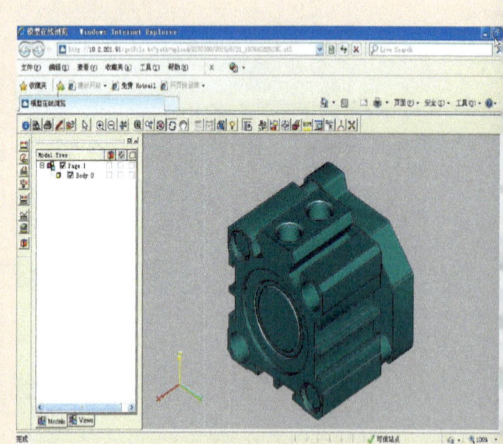

图4-11 "数字化"技术手段示意图

2. 物联化

智慧云制造系统融合了物联网、信息物理融合系统（CPS）等最新信息技术，实现"软"、"硬"智慧制造资源和制造能力的全系统、全生命周期、全方位的透彻的接入和感知，尤其是要关注"硬"制造资源以及能力的接入和感知，以支持制造全生命周期活动中人/组织、管理和技术的集成与优化。

如图 4-12 所示，在智慧云制造模式下，各种"软"、"硬"智慧制造资源能够通过各种适配器、传感器、条形码、无线射频识别（RFID）、摄像头等，实现状态自动或半自动感知，并借助 3G/4G 网络、卫星网、有线网和互联网等各种网络传输信息，以进一步服务于智慧云制造的业务执行过程。

3. 虚拟化

智慧云制造系统中的"虚拟化"源于计算领域的"虚拟化"思想和技术，这也是当前云计算的核心特征和技术。制造资源和制造能力的虚拟化是指为制造资源和制造能力提供逻辑和抽象的表示与管理，它不受各种具体物理限制的约束。"虚拟化"还为制造资源和制造能力提供标准接口来接收输入和提供输出。"虚拟化"的对象可分为制造系统中涉及的制造硬设备、网络、软件、应用系统和制造能力等。

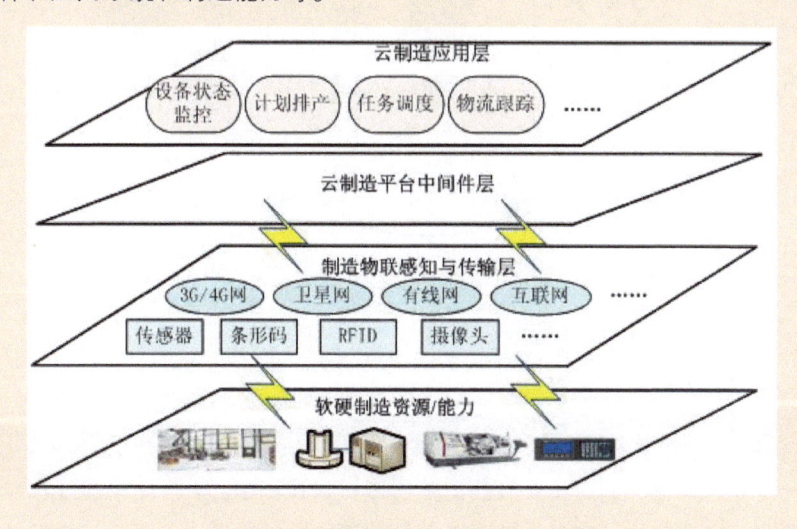

图 4-12 "物联化"技术手段示意图

如图 4-13 所示，在智慧云制造系统中，用户面对的是虚拟化的制造环境，它降低了使用者与制造资源和制造能力具体实现之间的耦合程度。通过"虚拟化"技术，一个物理的制造资源和制造能力可以构成多个相互隔离的、封装好的"虚拟器件"，多个物理制造资源和制造能力也可以组合形成一个粒度更大的"虚拟器件"组织，并在需要时实现虚拟化制造资源和制造能力的实时迁移与动态调度。"虚拟化"技术可以简化制造资源和制造能力的表示和访问，并进行统一优化管理，它是实现制造资源和制造能力服务化与协同化的关键技术基础。

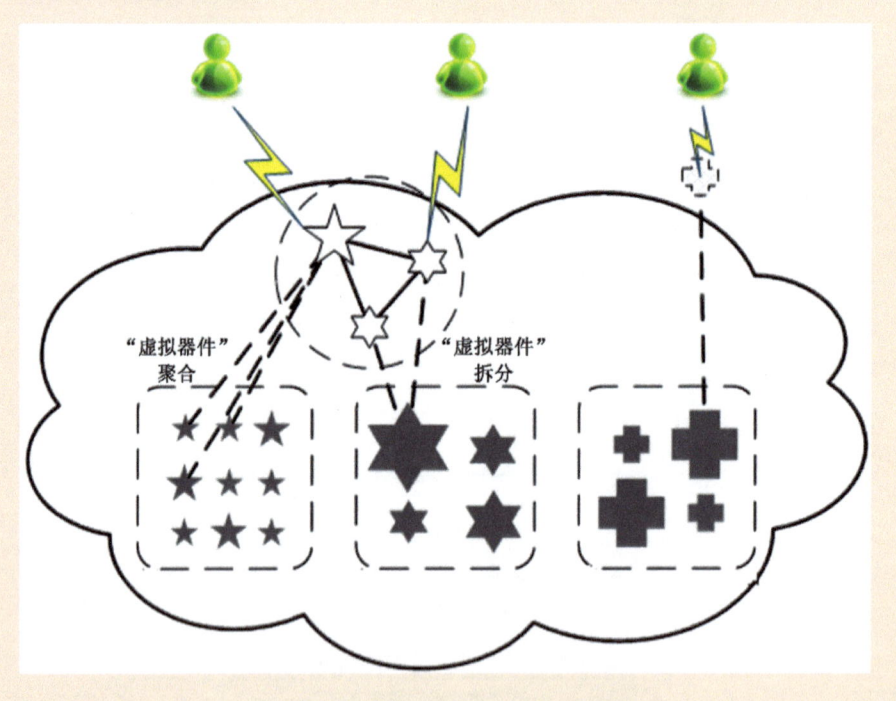

图 4-13 "虚拟化"技术手段示意图

4. 服务化

智慧云制造系统中汇集了大规模的制造资源和制造能力。"服务化"是进一步对虚拟化的制造资源和制造能力进行封装和组合，形成制造过程全生命周期按需可用的智慧云制造服务（具体服务模式如批作业、虚拟交互等）。

4 云制造——一种智能制造的模式与手段

每个智慧云制造服务会与某个虚拟化的制造资源和制造能力相对应，而它们与物理制造资源和制造能力存在多种映射关系（见图4-14）。

智慧云制造服务其实具有多种的服务形态。和云计算比较类似，包括基础设施即服务的形态、平台即服务的形态、应用服务直接使用的形态。对于制造任务而言，需求的智慧云制造服务种类多，往往各种服务形态都有。比如说，在产品研发阶段，既需要高性能IT基础资源服务、大型工具软件的许可证服务等基础设施类形态的服务，又需要协同仿真平台等平台类形态服务，还需要在线设计分析服务等直接使用形态的应用服务。

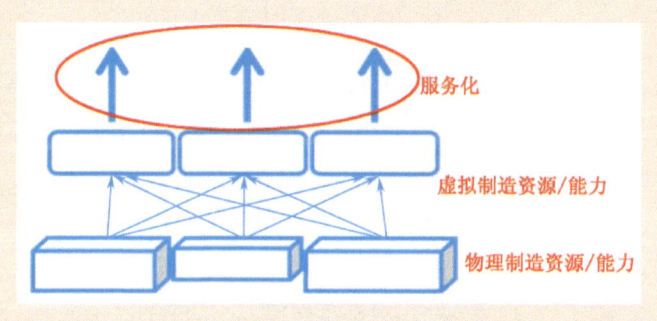

图4-14 "服务化"技术手段示意图

5. 协同化

协同是先进制造模式的典型特征，特别是对复杂产品的制造而言尤为重要。为了完成某一制造任务，由分别负责各个相互关联子任务的两个或两个以上用户（通常跨主体单位或者学科专业），通过一定的信息共享和交互机制，进行合作（相互提供服务支持）和状态同步，从而在任务执行过程中满足子任务之间的时空一致紧耦合或者业务流程松耦合需求，实现制造产品全生命周期多主体用户的单阶段协同和跨阶段协同。通过智慧云制造系统的"协同化"技术手段，使得智慧云制造服务能够动态地实现全系统、全生命周期的互联、互通、互操作，以满足用户需求（见图4-15）。

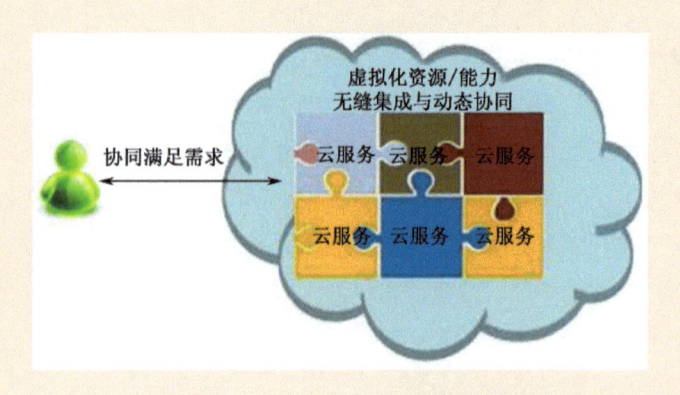

图4-15 "协同化"技术手段示意图

单阶段协同：在产品全生命周期中的设计、仿真、生产、测试、试验等阶段内部，由两个或两个以上跨主体单位或者学科专业的用户，基于智慧云制造服务平台提供的统一环境，分别执行各自的制造子任务，同时按照一定的时序逻辑实现交互和同步，从而高效完成阶段内部复杂的制造任务（见图4-16）。

跨阶段协同：在跨越制造过程全生命周期中的设计、仿真、生产、测试、试验等两个或多个阶段时，由两个或两个以上跨主体单位或者学科专业的用户，基于智慧云制造服务平台提供的统一环境，分别执行各自的制造子任务，同时按照一定的业务流程实现交互和同步，从而高效完成跨阶段复杂的制造任务（见图4-17）。

图4-16 多主体用户单阶段协同示意图

图 4-17 多主体用户跨阶段协同示意图

6. 智能化

智慧云制造系统的另一典型特征是实现全系统、全生命周期和全方位深入的智能化。知识和智能科学技术是支撑智慧云制造运行的核心，智慧云制造系统在汇集各种智慧制造资源和能力的同时，也汇集了各种知识并构建了跨领域多学科知识库；并且随着智慧云制造系统的持续演化，云中积累的知识规模也在不断扩大。知识及智能科学技术将为制造生命周期的各环节、各层面提供系统的智能化支持。

如图 4-18 所示，在智慧云制造模式下，知识及智能科学技术为两个维度的"全生命周期"提供支持。对于制造全生命周期维度，跨领域、多学科的各类知识得到了统一的建模与表达，并在智慧云制造中得到了有效的存储与管理，可提供制造全生命周期知识的推理、融合、演化及集成等服务，有效辅助决策、设计、仿真、排产、经营。对于服务全生命周期维度，"智能化"手段可以从语义层面进行更为精准的供需匹配；根据案例提供更可靠的组合方案；基于市场博弈机制支持自动磋商、谈判、定价等交易管理；在执行过程中自动进行优化调度和在线迁移；运用各种评估模型对服务质量进行客观地评估等。

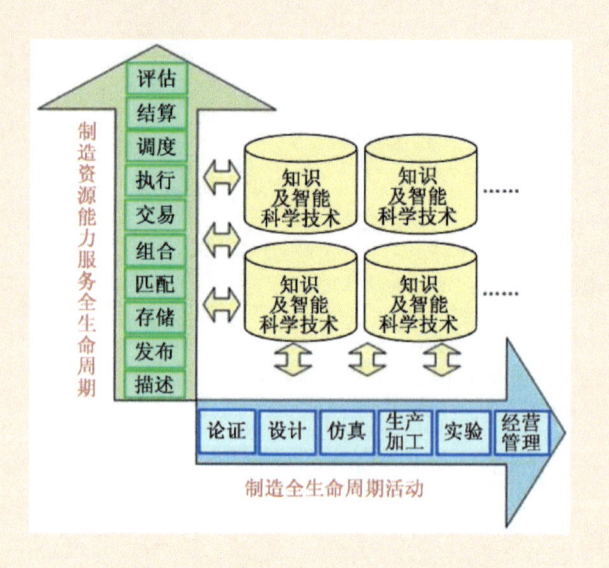

图 4-18 "智能化"技术手段示意图

7. 定制化

通过虚拟化技术、服务计算技术、智能科学技术、物联网技术与制造技术的融合，实现用户能随时随地按需获取智慧制造资源和能力，支持实现其个性化、定制化的制造。其中，涉及客户个性化需求的获取与创新开发，包括为用户提供专业的工业设计咨询建议，将用户的设计转换成工程设计方案，为用户的创意寻求技术解决方案；服务化、社会化的智能制造与供应链，包括服务化、社会化的生产网络，服务化、社会化的物流网络，服务化、社会化的售后网络等（见图 4-19）。

8. 柔性化

智慧云制造系统的柔性化是指，通过网络通信技术、物联网技术、智能科学技术与制造技术的融合，支持实现基于泛在网络（包括互联网、移动互联网、物联网、电信网、广电网、卫星网等）的人、机、物互联的柔性化制造活动（见图 4-20）。

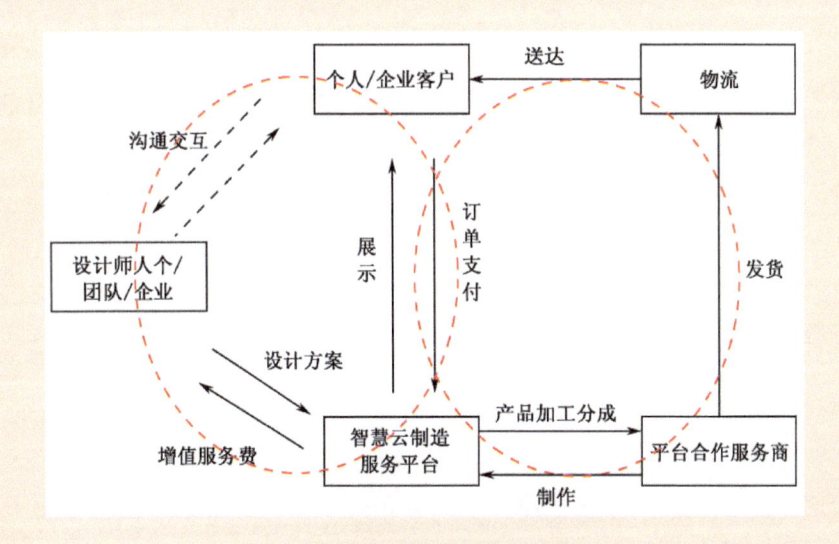

4 ■ 云制造——一种智能制造的模式与手段

图 4-19 智慧云制造定制化示意图

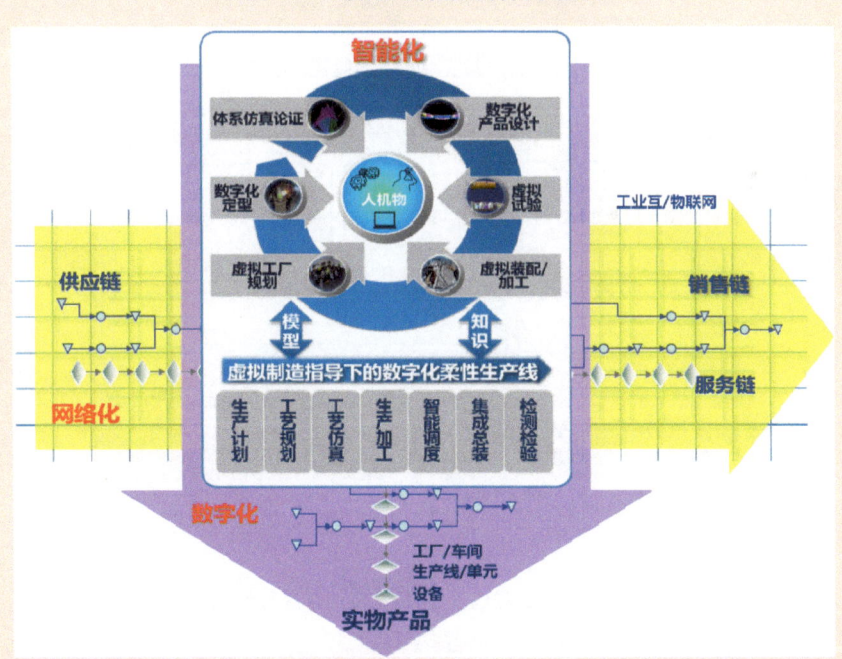

图 4-20 智慧云制造纵向和横向上柔性化示意图

在纵向上，智慧云制造系统在设备、单元/生产线、车间/工厂层次可以

中国制造 2025 ■ 151

实现最优化配置和柔性化重组；在横向上，智慧云制造系统可以通过对供应链、销售链、服务链等环节进行跨企业的计划排程和信息流、资金流、物流的综合优化，使得柔性制造从企业内部延伸到产业链上下游。

智慧云制造是云计算在制造领域的落地和拓展

智慧云制造是基于云计算提供的 IaaS（基础设施即服务）、PaaS（平台即服务）、SaaS（软件即服务）在制造领域的落地和拓展。它丰富、拓展了云计算的资源共享内容、服务模式和支撑技术（见图 4-21）。

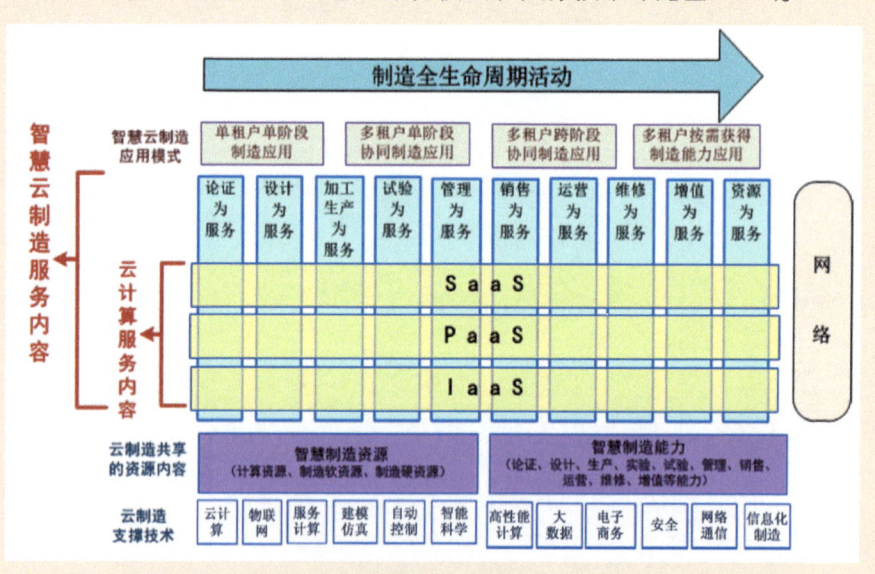

图 4-21 智慧云制造的服务模式、内容与技术基础

1. 在资源共享的内容方面的拓展

云计算共享的资源类型主要为 IT 计算资源（如存储、运算器、软件、数据等），智慧云制造共享的资源类型除 IT 计算资源外，还包括智慧软制造

资源：制造过程中的各种模型、（大）数据、软件、信息、知识等；智慧硬制造资源：（大）智慧制造硬设备如智慧的机床/机器人/加工中心/计算设备/仿真试验设备等；智慧制造能力：制造过程中有关的论证、设计、生产、仿真、实验、管理、（产品）运营、（产品）维修、集成等专业能力（包括人力/知识、组织、业绩、信誉、资源、流程和产品等）（见图4-22）。

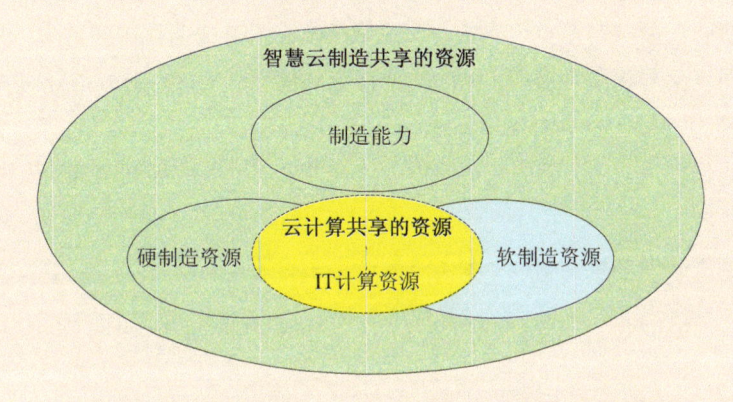

图 4-22　智慧云制造与云计算在资源共享内容方面的比较

2. 在服务的内容与模式方面的拓展

在服务内容方面，云计算提供了三类服务：基础设施即服务（IaaS）、平台即服务（PaaS）、软件即服务（SaaS）。智慧云制造对此进行了拓展，使之与制造全生命周期各环节服务相互交叉。在设计、生产加工、实验、仿真、经营管理等各个服务环节中，当需要计算设备基础设施时，能够提供诸如高性能计算集群、大规模存储等IaaS类服务；当需要特定计算平台的支持时，能够提供诸如定制操作系统、中间件平台等PaaS类服务；当需要各类专业软件工具辅助制造过程时，能够提供诸如SaaS类服务。更为重要的是，智慧云制造中除了包括IaaS、PaaS、SaaS外，更加重视和强调制造全生命周期中所需的其他服务，即论证为服务（AaaS）、设计为服务（DaaS）、仿真为服务（SaaS）、生产加工为服务（FaaS）、实验为服务（EaaS）、经营管理为服务（MaaS）、运营为服务（OpaaS）、维修为服务（ReaaS）、集成为服务（InaaS）等。

在服务模式方面，云计算主要提供了用户按需提交作业与操作计算资源的服务模式。而智慧云制造提供了"以用户（制造企业用户，产品用户）为中心"的服务模式。

按需动态架构：按照用户需求，随时随地提供制造服务。

互操作：支持制造资源间与制造能力之间的互操作。

协同：面向制造多用户协同、大规模复杂制造任务执行的协同。

网络化异构柔性横向、纵向集成与全局优化：支持网上分布异构的制造资源/能力的横向、纵向柔性集成与全局优化。

超强、快速、灵活的创新能力：可快速、灵活组成各类服务（无限）以响应需求。

全生命周期智慧制造：服务于制造全生命周期，融合智能科学技术、信息技术与制造技术实现跨阶段的全程智慧制造。

3. 在支撑技术方面的拓展

智慧云制造融合了云计算技术、物联网技术、服务计算技术、建模仿真技术、自动控制技术、高性能计算技术、大数据技术、电子商务技术、安全技术、网络通信技术、智能科学技术、新信息化制造技术等新兴的信息技术与信息化制造（信息化设计、仿真、生产加工、试验、经营管理、集成）技术。

云计算技术为智慧云制造系统提供信息、资源与能力的存取/共享/协同及智能计算使能技术；物联网/CPS技术为智慧云制造信息系统提供"人—机—物—环境"融合一体使能技术；服务计算技术为智慧云制造系统提供制造资源/能力的服务化使能技术；建模仿真技术为智慧云制造系统提供高效智慧研制与运行使能技术；自动控制技术为智慧云制造系统提供自动监控、运行、评估、服务使能技术；高效能计算技术为智慧云制造系统提供求解复杂制造问题和开展大规模协同制造使能技术；大数据技术为智慧云制造系统提供全生命周期活动的精准化、高效化、智能化使能技术；电子商务技术为智慧云制造系统提供全生命周期中的商务活动使能技术；安全技术为智慧云制造系统提供系统安全使能技术；网络通信技术为智慧云制造系统提供随时随地按需获取信息传输使能技术；智能科学技术为智慧云制造系统提供人/机/物/信息的智能识别、融合、运算、监控和处理使能技术；新信息化（大）制造技术为智慧云制造系统提供智慧云制造的重要基础技术。

智慧云制造是"互联网+"世界的一种制造新模式、新手段、新业态

笔者团队认为：智慧云制造是"互联网+制造业"的一种智造模式和手段。首先，它是一种新的制造业经济发展模式，是以用户为中心，产品+服务为主导的，制造全生命周期、全系统随时随地按需构建与运行的互联化、服务化、个性化、柔性化的智慧制造模式；另外，它是一种新的制造业技术手段，如前所述，制造资源和能力智慧化技术手段包括"数字化、物联化、虚拟化、服务化、协同化、定制化、柔性化、智能化"八个方面的技术手段。

新的模式、新的手段形成了一种新的业态——"泛在互联、数据驱动、共享服务、跨界融合、自主智慧、万众创新"为特征的互联网+世界中的新产业生态（见图4-23）。

智慧云制造在以下几个方面具有较明显的优势：

（1）构成以用户为中心的人机融合智造系统。

（2）实现按需、动态、敏捷、柔性地开放/共享智慧创新能力与智慧制造资源，提供"众智、众包、众扶、众筹"空间。

（3）智慧云制造能加快中国推进5个转型[8]，即由技术跟随战略向自主开发战略转型再向技术超越战略转型；由传统制造向数字化网络化智能化制造转型；由粗放型制造向质量效益型制造转型；由资源消耗型、环境污染型制造向绿色制造转型；由生产型制造向生产+服务型制造转型。

（4）智慧云制造支持个性化制造/柔性化制造/绿色制造；实现高效、优

质、低耗、柔性地制造产品和服务用户，提高企业（或集团）的市场竞争能力。

图 4-23　智慧云制造的新特征示意图

值得指出，智慧云制造在促进企业创新驱动和转型升级方面的优势正符合当今我国制造业发展对策的需要。

智慧云制造（云制造2.0）发展了云制造1.0

智慧云制造（云制造2.0）发展了笔者团队2009年提出的云制造1.0[3~6]：

（1）在制造业制造模式方面，在网络化、服务化的基础上，进一步突出了以人为中心，随时随地按需构建与运行的个性化、柔性化智慧制造模式。

（2）在制造业技术手段方面，在强调服务平台技术手段的基础上，进一步强调了在智慧云制造环境中的设计/生产与装备/经营管理/仿真与试验及增值服务的智慧化思维、方式、流程及技术手段的创新——"智慧制造资源、能力及服务平台构成的智慧服务云"。

（3）在制造支撑技术方面，在原有支撑技术上，进一步融合了"大数据、全生命周期虚拟样机工程、高性能仿真、3D打印、网络安全、移动互联网"等新支撑技术。

（4）在制造应用服务方面，进一步拓展了更广更深的个性化制造、柔性化制造及增值服务等。

（5）在业态方面，在"泛在互联、共享服务、跨界融合"的基础之上，进一步增加了"数据驱动、自主智慧、万众创新"的新特征，构成了"互联网+"世界中的新产业业态。

云制造技术、应用与产业的现状

1. 国内云制造技术研究进展

2009年，笔者团队提出云制造理念、模式、手段与业态，并开展云制造研究。

2010年，"云制造"的研究得到科技部"863"计划的支持，联合产、学、研、用等50余个单位，以3个集团和3个中小企业群的云制造应用为背景，在云制造1.0的关键技术、支撑平台及应用技术方面，已取得阶段性成果及一期验收。

经过近几年的实践，随着有关智慧化信息技术和制造技术的发展，为加强云制造的智慧化提供了技术支撑，因此，本团队于2012年开始了"智慧云制造"（云制造2.0）的研究与探索。

笔者团队在云制造研究与应用中先后发表了系统总体技术[3~7,9~13]、产品专业技术[14~16]、支撑平台技术[17~22]、云产品设计技术[23~24]、云生产与云装备技术[25~29]、云经营管理技术[30~31]、云仿真与试验技术[32~36]、云服务技术[37]几个方面的成果。

2. 国外云制造技术研究进展

目前，云制造的相关成果已经引起了国内外同行关注，先后有美国、德国、英国、新西兰等大学及研究机构开展云制造研究。

欧盟第七框架从 2010 年开始资助了制造云项目。该项目由弗劳恩霍夫研究院制造技术和自动化研究所（IPA）牵头，德国、英国、奥地利、匈牙利四个国家的大学、研究所和企业共同承担。该项目主要聚焦于两点，一点是工厂内部环境，目标是改造工厂内部生产相关的 IT 系统，将工厂接入到跨工厂的环境中；另一点是跨工厂的环境，即虚拟化制造服务的市场，支持多工厂之间基于某一业务的互联、互操作。

2013 年，欧盟第七框架又启动了一个有关制造云的项目 CAPP-4-SMEs，打算通过制造云向中小企业用户（SMEs）提供计算机辅助工艺规划（CAPP），或者实现面向可持续制造环境（Sustainable Manufacturing Environment）的协同（Collaborative）、自适应（Adaptive）工艺规划（Process Planning）。该项目由瑞典皇家理工学院（KTH）牵头，由来自瑞典、英国、希腊、德国和西班牙的 11 个单位（4 所大学、1 家跨国制造公司和 6 个中小企业）共同承担。

另外，笔者团队也积极推动云制造在国际上的发展。笔者团队先后五次在欧洲举行的国际会议上（SummerSim 2012, EMSS 2012, EMSS 2013, EMSS 2014, EMSS 2015）被邀请组织"云仿真"和"云制造"专题（Special Session），取得了很好的效果。在笔者团队参与下，2013 年、2014 年、2015 年于美国召开的 ASME 制造科学与工程会议（MSEC）上，瑞典、新西兰、美国、英国、德国等学者组织"云制造进展研讨会"，笔者团队成员也应邀作了主题报告。

3. "阶段成果应用"初见成效（如本团队实施的案例）

笔者团队在国家科技部 863 云制造项目（一期）中开展了如下应用示范：中国航天科工集团第二研究院（航天二院）、中国北车股份有限公司（北车集团）等大型集团企业研发与构建了集团企业制造云平台，以航天复杂产品和轨道交通装备等重大关键产品制造为应用背景，提供论证、设计、仿真、生产和管理等制造产品全生命周期的各阶段服务。北京清软英泰、北京恩维协同科技有限公司、北京慧点科技开发有限公司、东莞华中科技大学制造工程研究院、广东电子工业研究院有限公司和杭州爱科电脑技术有限公司等软件服务商研发与构建了面向中小企业的制造云平台，并且在模具、服装和柔性材料等行业开展了初步应用。

在国家层面，工信部已在 16 个省启动"工业云创新行动计划"，部分省市正开展云制造应用示范；另外，在全国范围内，佛山、襄阳、宁波等工业城市也正在智慧城市建设中积极实施智慧云制造。基于上述需求，笔者团队全面整合目前攻克的制造云关键技术，打造了面向区域产业转型升级、智慧城市、智慧产业经济的智慧云制造服务平台"天智网"，整合国家级资源和能力构建了智慧云制造系统面向全社会提供开放服务。在良好开局的基础之上，笔者所在的中国航天科工集团公司正按高红卫董事长提出的"统筹规划、分步实施、低点起步、尊重原则"指导方针，在"天智网"的基础之上研发了"航天云网"，开展更广更深的应用。

4. 云制造"产业"开始起步

当前，随着云制造技术的日趋成熟，正催生一批面向制造企业提供云服务的第三方专业服务商，以及开发实施云服务技术与系统的软硬件企业。但形成云制造产业链尚需要时间以及各方面的共同努力。

四、航天云网的云制造应用范例

航天云网是中国航天科工集团公司基于本团队于 2009 年提出的云制造 1.0 及 2012 年提出的云制造 2.0（智慧云制造）等制造理念、模式、技术手段和业态，研究开发成功的一种"智慧制造系统（智慧制造云）"雏形（见图 4-24）。

智能制造

航天云网由下列 3 类制造云（网）组成。

"航天（专有）云网"：面向航天科工集团自身装备制造转型升级战略需求，基于航天科工集团专网，开发并成功运营的面向航天复杂产品的集团公司智慧云制造服务平台/系统，也称"航天（专有）云网"。该平台是首个央企集团级云制造服务平台/系统。它服务于航天科工集团各类制造企业和产品用户的全要素资源共享以及制造全过程活动能力的深度协同。

"航天（公有）云网"：面向社会各类大中小制造企业转型升级战略需求，基于公有互联网，开发并成功运营的国内首个以生产性服务为主体的"互联网+智能制造"的大型智慧云制造服务平台/系统，也称"航天（公有）云网"。它服务于国内全社会各类制造企业和产品用户的全要素资源共享以及制造全过程活动能力的深度协同。

"航天（国际）云网"：面向国际各类大中小制造企业转型升级战略需求，基于国际互联网，开发成功的以生产性服务为主体的"互联网+智能制造"的大型国际智慧云制造服务平台/系统，也称"航天（国际）云网"。它服务于国际各类制造企业和产品用户的全要素资源共享以及制造全过程活动能力的深度协同。2015 年 12 月，航天（国际）云网已正式上线。

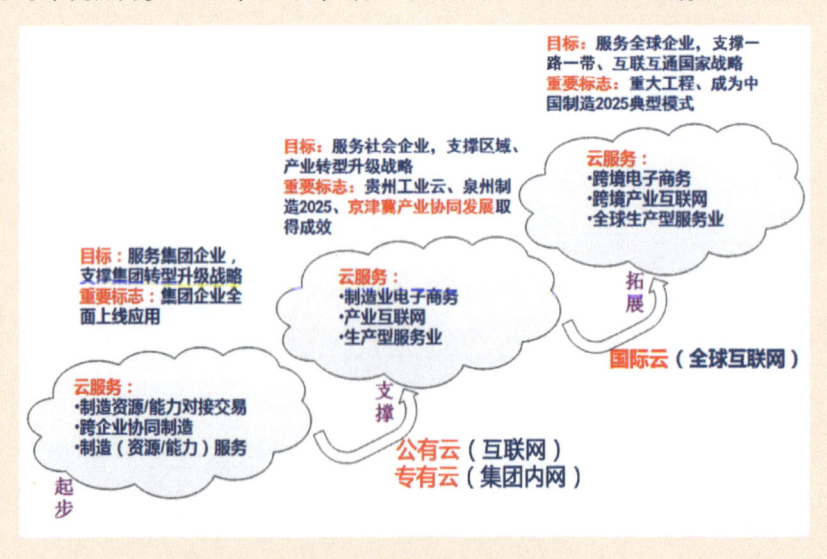

图 4-24　航天云网发展路线图

基于航天（专有）云网的云制造应用范例

1. 应用情况说明

针对航天复杂产品（1）创新性强、技术难度大（2000 余项专业技术交叉融合）、研制周期长；（2）质量、可靠性（适应各种严酷环境）要求高；（3）生产模式复杂（多品种、小批量、变批次）；（4）性能评估困难（系统级验证试验成本高、子样少）等特点，以及要克服当前制造资源和制造能力运转忙闲不均；制造资源和制造能力共享敏捷度不够；制造资源和制造能力协同效率不高的迫切需求，整合共享分散在各主体单位中的数百万亿次的高性能计算资源（以峰值计算能力计）、数百 TB 的存储资源；数十种、数百套机械、电子、控制等多学科大型设计分析软件及其许可证资源；总装联调厂等多个厂所的近万台套的高端数控加工设备及企业单元制造系统；航天复杂产品制造过程各阶段的数千条专业能力，如设计能力、生产能力、实（试）验能力等，以推动航天集团企业内部全要素资源/能力共享和竞争配置、制造过程深度协同和优化，实现"企业有组织，资源无边界"的目标。截至目前，在短短几个月时间内已发布需求上千条，合同标的总金额超过数亿元，签约合同金额累计超过亿元（见图 4-25）。

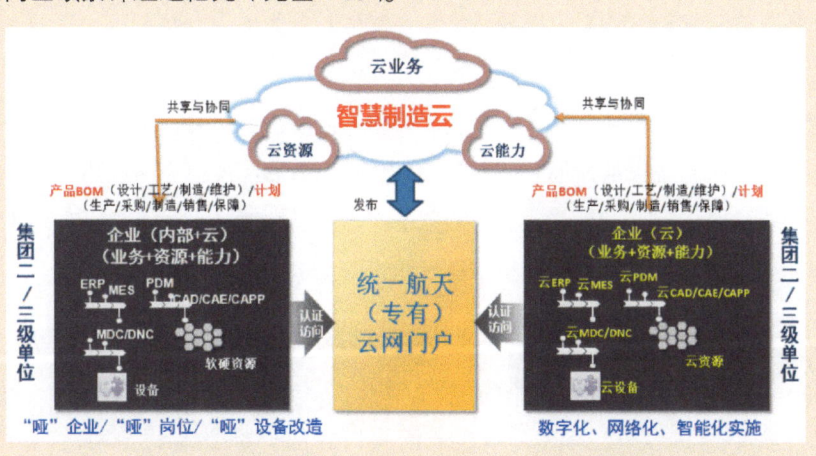

图 4-25 航天（专有）云网系统总体架构

2. 应用案例介绍

在实际共享的过程中，航天（专有）云网提供了多主体（租户）独立完成某阶段制造、多主体（租户）协同完成某阶段制造、多主体（租户）协同完成跨阶段制造、多主体（租户）按需获得制造能力四类应用模式。

1）多主体（租户）独立完成某阶段制造应用

例如，以某航天复杂产品的研制为应用背景，以气动、结构等的设计分析为业务场景，基于航天（专有）云网提供的虚拟交互应用和批作业处理功能，使用在航天（专有）云网中发布的交互式前处理软件、高性能分析软件、交互式后处理软件完成气动设计与仿真分析工作。

在实施的过程中，支持气动设计分析师通过资源应用子门户，依次选择需要的交互式设计软件和作业处理式分析软件开展工作，并同时提交对计算资源（主要是 CPU 核数）的需求。航天（专有）云网自动为其配置相应的专属应用环境，直至应用结束才将资源自动回收。

2）多主体（租户）协同完成某阶段制造应用

例如，以某航天复杂产品的研制为应用背景，以多学科协同仿真分析为业务场景，基于航天（专有）云网提供的协同调度/管理功能，建立涵盖复杂产品总体、气动、动力、控制、结构等学科专业的虚拟样机系统，通过协同仿真完成系统级的整体评估和验证工作。

在实施的过程中，支持总体设计师和各分系统设计师在各自的虚拟桌面中分别完成系统顶层建模和单学科设计工作，随后都通过资源应用子门户共同提交相应模型。航天（专有）云网动态地为其构建协同仿真的运行环境，自动建立起系统级的虚拟样机，实现仿真资源的聚合和协同。

3）多主体（租户）协同完成跨阶段制造应用

例如，以某航天复杂产品的研制为应用背景，以协同设计生产一体化为业务场景，基于航天（专有）云网提供的基于模型/流程协同功能，在业务流程的驱动下基于共享的三维模型在线协同开展工艺设计和工艺仿真，再由业务流程将生产任务调度到云端各条高端数字化生产线进行加工生产。

在实施的过程中，支持型号负责人通过资源应用子门户，对项目协同设计生产业务流程进行定义，对业务流程相关的资源服务进行选择。航天（专有）云网实时感知相关资源服务的状态和流程执行情况，动态地驱动业务流程，维护资源服务之间的信息链，支持容错和优化。

4）多主体（租户）按需获得制造能力应用

例如，以某航天复杂产品的研制为应用背景，以零部件、工艺外协为业务场景，基于航天（专有）云网提供的需求/能力管理、搜索匹配等功能，将机加、电装等生产制造能力和例行试验等实验试验能力和业务需求进行注册、发布，支持供需在线对接和交易过程管理。

在实施的过程中，支持机关业务管理人员通过能力应用子门户，（任务提出方）公开或者定向发布需求，（任务承接方）查找需求并进行应标提交。航天（专有）云网支持基于性能、进度、质量、成本进行多维度的比较优选，通过规范化的流程支持多轮竞争和公允成交。

3. 应用模式分析

面向制造过程全生命周期，智慧云制造为航天复杂产品的研制带来了新的模式和新的手段（见图 4-26），使得整个航天集团企业的专业布局由各厂所独立、分散的配置模式向全院整体、集成的结构转变；研制体系由孤立、串行，基于物理样机的传统研制模式向数字化并行、协同，以多学科虚拟样机为标志的新型数字化研制体系转变。

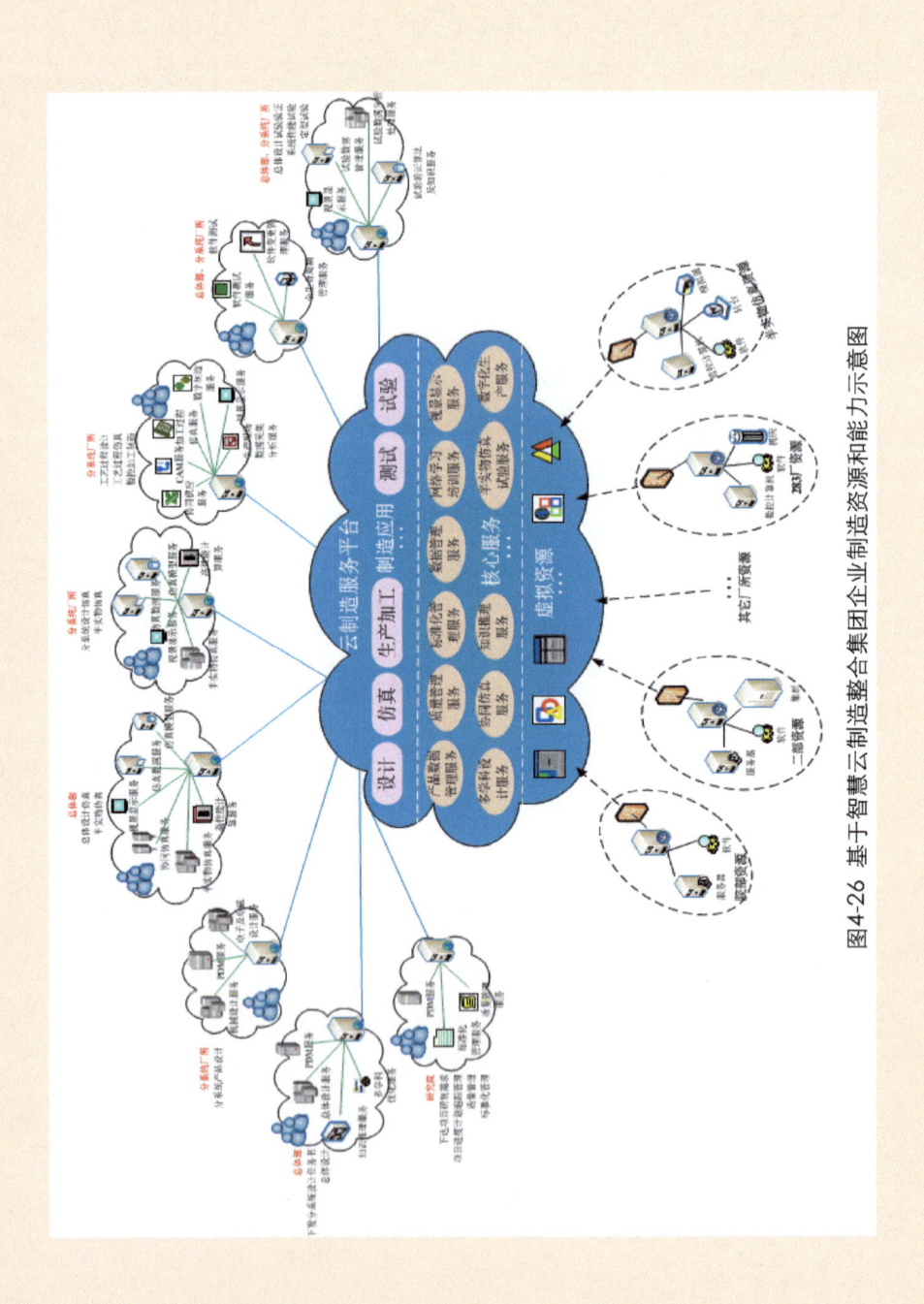

图4-26 基于智慧云制造整合集团企业制造资源和能力示意图

4 ■ 云制造——一种智能制造的模式与手段

■ 基于航天（公有）云网的云制造应用范例

1. 应用情况说明

针对地方产业经济转变发展方式，促进经济持续健康发展，打造产业链/集群协作的（1）个性化，即面向个性化需求，支持顾客参与定制；（2）服务化，即面向制造即服务，实现制造业服务化；（3）社会化，即整合社会化资源，打造虚拟企业动态联盟的需求。在各地方政府的大力支持下合作开展航天（公有）云网的落地实施及产业化工作，支持地方产业经济中的高端/基础/共性资源共享，供需对接交易以及业务协作，目标是通过高效配置制造资源和能力、提高产业链整合与协作能力、提供整体的创新手段以提高企业竞争能力；通过营造新型产业环境、转变产业发展方式、发展战略性新兴产业、创新招商方式、扩大税收来源以加快转变地方产业经济的发展方式。截至目前，航天云网注册企业数已达 5 万家，月均增长率达 40%。其中规模以上企业超过 1000 家，拉动超过 30 个省份的中小企业上线开展业务，涉及汽车及零配件、装备制造、家电家居、电子、纺织、食品等产业（见图 4-27）。

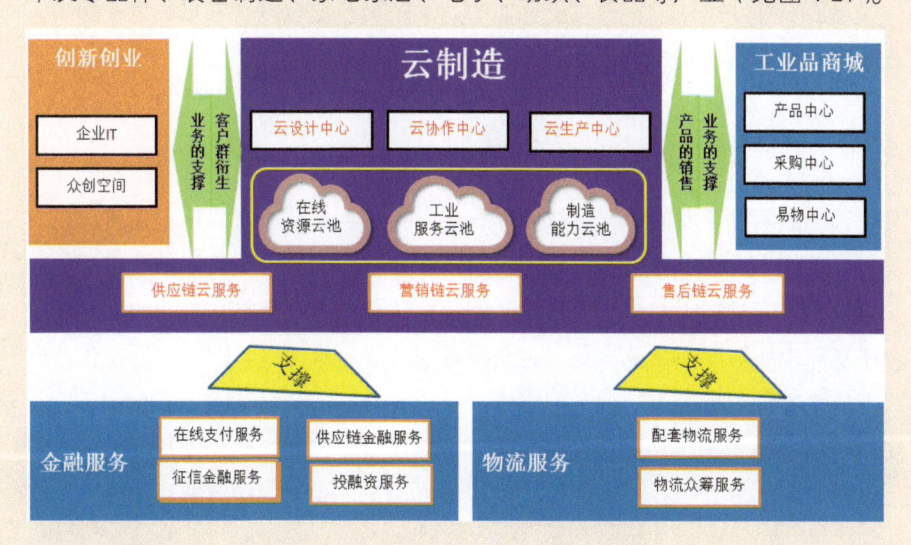

图 4-27 航天（公有）云网系统总体架构

中国制造 2025 ■ 165

2. 应用案例介绍

在实际共享、对接、协作的过程中，航天（公有）云网提供了用户定制、协同研发、协同采购、协同营销、协同保障、产业链整合以及大数据分析/增值服务等多类应用：

1）用户定制应用

最近，笔者团队已经将用户定制模式在江西南康家具产业集群的若干龙头企业成功实施应用。作为江西省重点打造的千亿产业集群之一，南康家具产业集群的销量占全国的 7% 左右，在全国具有一定影响力。由于家具制造在整个价值链中处于低端，受近几年销售业绩下滑、店面租金上升的影响显著，亟需打造打通用户和厂家之间的联系，为用户提供定制化的服务，抢占竞争的制高点。

该项目打造的用户定制系统主要实现：（1）以 B2B 在线交易为核心，南康家具产业统一门户入口"康居网"，支持企业在线接入创意研发、定制设计、原材料供应、物流配送等能力；（2）支持以 C2B 模式为运营方式，通过移动端扫描二维码接入微官网，进行产品信息浏览、防伪追溯及获取相关优惠信息等活动；（3）在此基础之上，支持用户通过移动端进行选品/定制、在线下单、订单追踪。

2）协同研发应用

当前，笔者团队已经将协同研发模式在北京某大型汽车研发企业成功实施应用。该汽车研发企业是我国专业的汽车整车设计研发机构，具有造型设计、工程设计和样车试制试验能力。汽车研发是一个非常复杂的系统工程，传统模式下进行一款汽车整车设计需要组建新的设计团队，采购和配置新的研发环境，同时还需要与分布在全国各地的协作单位进行现场沟通协作，研发成本高、周期长、资源利用率低。

该项目打造的协同研发系统主要实现：（1）利用系统标准化、规范化了企业研发工具、企业研发环境及研发流程；（2）支持在线异地协同设计，实现设计流程串行到并行的转变；（3）摒弃集中开发和集成，将非核心设计工作众包给社会化企业和个人，实现社会化研发；（4）快速构建设计原型，利用虚拟样机快速设计原型，利用 3D 打印快速打造原型。

3）协同采购应用

目前，协同采购已经在轻工纺织行业得到了成功应用，形成了行业应用案例。纺织行业采购业务存在物料采购零库存、种类繁杂、采购时效性高的特点，棉花等原材料采购市场价格波动大，采购时效性要求高；纺织机械配件种类繁多，采购员工作量大；同时由于办公用品等物料零库存的要求，使得单次采购量小、采购频度高。此外由于缺乏有效的管控及流程规范化，使得新物料采购准确率低。这些都使得某纺织企业采购业务工作量大，采购管控难，采购成本居高不下。

该项目建设的协同采购系统主要实现：（1）业务全程跟踪，整体管控。业务员通过平台能够对采购业务的状态信息进行查询监控；物流部长、采购科长能够对所有采购员的订单情况进行监控，跟踪；公司高层可以按需对整体采购情况进行管理和监督；（2）健全和规范业务过程，促进公司业务标准化、规范化。平台按照实际采购业务需求定制标准化的采购流程和表单，保证每一笔订单按照规范准确、高效下达；（3）有效进行供应渠道管控。通过提升行业聚集度，汇总行业动态资讯，敏捷反映市场需求（商机分析），按供应商、物品型号等关键信息自动分析物料价格走势（报价统计），协助优选合格供应商，实现供应渠道优化；（4）为公司业务的精细化管理、考核提供依据。系统对采购业务的采购订单、比价议价等关键信息、环节进行全程记录，并提供这些信息的统计分析，为进一步开展采购业务的精细化管理和考核提供数据支撑。

4）协同营销应用

笔者团队在家电行业实施了一个比较有代表性的协同营销案例。在该案例中，某家电企业是国家火炬计划重点高新技术企业，国内燃气具及相关配套厨卫电器产品专业制造龙头企业，年产燃气具、厨卫电器 1500 万台，销量连续三年 35%以上的逆市增长。该企业在营销环节的渠道包括商超、百货、家电专卖、建材橱柜、电商、海外等，拥有一级经销商近 300 家，零售网点约 2 万个，安装服务网点 6000 多个。繁多而庞大的渠道下难以及时准确地获取终端信息，难以清晰全面地掌握货物流向，亟需对销售服务全过程、产品全生命周期进行监控。

该项目打造的云营销系统主要实现：（1）企业内部的精细化管理（由企业内部的 ERP 实现）向企业外部的营销渠道延伸，支持总部对联营公司/经销商、零售网点/安装网点/维修网点、导购员/安装工/维修工的多级扁平化管理；（2）销售、安装、服务环节的一体化，支持基于产品条码的全生命周期跟踪、监控，优化信息流、物流、资金流；（3）基于大数据的商业智能，掌控订单、价格、费用、渠道、产品、库存、推广等信息，支持开展精准营销和预测。

5）协同保障应用

目前，笔者团队实施的最复杂的协同服务应用案例是航天集团企业售后服务。由于服务体系分布广泛，在全国范围内有数十个大中型后勤仓库、数百个后勤保障服务站，服务层级涵盖军区级、旅团级、营连级多个层次；服务方式种类众多，包括重大任务保障、返厂大修、上门维修、定期巡检、远程技术支援等。加之，航天复杂产品的型号众多、组成复杂，通常需要调动多个配套企业联合保障，对备品备件的预估调配、维修任务的统计分析等也有很高的要求。

该项目打造的云服务系统主要实现：（1）标准化广域范围内的售后服务体系，支持分级精细化、可视化管理（驾驶舱）；（2）基于 SBOM 的产品履历管控/技术状态跟踪，支持多供应商协同服务（上门维修、重大任务保障等）；（3）远程服务的电子化、可视化（交互式电子手册、视频系统、培训系统），支持远程诊断及技术支援；（4）基于 RFID 的备品备件监控管理，支持智能决策（备件生产计划决策、库存优化决策）。

6）产业链整合应用

在协助企业加强产业链各个环节业务协作的基础之上，笔者团队致力于打通产业链，优化价值链，构建云制造产业联盟。未来制造业的竞争将不再是单个企业之间的竞争，而是产业链之间的竞争，产业链的质量、产业链的

4 云制造——一种智能制造的模式与手段

整合水平、产业链的优化能力将是制胜的关键。

面向为大客户提供更快交付（T）、更好品质（Q）、更低成本（C）的航天复杂产品和服务的需求，构建面向某类复杂产品的垂直平台，打造总承式的产业链整合模式（见图 4-28）。支持总承企业整合产业链中的研究所、供应商、外协厂等能力服务，并基于云端的产品数据管理和产品计划管理进行排产、协作和管控，从而对产业链中的信息流、物流、资金流进行集成和优化，促进产业发展方式由传统的资源投入型向基于信息化的产业链整合优化型转变。

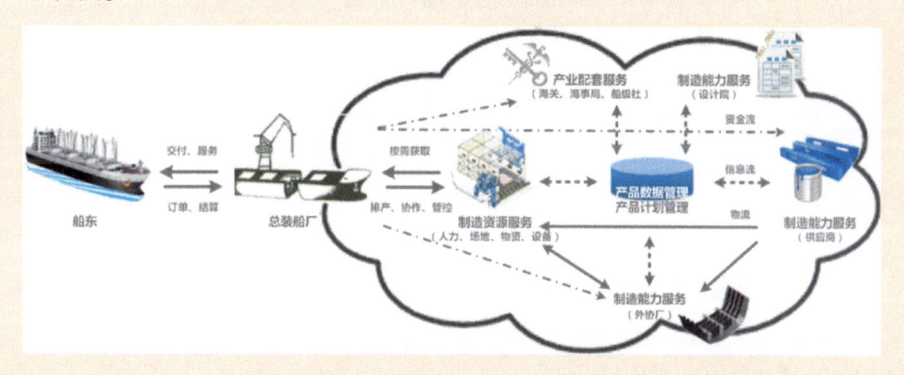

图 4-28　总承式产业链整合应用示意图

但在地方产业经济中，大众消费品的制造企业往往只是产业链条的一环，企业需要依靠层层的分销服务渠道向广大用户提供产品和服务，打造开放式产业链整合模式（见图 4-29）。面向传统制造企业的互联网转型，帮助它们以客户为中心，以信息透明为方向，实现渠道扁平化管理、资源的社会化利用，迈向销售、服务甚至研发、生产更加一体化，支持用户体验线上线下相结合、现实虚拟相结合；支持从售出到全程服务、从服务到再次售出；支持开展精准营销、动态预测并逐步实现个性化定制。

智能制造

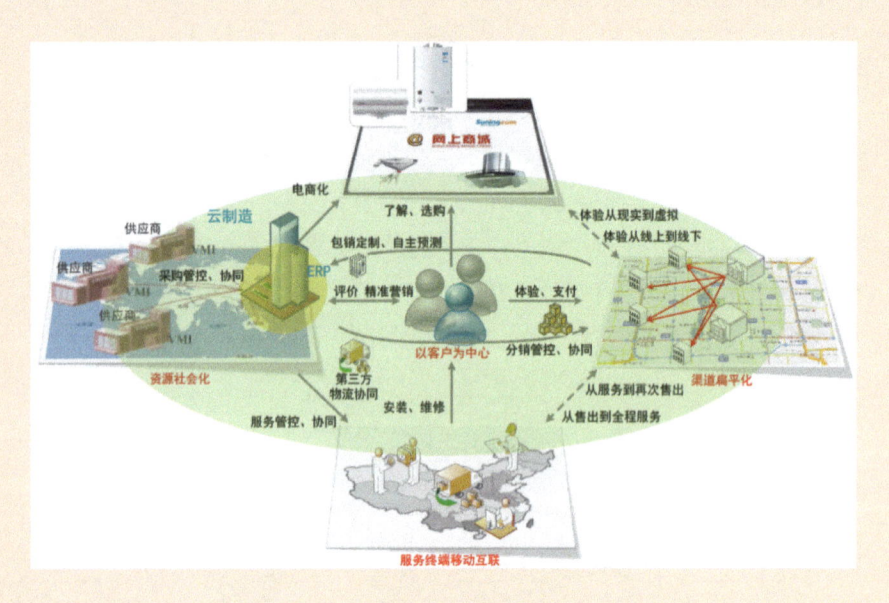

图 4-29　开放式产业链整合应用示意图

7）大数据分析/增值服务应用

在整个产品研制过程以及后继产品投产、投放市场的过程中，依托产品制造全生命周期以及产品运行的大数据，将产品维修/维护、运行、试验等数据与产品设计、工艺过程等数据建立起关联关系，支持个性化产品的履历追踪以及问题发现、研制改进。另外，与金融相结合建立基于大数据的供应链融资服务，在申请融资企业许可的前提下向银行等金融信贷机构提供业务订单数据、交易执行过程数据、进销存数据及其他企业征信数据，为综合授信、定向放款提供支持。

3. 应用模式分析

如图 4-30 所示，智慧云制造打造了一种全新的社会化制造产业生态，协助地方产业经济突破在资源环境上的束缚，支持：（1）产业资源/能力整合

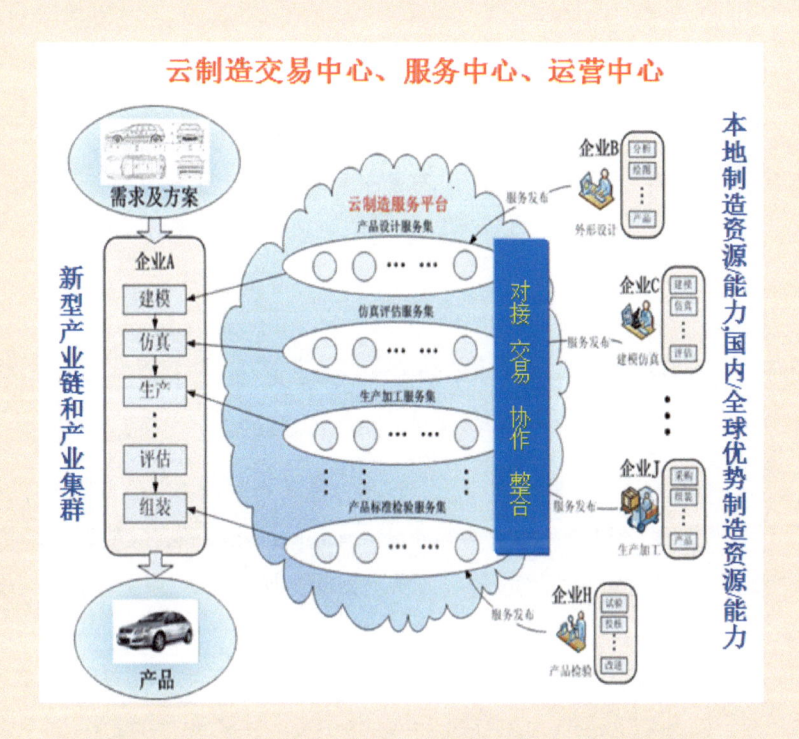

4 云制造———一种智能制造的模式与手段

图 4-30 基于智慧云制造整合社会化制造产业生态示意图

共享。针对企业信息化水平提升的需求，整合并提供"软"、"硬"制造资源、制造能力、产业配套服务，以盘活存量社会资源，降低产业整体发展成本、（2）产业链业务协作。针对企业间高效协作的需求，提供研发、采购、生产、营销、服务等的协同服务，以加强全产业链管控，提升产业链辐射带动能力及区域整体竞争能力；（3）产业对接、交易。针对企业社交及商机发掘的需求，提供商圈构建、商机对接，开展服务型制造、社会化制造，以获取高端服务，弥补本地产业链短板，敏捷响应市场，进而高效、优质、低耗、柔性地制造产品和服务用户，提高企业（或集团）的市场竞争能力。

五、智慧云制造研究与实施中值得关注的几个问题

■ 进一步突出中国云制造研究与实施的特点与优势

围绕提高制造企业市场竞争力的目标，基于中国制造业信息化工作：

（1）突出新一代信息技术（云计算，互联网、物联网，大数据，建模仿真技术，电子商务技术等）、大制造技术（设计、加工、试验、管理、维修、保障等）、智能科学技术和产品专业技术的深度融合。

（2）突出以建立智慧制造新模式、新手段、新业态为核心：基于务联网，建立"产品"加"服务"为主导的"以人为中心，互联化、个性化、服务化、柔性化的智慧制造新模式；"的智慧制造新模式及"数字化、物联化、虚拟化、服务化、协同化、定制化、网络化、智能化"的智慧化制造新技术手段和"泛在互联、数据驱动、共享服务、跨界融合、自主智慧、万众创新"为特征的新业态。

（3）突出面向制造企业与产品用户两类对象，实现产品制造全生命周期活动中的资源与能力服务化及制造系统中三要素与五流的集成与优化。

（4）突出工业 2.0/3.0/4.0 同步发展为途径。

（5）突出发挥"政、产、学、研、金、用"的团队力量。

阶段成果的工程化、产业化和深化应用

笔者团队认为，阶段成果工程化、产业化和深化应用可以从以下几方面开展：

（1）云制造工具集和平台的工程化、产业化；

（2）选择更多的行业及智慧城市中的集团和中小企业群开展应用示范——构建"行业及企业制造云"；

（3）积极支持国家工信部"工业云创新项目"；

（4）积极支持"中国制造2025"及"互联网+制造业"行动计划的实施。

技术拓展研究

1. 云制造应用技术的深化

笔者团队认为，基于现有的研究与实践基础，技术拓展研究首先是要深化云制造应用技术的研究，包括：

（1）深化云设计、云生产、云管理、云试验、云服务等技术研究，即包括云支持下的设计、生产、管理、试验、服务新模式、流程、手段的研究等；

（2）结合各个行业与企业，创造有特色的商业模式，例如，长尾型、工具+等社群、跨界、O2O等。

2. 重视云制造技术与新信息技术的融合

在深化云制造应用技术研究的同时，应该重视云制造与以下四项新信息技术的融合，以加强"智慧化"。

1）大数据技术

云制造中大数据技术的作用——实现"智慧"的重要技术基础。将上述制造大数据精准、高效、智能地用于制造全生命周期的活动与过程中，必将促进智慧化制造，显著改善企业产品研制、管理与服务的效率、质量、成本、能耗，实现产品加服务为主导的随时随地按需个性化、社会化制造。

云制造技术与大数据技术融合的研究内容：云制造大数据新型表示方法；云制造大数据感知技术；云制造大数据高效低成本存储技术；云制造大数据高质量通信技术；云制造大数据有效融合技术；云制造大数据挖掘分析、工具和开发环境技术；云制造大数据在制造系统及制造过程中的应用技术；云制造大数据驱动的新经营模式、流程与管理技术。

2）网络安全防护技术

云制造中网络安全防护技术的作用——实现系统"可信"的技术基础。在智慧云制造系统中，"可信"意味着信息、服务、交易等具有保密性、完整性、可用性、可控性、不可否认性等关键特征。

云制造与网络安全防护技术融合的研究内容：物理安全防护技术（安全物理环境，安全硬件设备和通信链路，使用权限与身份，安全电磁兼容环境等）；技术安全防护技术（网络访问控制技术，数据库的备份与恢复技术，信息加密技术，反病毒技术，入侵防护技术，系统安全技术等）；安全防护管理技术（安全法规，安全制度，安全文化等）。

3）移动互联网技术

云制造中移动互联网技术的作用——实现个性化、社会化制造的重要技术。同时，移动互联网有助于实现人、机、物等一切制造要素的泛在互联，实现制造过程的深度协同以及细粒度资源的共享。

云制造与移动互联网融合的研究内容：将 SOA 技术、WEB X.0 技术、Widget/Mashup 技术、P2P/P4P 技术、SaaS/云计算等架构技术以及 MIP、SIP、RTP、RTSP 等应用协议等移动互联网关键技术，融合到云制造系统各个环节（论证、设计、加工生产、试验运行、定型、销售、服务、管理等），支持实现个性化、社会化制造。

4）在线仿真（嵌入仿真）技术

云制造中在线仿真技术的作用——实现对云制造系统的实时运行监控、信息可视化、调度管理、预测、辅助决策、测试评估等，是实现云制造"智慧"的重要支撑技术。

云制造与在线仿真技术融合的研究内容：制造企业、系统、装备等的建模技术；在线（实时）仿真系统技术；云制造系统与在线仿真系统的集成技术；云制造系统在线仿真监控、管理、预测、辅助决策、测试评估技术。

3. 重视云制造技术与3D打印技术的融合

智慧云制造将为3D打印这种新型设计制造技术的普及提供新的业态；同时，3D打印技术作为新兴制造技术，将是云制造进一步发展的助推器，使得众多自由职业者、小微企业更容易加入智慧云制造系统中提供制造资源和能力服务。

云制造与3D打印融合的研究内容：3D打印设备的自主感知、监控技术，3D打印设备的云化接入技术，3D打印设计软件的云化接入技术，3D打印模型/知识的云端管理技术等。

4. 重视云制造技术与智能科学技术的融合

云制造中智能科学技术的作用——实现对云制造系统中服务全生命周期和制造全生命周期两个维度的智能化，为智慧云制造系统提供人/机/物/信息的智能识别、融合、运算、监控和处理的核心使能技术。

云制造与智能科学技术融合的研究内容：基于深度学习的制造全生命周期预测、监控技术；面向制造全生命周期的智能设计技术、智能仿真技术、智能生产技术、智能试验技术、智能保障技术、智能管理技术等。

在云制造实施中要关注的问题

（1）要围绕转变经济增长方式、增强企业市场竞争能力的目标，走良性循环发展的路线：从增强企业市场竞争能力的需求出发，由需求驱动来建立系统，通过系统建设带动技术/产品研发，新技术/产品的发展进一步促进系统的改进完善，改进的新系统进一步推动新的应用，如此周而复始地良性循环。

（2）要企业一把手挂帅，建立系统工程的观点，按复杂系统工程内涵实施云制造系统：要坚持"效益驱动，总体规划，突出重点，分步实施"的指导思想；要密切结合各个企业的实际需求与情况，制定好发展规划与阶段性实施方案；要重视企业产品研制全系统、全生命周期活动中的人/组织、经营管理、设备/技术（三要素）及信息流、物流、资金流、知识流、服务流（五流）集成优化；要重视建立自主可控的智慧云制造系统；设立和组织知识、技术、产业发展项目。

（4）要制定激励政策。

（5）要建立多层次的创新体系。

（6）要制定相关标准、评估指标体系、安全管理和法律等规范。

六、本章小结

基于笔者所在团队在智慧云制造方面的研究与应用实践，我们认识到：智慧云制造是"互联网+"世界的一种制造新模式、新手段和新业态，是实施"中国制造2025"和"互联网+行动计划"的一种智造模式和手段。

智慧云制造还是正在发展中的新制造模式、技术手段和业态，其发展路线应是持续地坚持"创新驱动"加"工业化与信息化深度融合"。

智慧（能）制造的发展与实施还需要全国、全球的合作与交流，同时又要充分重视各国的特色和各行业及各企业的特点,实事求是地实施。

致谢

笔者衷心感谢"云制造技术研究与应用"团队中数百位同志的努力创新、协同合作与无私奉献!

参考文献

[1] 国务院. 国务院关于印发《中国制造2015》的通知[EB/OL]. www.gov.cn

[2] 国务院. 国务院关于积极推进"互联网+"行动的指导意见[EB/OL]. www.gov.cn

[3] 李伯虎, 张霖, 王时龙, 等. 云制造——面向服务的网络化制造新模式[J]. 计算机集成制造系统, 2010, 16(1)：1-7, 16.

[4] 李伯虎, 张霖, 任磊, 等. 再论云制造[J]. 计算机集成制造系统, 2011, 17(3)：449-457.

[5] 李伯虎, 张霖, 任磊, 等. 云制造典型特征、关键技术与应用[J]. 计算机集成制造系统, 2012, 18(7)：1345-1356.

[6] 李伯虎, 张霖, 等. 云制造[M]. 北京：清华大学出版社, 2015.

[7] Bo Hu Li, Xudong Chai, Lin Zhang, et al. Smart cloud manufacturing (cloud manufacturing 2.0) – a kind of paradigm and approach of smart manufacturing in internet era[C]. Proc. of the 2015 International Intelligent Manufacturing Conference. 2015, Beijing, China.

[8] 制造强国战略研究项目组. 制造强国战略研究 综合卷[M]. 北京：电子工业出版社, 2015.

[9] F Tao, L Zhang, VC Venkatesh, YL Luo, Y Cheng. Cloud manufacturing: a computing and service-oriented manufacturing model [J]. Proceedings of the Institution of Mechanical Engineers, Part B: Journal of Engineering Manufacture. 2011, 225(10)：1969-1976.

[10] Zhang L, Mai J, Li B H, et al. Future manufacturing industry with cloud manufacturing[M]. Cloud-Based Design and Manufacturing (CBDM). Springer International Publishing, 2014: 127-152.

[11] Zhang L, Luo Y, Tao F, et al. Cloud manufacturing: a new manufacturing

paradigm [J]. Enterprise Information Systems, 2014, 8(2): 167-187.

[12] Liu Y, Zhang L, Tao F, et al. Development and Implementation of Cloud Manufacturing: An Evolutionary Perspective[C]. ASME 2013 International Manufacturing Science and Engineering Conference collocated with the 41st North American Manufacturing Research Conference. American Society of Mechanical Engineers, 2013: V002T02A007-V002T02A007.

[13] Ren L, Zhang L, Tao F, et al. Cloud manufacturing: from concept to practice[J]. Enterprise Information Systems, 2015, 9(2): 186-209.

[14] Ting Yu Lin, Xudong Chai, Bo Hu Li. Top-level modeling theory of the multidiscipline virtual prototype [J]. Journal of Systems Engineering and Electronics. 2012,25(3):267-290.

[15] Tan Li, Bo Hu Li, Xudong Chai. A Component-based Meta Modeling Framework for Complex Product Virtual Prototype[C]. Computer-aided Manufacturing and Design, 1-2 Nov. 2010, Hong Kong, China.

[16] Tan Li, Bo Hu Li, Xudong Chai. Research on Meta Modeling Framework of Complex Product Multidiscipline Virtual Prototype[C]. Proc. of 2010 ICMSC, 2-4 Nov. 2010, Cairo, Egypt.

[17] Ting-Yu Lin, Xudong Chai, Bo-Hu Li. Research on Key Technologies of Resource Management in Cloud Simulation Platform [C]. Proc. of the 23rd European Modeling & Simulation Symposium, 11-15 Sep. 2011, Rome, Italy.

[18] Ting-Yu Lin, Bo-Hu Li, Xudong Chai, et al. A Multi-Centric Model of Resource and Capability Management in Cloud Simulation [C]. Proc. of 8th EUROSIM Congress on Modelling and Simulation, 10-12 Sep. 2013, Cardiff, Wales.

[19] Ting-Yu Lin, Chen Yang, Changhui Zhuang, et.al. Multi-centric management and optimized allocation of manufacturing resource and capability in cloud manufacturing system [J], Part B: Journal of Engineering Manufacture (Accepted).

[20] Yang C, Shen W, Lin T Y, et al. A hybrid framework for integrating multiple manufacturing clouds[J]. The International Journal of Advanced Manufacturing Technology, 2015 (Accepted).

[21] Mai J, Zhang L, Tao F, et al. Architecture of hybrid cloud for manufacturing enterprise[M]. System Simulation and Scientific Computing. Springer Berlin Heidelberg, 2012: 365-372.

[22] Ren L, Zhang L, Zhao C, et al. Cloud manufacturing platform: operating paradigm, functional requirements, and architecture design[C]. ASME 2013 international manufacturing science and engineering conference collocated with the 41st North American manufacturing research conference. American Society of Mechanical Engineers, 2013: V002T02A009-V002T02A009.

[23] Luo Y, Zhang L, Tao F, et al. A modeling and description method of multidimensional information for manufacturing capability in cloud manufacturing system[J]. The International Journal of Advanced Manufacturing Technology, 2013, 69(5-8): 961-975.

[24] Laili Y, Zhang L, Tao F. Energy adaptive immune genetic algorithm for collaborative design task scheduling in cloud manufacturing system[C]. Industrial Engineering and Engineering Management (IEEM), 2011 IEEE International Conference on. IEEE, 2011: 1912-1916.

[25] 曹啸博, 许承东, 胡春生. 云制造环境中的虚拟制造单元[J]. 计算机集成制造系统, 2012, 18(7): 1415-1425.

[26] 王中杰, 杨琛, 张新, 等. 云制造环境下生产加工云能力服务[J]. 计算机集成制造系统, 2012, 18(7)：1453-1460.

[27] 李孝斌, 尹超, 龚小容, 等. 机床装备及其加工运行过程云制造服务平台[J]. 计算机集成制造系统, 2012, 18(7)：1604-1612.

[28] Tao F, Zuo Y, Da Xu L, et al. IoT-based intelligent perception and access of manufacturing resource toward cloud manufacturing [J]. Industrial Informatics, IEEE Transactions on, 2014, 10(2): 1547-1557.

[29] Guo H, Zhang L, Tao F, et al. Research on the measurement method of

flexibility of resource service composition in cloud manufacturing[C]// Advanced Materials Research. 2010, 139: 1451-1454.

[30] 肖莹莹, 李伯虎, 庄长辉, 柴旭东, 林廷宇. 面向用户多品种定制的分布式供应链调度[J]. 计算机集成制造系统，2015,03(3):799-811.

[31] Ting-Yu Lin, Yingying Xiao, Baocun Hou, et al. Cloud manufacturing oriented smart planning & scheduling research [C]. Proc. of 2015 Asia Simulation Conference, 4-7 Nov. 2015, Jeju, Korea.

[32] 林廷宇, 李伯虎, 柴旭东, 等. 面向云制造的模型自动组合技术[J]. 计算机集成制造系统, 2012, 18(7) : 1379-1385.

[33] 杨晨, 李伯虎, 柴旭东, 等. 面向云制造的云仿真支撑框架及应用过程模型[J]. 计算机集成制造系统, 2012, 18(7) : 1444-1452.

[34] Yingying Xiao, Bo-Hu Li, Xudong Chai. Modified shuffled frog leaping algorithm for simulation capability scheduling problem [J], Int. J. Service and Computing Oriented Manufacturing, 2014,1(3):237-255.

[35] Ren L, Zhang L, Tao F, et al. A methodology towards virtualization-based high performance simulation platform supporting multidisciplinary design of complex products[J]. Enterprise Information Systems, 2012, 6(3): 267-290.

[36] Ren L, Zhang L, Zhang Y, et al. Key issues in cloud simulation platform based on cloud computing[C]. Proceedings of the 23th European Modeling & Simulation Symposium, Rome, Italy. 2011: 502-507.

[37] Tao F, Zhang L, Guo H, et al. Typical characteristics of cloud manufacturing and several key issues of cloud service composition[J]. Computer Integrated Manufacturing Systems, 2011, 17(3): 477-486.

5

标准化是智能制造的重要基础

董景辰[1]

---
1 中国工程院战略咨询中心 教授

当前，智能制造已经成为世界各国发展制造业的重点，在《中国制造2025》中也明确指出，智能制造是主攻方向。值得注意的是各国在制定发展智能制造的政策时，都不约而同地把标准化作为发展智能制造的重要工作和优先行动。李克强总理在视察工信部时，也强调"当前智能制造最重要的工作是标准制订"。因此，智能制造的标准化引起了普遍的关注。本文就智能制造标准化谈谈自己的一些想法和思考。

一、迫切性

智能制造作为发展制造业的技术方向，时间并不长。因此，在技术上它还处于正在发展的阶段，它的技术体系还不清晰，很多具体的技术问题也在研究之中。一般情况下，标准是对科学技术成果和生产经验的总结，应该是在技术和生产都已经比较成熟的情况下才可能制定的。为什么智能制造的标准化现在就要提到日程上来呢？这是由智能制造本身的特点决定的。

智能制造最核心和最基础的问题是信息集成，也就是工业4.0中提出的：通过价值网络实现的横向集成、贯穿整个价值链的端到端工程数字化集成、从生产现场到生产执行系统（MES）、企业资源规划系统（ERP）之间的垂直集成。真正实现这些信息集成的系统是一个极其复杂的系统！它涉及产品设计信息、工艺信息和制造信息之间的数据统一，生产现场各种制造装备之间的互联互通，制造系统与物流系统的信息互通，生产现场与生产执行系统之间的信息交换，MES的生产信息与ERP的经营信息之间的集成，乃至企业与供应方、外协方的企业之间的信息集成……。其中的任何一个环节，本身就是一个系统。例如生产现场使用的数控机床，它们自身就是一个复杂的系统。经过多年的发展，已经形成了自己完整的技术体系。而智能制造是要在各领域的既有的各类体系上实现更高水平的整合，所以工业4.0把智能制造称为"由系统组成的系统"。

5 标准化是智能制造的重要基础

各国也都看到这个问题是发展智能制造的关键。2014年10月美国"先进制造计划AMP2.0"提出"在3到5年内，要使不同供应商提供的制造自动化设备能够无缝地进行互操作，实现即插即组态"；今年6月9日，日本经济产业省公布的《2015年制造白皮书》中提出"工厂使用的制造设备的通信标准繁多，许多标准并存，没有得到统一……发展标准化面临诸多障碍……跨越企业和行业的壁垒，强化'横向合作'，对于日本制造业提高竞争力，具有非常重要的意义"。

在实际实施智能制造工程时，制造过程的互联互通也是系统集成过程中最困难、耗时最多、费用最大的工作。大部分的用户最大的反应就是缺少互联互通的标准。为了实现生产现场信息的集成，必须要与每一台设备的供应商进行协商，要求其开放设备的相关协议，然后根据该协议开发针对这台设备的接口软件，才能实现设备与企业网络的连接。管理软件也遇到类似的问题，也需要针对一个一个软件开发中间接口。而且，以后企业每购入一种新的设备，系统集成商就得再开发一种新的接口软件。这些接口软件完全是专用的一次性产品，对技术进步没有任何作用，还大幅度增加了系统集成的成本，是巨大的浪费。

因此，要想实现信息集成的目标，必须要使制造过程各个环节在全球标准化的基础上实行统一的标准。如果现在不开始智能制造的标准化工作，任凭制造商自由发展，将来标准问题必将成为智能制造发展的极大障碍！这一点我们是有经验教训的。例如现场总线标准，由于在一开始对现场总线协议没有开展国际标准的研究和制定工作，各大企业自行开发的协议都逐步成为事实上的标准，难以再进行整合，以致现在现场总线的国际标准有几十种，最终受到损失的还是用户。而工业无线通信协议吸取了现场总线的经验教训，比较早开展了国际标准工作，目前仅有四种协议成为国际标准。所以，在涉及通信、数据格式等领域，需要尽早开展标准的研究。

另外，标准问题涉及技术话语权问题，这关系到各国的巨大利益。工业4.0的标准化路线图中提出了两个观点。其一是建议在国际标准的制定过程中，可以在某一个国家先试行一些标准，然后再把这些标准纳入为国际标准；其二是要求德国各标准化组织派更多的专家到国际标准组织的工作组中参与工作。这两点都是希望把德国的技术写入国际标准中,将德国的技术成果在全球推广应用。所以,我国也需要积极开展智能制造的标准化工作,在国际标准中争取有我们的话语权。

二、智能制造标准化的范围

  智能制造涉及的范围非常广,与产品、通信、信息、管理、质量、物流等都有关系。这些领域都已经有自己的标准体系,那么智能制造的标准化工作应该界定在什么样的范围内呢?这一点仍然要根据智能制造的特点来确定。智能制造是信息技术与制造技术的深度融合。之前,无论是制造技术还是信息技术都已经有很多年的发展历史,制定了自己完整的标准体系。智能制造标准并不是要再制定一系列制造技术标准或者信息技术标准,而是要在智能制造新的技术要求下,制定与两种技术融合有关的标准(见图 5-1)。

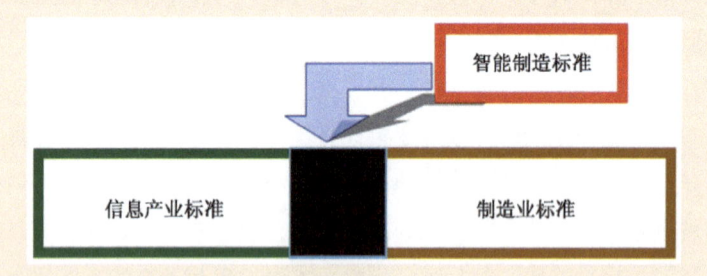

图 5-1 智能制造标准化的范围

  以数控机床为例,智能制造的标准不是去关注数控机床本身的各项技术要求,即便未来的数控机床会有更多智能功能,成为智能机床,它的标准也不属于智能制造标准的范围。智能制造的标准关注的是当一台数控机床被放置在智能制造系统中时,它应该具有哪些技术特性。例如应该具备哪些通信协议,能够给制造系统提供哪些机床的加工信息和设备状态信息,能够接受系统哪些信息并能执行以及这些信息应该以什么样的数据格式提供。对于信息技术也是一样。智能制造标准不会去关注 5G 的技术标准，而是关注 5G 技术被用于智能制造系统时它所应该具备的技术性能。

三、智能制造标准化工作面临的挑战

智能制造的特点对标准化工作提出了新的要求和挑战。总结起来有以下五点：

综合性

智能制造标准关注的是两类技术的融合，标准的内容必然包含了多种技术，包括设计技术、工艺技术、制造技术、通信技术、管理技术等。这样综合性的标准与过去以行业为服务对象的标准有很大的区别。以行业为服务对象的标准，其标准的内容、审定标准的专家结构都是围绕一个行业的，涉及的技术内容比较专，不适应制定多种技术综合标准的要求。往往一项智能制造标准的内容会涉及多个行业的标准化技术委员会（以下简称标委会），因此标准的制定必然是多个相关标委会合作的结果。在工业 4.0 的标准化路线图中也特别强调不同标委会之间必须进行跨领域的紧密合作。

智能制造标准的综合性，给现有的标准化工作提出了新的要求和挑战。多个标委会应该以什么样的工作方式来合作制定一项标准，标准如何申报立项，应该组织什么样的专家团队来进行审核，如何认可这个专家团队等，都是需要研究的新问题，也是对标准化工作的创新。

不成熟性

如前所述，智能制造技术目前还处于研究发展阶段。在一些重要的技术上，世界各国还没有达到协商一致的程度。因此，智能制造标准有摸索和探索的特点。在具体制定的方式上，各国都提出要以用户案例作为制定标准的前期技术准备。也就是说，在大家对智能制造的技术还没有把握的时候，要通过一些实例来进行验证。例如，当前还提不出大家公认的智能制造体系框架。那么，先在一些智能制造工作开展得比较早、已经获得一些经验的航空、航天、汽车等行业进行试点，通过它们的案例提出该行业的智能制造体系框架，然后，在多个行业体系框架的基础上再提炼成智能制造体系框架。所以，把"用户案例"作为一类标准是智能制造标准的一大特色。

如何制定用户案例标准，是标准化工作遇到的新问题。例如事先如何进行案例设计，要明确针对智能制造的哪些特征技术进行验证，如何选择用户案例和确定案例的实施方案等。在今年工信部实施 2015 年智能制造专项中，也部署了 29 项案例标准，涉及的产业有航空、航天、电工装备、传感器、电子装配、机械加工等。这是对用户案例标准的一次尝试，希望通过这些案例标准的制定，有助于提炼出通用和基础标准的技术内容。

实施性

目前我们国家的标准分为强制性标准和推荐性标准。强制性标准一般都是涉及人身健康、生命安全、财产安全、生态安全、国家安全等国家标准，其他都是推荐性标准。对于推荐性标准，企业可以根据具体情况决定是否采纳。但是智能制造标准是系统性的。不管是名词术语、通信协议、数据格式、

5 ■ 标准化是智能制造的重要基础

语义描述，凡是参与到智能制造系统中的装备、产品、软件都得采用统一的标准，否则就无法实现互联互通和信息的集成。因此，智能制造标准具有一定的"强制性"。

这就要求标准在制定过程中要更加注意多个行业之间的"达成一致"。只有真正"达成一致"，标准才有可能顺利宣贯。如何使多个行业对标准内容形成共识，并且在实施这项统一标准时，各方付出的代价最小，是对标准化工作的新要求和挑战。

国际性

智能制造标准应注意与国际标准的兼容性。这是一条基本原则。因为企业在实施智能制造（例如建设数字化车间）时，通常会采用一部分国外的装备和软件。这些装备和软件也要融入到企业的智能制造系统中，成为一个有机的整体。如果我国的标准与国际标准兼容，那么在采购时要求外方提供的装备符合国际标准是没有问题的。如果我国的标准与国际标准不兼容，要求外方装备特意符合中国标准，在一般情况下比较困难，或者会支付很高的代价。所以，智能制造标准必须考虑与国际标准的兼容。而且，我们还要尽量借助国际上的研究成果，采用国际标准。在采用国际标准时，要特别注意标准的开放性。有些国际标准虽然是开放的，但是在标准中隐含有专利问题，或者有的标准的认证技术掌握在极少数国家手中。因此，在采用国际标准的时候，要注意安全可控问题。

渐进性

智能制造的标准制定，与智能制造发展的水平是很有关系的。它是随着智能制造水平的逐步提高，制定相应内容的标准。例如我国目前的实际发展是处于普及生产自动化和管理信息化的阶段，那么首先需要制定的应该是与之相关的标准，例如互联互通、数据格式、信息化管理等标准。下一步的发展从制造向产品全生命周期管理发展，则需要制定设计、工艺、制造、检验、物流相关的标准。以后会对供应链、协同制造、远程监控等新模式新业态发展，则会涉及云计算、大数据等相关标准。当然，智能制造的发展阶段不会分得那么清晰，但是在某一个阶段重点制定哪些标准应该有通盘的规划。

四、智能制造相关国际标准活动

与智能制造相关的国际标准化组织主要有：国际标准化组织（ISO），国际电工委员会（IEC），IEC 及 ISO 的联合技术委员会（ISO/IEC JTC1），万维网联盟（W3C），国际电信联盟（ITU-T）以及电气和电子工程师协会（IEEE），工业网络联合组织（IIC）等。

目前，与智能制造相关的国际标准化活动主要围绕三个方面：智能制造体系框架的研究、对符合智能制造体系框架的已有国际标准的梳理以及提出下一步需要研究的内容。

1. 智能制造的体系框架

在各国提出的智能制造标准化优先行动中，不约而同地把智能制造的体系框架放在首位。这是由智能制造的特点决定的。过去国际标准化组织也制定过一些有关工业系统结构的标准，如企业信息集成系统的标准 IEC 62264（ISA S95）和批量控制标准 IEC 61512（ISA S88），这些标准基本上只是系

5 ■ 标准化是智能制造的重要基础

统功能分层的架构，可以说仅仅是由技术驱动的。而智能制造的涉及面远远超过以往的任何系统。它贯穿于产品生命周期的全过程，牵涉工厂的所有功能，并且还体现了信息技术与制造技术的融合。因此，智能制造的体系框架十分复杂。而体系框架不确定，就无法界定智能制造标准化的工作范围，它是标准化的基础。通过体系架构，可以识别现有哪些标准与智能制造相关，有哪些标准缺失和不足需要补充或修订。还可以看出哪些标准的内容有重叠，从而选择适宜的解决方案，使所涵盖的标准数目尽可能少。体系框架还允许对标准进行部分实现，即识别标准的分标准和子标准，以便中小型企业实施智能制造。

不同的国家对智能制造的理解和诉求不同，因此目前只能提出智能制造的参考模型。本文简单介绍两个方案。图 5-2 是 IEC 提出的参考模型，图 5-3 是德国工业 4.0 标准化路线图今年提出的参考模型 RAMI 4.0。RAMI4.0 的基本特性参照了欧洲智能电网协调组织 2014 年定义的智能电网架构模型 SGAM。这一架构在全世界获得广泛认可。

从这两个参考模型图可以看出，它们都是以智能工厂作为核心对象进行描述的。两个模型中的 X 轴都是产品全生命周期的各个环节，在图 5-2 中是用需求、概念、设计、工程、建设、调试、运行、服务、报废这些全生命周期的具体环节来描述，而图 5-3 则把 X 轴分为样机研发（Type）和实施（Instance）两段，因为这两段在与信息技术结合方面的内容区别较大，但描述的也是产品全生命周期。

两个模型的 Y 轴都是描述工厂的层次结构，包括产品层（含半成品、零部件等）、现场层、控制层、站、运行层、公司层。只是图 5-3 在公司层的上面增加了"互联世界"层，更好地体现了未来企业间协同制造的内涵。

Z 轴的表示，两个模型的差异比较大。自上而下的上面四层基本一致，都是经营、功能、信息、通信。但是图 5-2 的第 5 层叫"配置"（Composition），第 6 层叫信息物理系统（CPS）。在图 5-3 中第 5 层叫集成，第 6 层叫资产（Asset）。二者意义相去甚远。这些层次名称的含义实际上还是不很清晰，可以赋予不同的解释，容易产生歧义。从而使参考模型有一定的不确定性。实际上，参考模型的方案一直在变化。例如这次公布的工业 4.0 参考模型已经是第三个方案了。

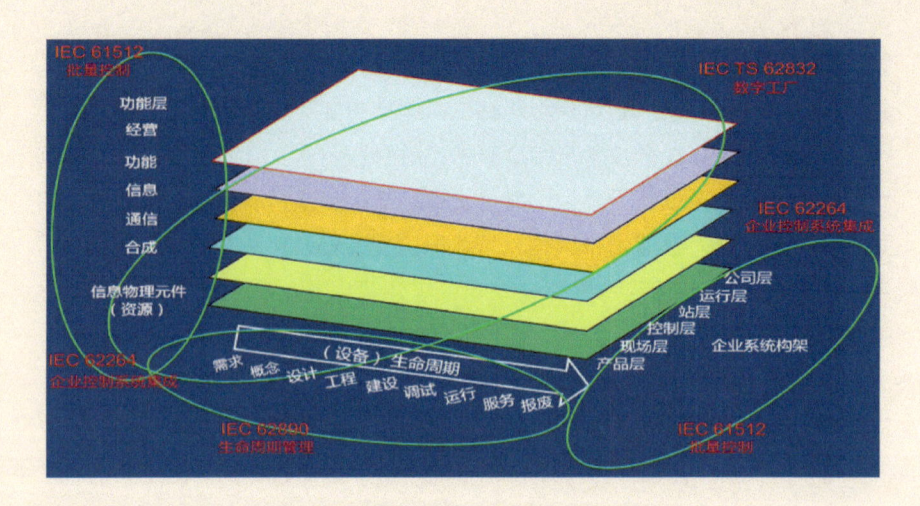

图 5-2　IEC 提出的智能制造参考模型

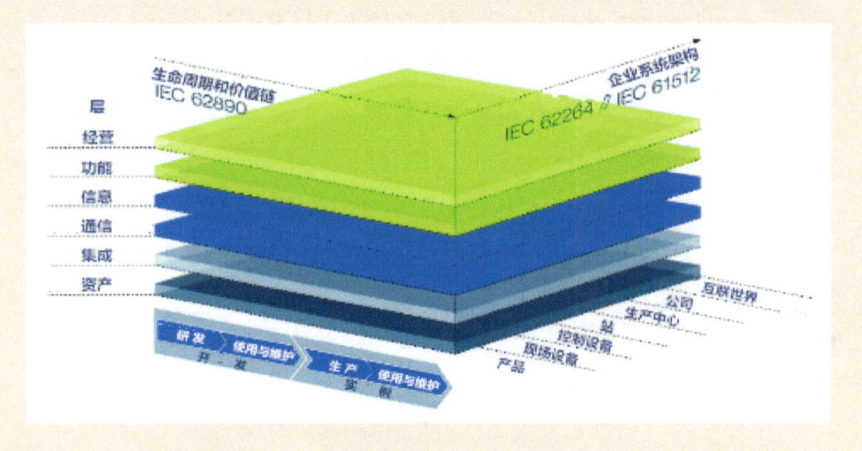

图 5-3　工业 4.0 提出的智能制造参考模型

2. 对现有国际标准的梳理

针对当前智能制造的发展趋势，各国际标准组织都在调整组织机构和研究内容。

（1）在 ISO 中建立工业 4.0 战略小组（ISO/SAG 工业 4.0/智能化生产），战略小组的主要任务如下：

①在 ISO 中对工业 4.0 课题进行战略性以及规划性的研究。

② 识别不完善的标准及规范。

③ 拟定工业 4.0 的执行战略以及相关建议。

④ 在国际层面上协调标准化及规范化活动。

⑤ 实现组织和委员会之间的协调。

其结论报告将于 2016 年 9 月规划制定。

（2）在国际电工委员会中的标准化管理委员会（IEC SMB）中建立研究工业 4.0 智能化生产的第 8 工作组（SG8）(详见 SMB/5332/R)。该工作组已于 2014 年 5 月成立。

IEC SG8 已完成以下成果：

① 广泛参与由工业自动化大型企业专家组成的国家性委员会的活动。

② 与 ISO/IEC JTC1 WG10，IEEE P2413，ISO SAG 工业 4.0/智能化生产以及 ISO TC184 进行了紧密的联合。

③ 通过了第一份 IEC SMB 报告（详见 SMB/5584/R）：

> 通过电子方式对工业 4.0/智能化生产的标准路线图（规范化路线图）的建议进行说明。标准路线图将作为一个与智能电网映射工具进行对照的等效电子工具。

> 在国际电信联盟无线电通信组（ITU/R）就工业 4.0/智能化生产的无线电频谱方面向 IEC 提出请求。

> 对用于特征划分的"常用数据词典"（CDD）的数据维护及相关软件的维护（针对 IEC 62656 的 PARCEL MAKER™）进行长期的资金支持。

> 向技术委员会提出建议：对"常用数据词典"（CDD）加以强化，并对 IEC61360 进行完善及使用，从而在工业 4.0 组件的管理层中对特征分类进行规范化的说明。

经过初步梳理，与工业 4.0 相关的现有国际标准如图 5-4 所示。

IEC 也提出了相关标准，标准的清单见表 5-1。

通过梳理，可以归纳为以下几点：

在自动化技术方面，IEC/TC 65 以及 ISO/TC 184 标准涵盖了面向系统自动化技术从流程控制到生产控制、制造执行和企业资源管理的接口的所有重要课题。最近几年制定的具有广泛性的系列标准现在已经达到较为成熟的阶段，并且仍处于不断发展的态势当中。因此，工业 4.0 所需要的标准结构已基本就绪。其最大的挑战在于如何确保跨界的可互操作性，如不同流程技术、制造技术、物流、机械工程和信息技术系统和概念之间的可互操作性。这就要求不同领域的标准化委员会之间开展紧密地合作。

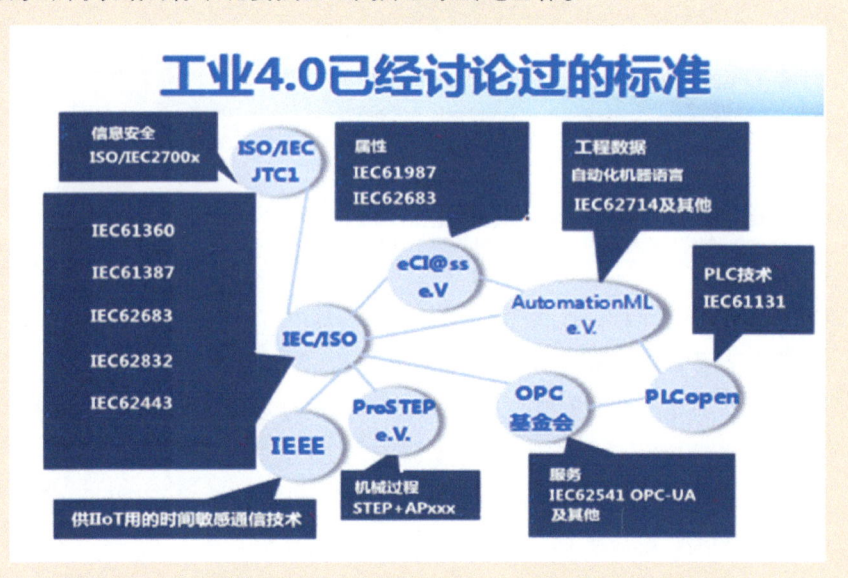

图 5-4 工业 4.0 相关的现有国际标准

表 5-1

标准编号	标准名称
IEC 62832 与 IEC TR 62794	工业过程测量、控制和自动化制造系统表示用参考模型（数字工厂）
IEC 62890	工业流程测量、控制和自动化系统及产品生命周期管理
IEC 62264	企业控制系统集成
IEC 61512	按批控制
IEC 62541	OPC UA
IEC 62443	工业通信网络 网络与系统安全
IEC 62714	适用于工业自动化系统工程的工程数据交换格式 自动化标记语言

续表

标准编号	标准名称
IEC 62424	过程控制工程的表示法 P&I 图表以及 P&ID 工具与 PCE-C
IEC65E/482/NP	条件监视功能的通用表示方式
IEC 61804	过程控制用功能块 第 3 部分：电子器件描述语言 EDDL
IEC 62453	现场设备工具(FDT)接口规范
IEC 62769	现场设备集成 FDI
IEC 61987	工业过程测量和控制 过程设备目录中数据结构和元素
IEC 61508	电气/电子/可编程电子安全相关系统的功能安全
IEC 61511	功能安全 流程工业用安全测量仪表系统
有线通信	
IEC 61158	工业通信网络 现场总线规范
IEC 61784	工业通信网络协议集
IEC 62026-2	低压开关设备和控制设备 控制器-设备接口 执行器传感器接口（AS-I）
ISO/IEC 14543-3	信息技术 家用电子系统（HES）体系结构 KONNEX KNX
无线通信	
IEC 62591	工业通信网络 无线通信网络和通信协议 Wireless HART
IEC 62601	工业通信网络 现场总线规范 WIA-PA 通信网络和通信协议

在信息技术方面，由德国标准化学会（DIN）、信息技术及应用标准委员会（NIA）以及其国际上的平行行业和 ISO/IEC 联合技术委员会（ISO/IEC JTC 1）一同组成的小组将对共性标准及规范进行持续化的推进。而大多数信息技术课题已在数年前进行了研究和发展，这为工业 4.0 提供了一个稳固的工作基础。例如生产技术设备软件的质量安全、设备间的通信（ISO/IEC 8802 标准系列）、非接触式智能卡技术（ISO/IEC 14443）以及近场通信（NFC，ISO/IEC 13157）、物联网都将作为与工业 4.0 紧密结合的核心课题之一，在国家乃至国际层面上进行广泛的项目研究。特别是在自动识别以及数据收集（AIDC）方面将实现与物联网的紧密协作，即：ISO/IEC 15459 以及 ISO/IEC 29161。

新的标准主要关注大数据。在 JTC 1/WG 9 中制定了一些基础标准，可进行非结构化数据的评估，从而实现生产流程和物流的优化（ISO/IEC

20547）。云处理方式作为新型储存技术将通过在 JTC 1/SC 38 中所制定的标准及规范（ISO/IEC 19944）实现云处理技术的运用，以便人机间进行交流以及信息进行管理和储存。

IT 系统的安全性将成为工业 4.0 成功运作的关键性要素。由于在生产技术领域中对 IT 安全措施的实施仍面临着一定的挑战，因此，现有的标准和 IT 安全解决方案远远不足以确保 IT 系统的安全。当前急需以标准及规范作为有力依据的系统性应对措施，借助规范化的接口以及实践性的应用程序，对工业 4.0 的成功实施提供保障。

3. 标准化的研究内容

（1）参考模型：包括系统结构、针对控制功能的参考模型、针对技术组织过程的参考模型、针对生命周期过程的参考模型；

（2）用户案例：案例的统一说明模式、围绕工业 4.0 概念和特性的重要使用案例参考清单、通过使用案例说明的非功能属性领域中的标准化需求；

（3）基本共性标准：概念及术语、关于自动化技术以及 IT 方面的概念、针对核心模型的说明、针对标准中所使用的建模语言的说明；

（4）非功能属性：非功能属性的定义和术语、非功能属性在标准中的定位、安全性、安全保护措施及 IT 防御、信息安全性、可靠性及稳定性、可维护性、实时性在标准中的概念和定义、系统间的交互操作性；

（5）工程及开发：在整个产品生命周期中透明和一致的数据基础及开发工具、通过自动化技术中的标准化及规范化对 IT 开发进行前期支持、协作系统的研发需求、工业化的区位管理；

（6）通信：网络管理、基础设施组件、拓扑学、电磁兼容、有关获取工业自动化单一频谱的工作、无线电应用的共存性、无线电技术、针对无线电通信的整合；

（7）增材制造：术语、设计指南、采购的 AM 件要求、标准测试工件、塑料增材制造挤压成型规范说明、金属粉末平台熔化标准、粉末平台熔融的具体设计指南、粉末平台熔融金属零件的质量保障及后期处理、更换零件的无损化检测；

（8）工业4.0中的人：在工业4.0发展中针对人性化工作设计的标准及规范、工艺设计/针对工业4.0工作系统的适应性设计、针对人机功能工作分配的概念、人类及技术系统间的互动性的设计、维护；

（9）标准化进程：开源开发、模块的规范化、形式的规范化、标准分类、针对核心模型的标准化、针对参考模型的全方面及合理化说明、针对概念及技术性规定的单独说明、文件交换、有关标准应用所涉及的资质、学习内容以及教育和再培训。

五、我国智能制造标准体系的初步设想

智能制造的标准化工作，第一步就是要制定智能制造标准体系，它是标准化工作的顶层设计。2015年12月，工业和信息化部与国家标准化委员会共同发布了"国家智能制造标准体系建设指南（2015年版）"（以下简称"指南"）。

"指南"在编制中遵循了"构建既符合我国国情、又与国际接轨的智能制造标准体系，充分发挥智能制造跨行业、跨领域融合创新"的指导思想，从基础共性、关键技术、重点行业三个方面，建立由20类标准构成的标准体系框架。并建立动态完善机制，逐步形成智能制造强有力的标准支撑。

到2017年，初步建立我国智能制造标准体系。按照"共性先立、急用先行"的立项原则，围绕参考模型、术语定义、标识解析、评价指标等基础共性标准和数据格式、通信协议等关键技术标准，制修订60项以上智能制造重点标准。并探索制定重点行业智能制造应用标准，率先在《中国制造2025》中提出的十大重点领域取得突破。

到2020年，建立起较为完善的智能制造标准体系。制修订500项以上智能制造标准，实现基础共性标准和关键技术标准全覆盖，智能制造标准在各行业全面推广应用。我国智能制造标准国际竞争力大幅提升，在部分领域具有国际标准话语权。

"指南"将采取滚动修订制度，每2~3年修订一次。

标准体系框架

如前所述，要对智能制造的标准状态有比较清晰的了解，首先就要制定出智能制造系统架构。指南中提出了我国智能制造系统架构如图 5-5 所示。

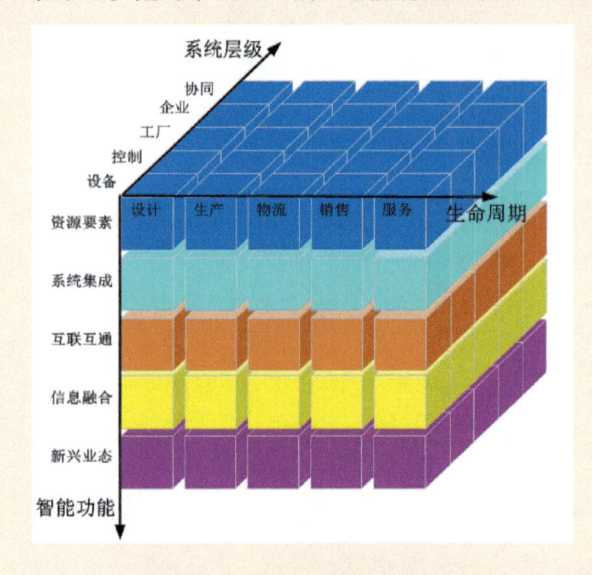

图 5-5　智能制造系统架构

该架构与国际上提出的框架模型类似，采用三维图形表示。X 轴表示全生命周期的各个环节，根据中国的国情，把物流作为一个单独的环节列出。Y 轴表示企业系统层次，其中增加"协同"层，以更加符合企业间协同设计/制造的发展趋势。Z 轴表述的各项之间没有上下层次关系，是说明智能工厂可能涉及的标准类型，包括描述资源类、系统集成类、互联互通类、信息融合类和新业态。新业态也是我国的特色。

通过系统架构，我们基本上可以梳理出智能制造体系需要哪些标准，并由此知道还缺失哪些标准和需要修订哪些标准。还可以知道哪些标准之间的内容有重复和交叉。

在梳理的基础上，依据标准体系的结构要求，把梳理出来的标准分为基础共性标准、关键技术标准和重要行业标准三类，从而确定智能制造标准体系框架（见图 5-6）。

5 ▪ 标准化是智能制造的重要基础

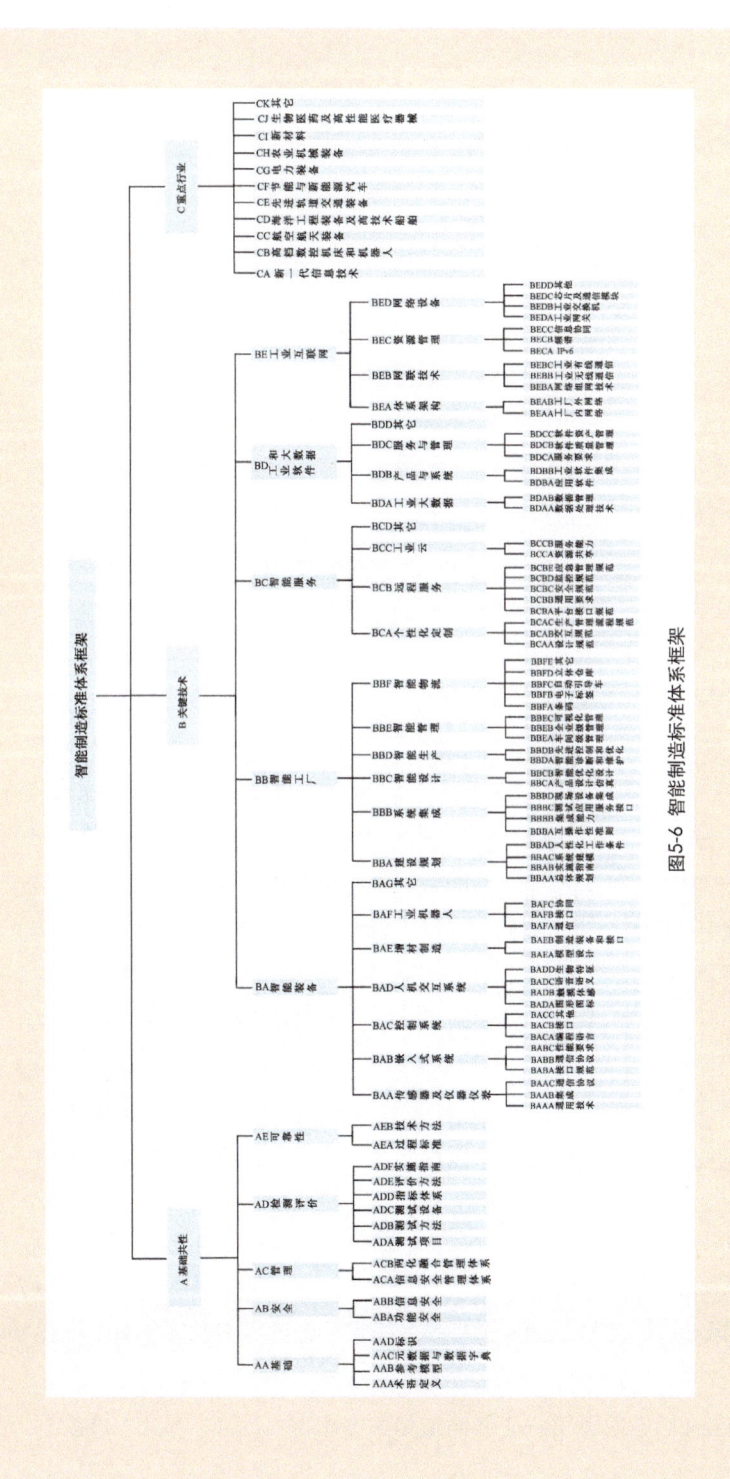

图5-6 智能制造标准体系框架

智能制造标准体系框架

智能制造标准体系框架由三部分组成，即基础共性类标准、关键技术类标准和重大行业类标准。

1. 基础共性类标准

基础共性标准主要包括基础、安全、管理、检测评价和可靠性等五个部分，如图 5-7 所示。

```
                        A 基础共性
        ┌───────┬───────┬───────┬───────┐
       AA      AB      AC      AD      AE
       基础    安全    管理   检测评价  可靠性
```

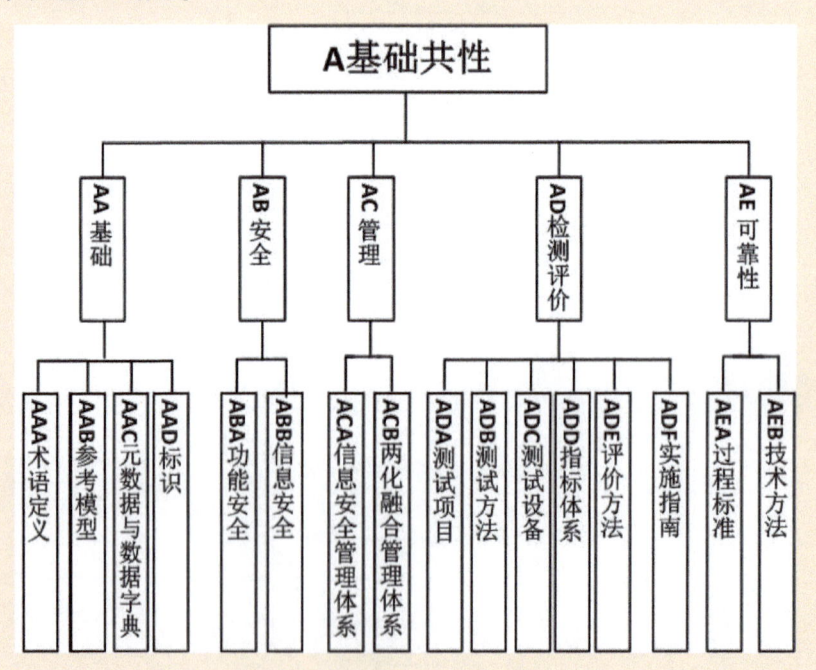

AAA 术语定义　AAB 参考模型　AAC 元数据与数据字典　AAD 标识
ABA 功能安全　ABB 信息安全
ACA 信息安全管理体系　ACB 两化融合管理体系
ADA 测试项目　ADB 测试方法　ADC 测试设备　ADD 指标体系　ADE 评价方法　ADF 实施指南
AEA 过程标准　AEB 技术方法

图 5-7　基础共性标准子体系

1）基础标准

基础标准主要包括术语定义、参考模型、元数据与数据字典、标识等四个部分。

术语定义标准用于统一智能制造相关概念，为其他各部分标准的制定提供支撑；

参考模型标准用于帮助各方认识和理解智能制造标准化的对象、边界、各部分的层级关系和内在联系；

元数据和数据字典标准用于规定智能制造产品设计、生产、流通等环节涉及的元数据命名规则、数据格式、数据模型、数据元素和注册要求、数据字典建立方法，为智能制造各环节产生的数据集成、交互共享奠定基础；

标识标准用于对智能制造中各类对象进行唯一标识与解析，建设既与制造企业已有的标识编码系统兼容，又能满足设备IP化、智能化等智能制造发展要求的智能制造标识体系。

2）安全标准

安全标准主要包括功能安全和信息安全两个部分。

功能安全标准用于保证安全控制系统在危险发生时正确地执行其安全功能，主要包括功能安全要求和功能安全实施和管理等两个部分。

信息安全标准用于保证信息系统不因偶然的或者恶意的原因而遭到破坏、更改、泄露，系统能连续可靠正常地运行，主要包括软件安全、设备信息安全、网络信息安全、数据安全、信息安全防护等五个部分。

3）管理标准

管理标准主要包括信息安全管理体系和两化融合管理体系两个部分。

信息安全管理体系标准聚焦制造关键环节，与信息安全相关的管理标准，主要包括安全管理标准和安全监管标准两部分。

两化融合管理体系标准是针对智能制造模式下新型两化融合管理机制的相关标准，主要包括要求、基础和术语、实施指南、评估规范、审核指南等五个部分。

4）检测评价标准

检测评价标准主要包括测试项目、测试方法、测试设备、指标体系、评价方法、实施指南等六个部分。

测试项目标准用于指导智能制造装备和系统在测试过程中的科学排序

和有效管理。

测试方法标准用于针对不同类型的智能制造装备和系统，制定包括试验内容、方式、步骤、过程、计算分析等内容的标准。

测试设备标准用于保证智能制造装备质量和系统测试过程中，测试设备的稳定运行和测试指标的精准可靠。

指标体系标准用于对各智能制造应用领域、应用企业和应用项目开展评估，促进企业不断提升智能制造水平。

评价方法标准用于指导智能制造企业开展项目评价，制定智能制造评价指标体系。

实施指南标准用于指导智能制造项目评价过程中开展具体实施工作。

5）可靠性标准

可靠性标准主要包括过程和技术方法两个部分。

过程标准用于对智能制造系统可靠性要求、风险管理和寿命费用的分析，主要包括智能制造系统可靠性管理、智能制造装备故障预测及健康管理和智能制造系统综合保障等三方面的标准。

技术方法标准用于指导智能制造系统可靠性分析评估和智能装备可靠性设计及试验验证。

2. 关键技术标准

关键技术标准主要包括智能装备、智能工厂、智能服务、工业软件与大数据、工业网络等五个部分。

1）智能装备标准

智能装备标准主要包括传感器及仪器仪表、嵌入式系统、控制系统、人机交互系统、增材制造和工业机器人等六个部分，如图 5-8 所示。

5 ■ 标准化是智能制造的重要基础

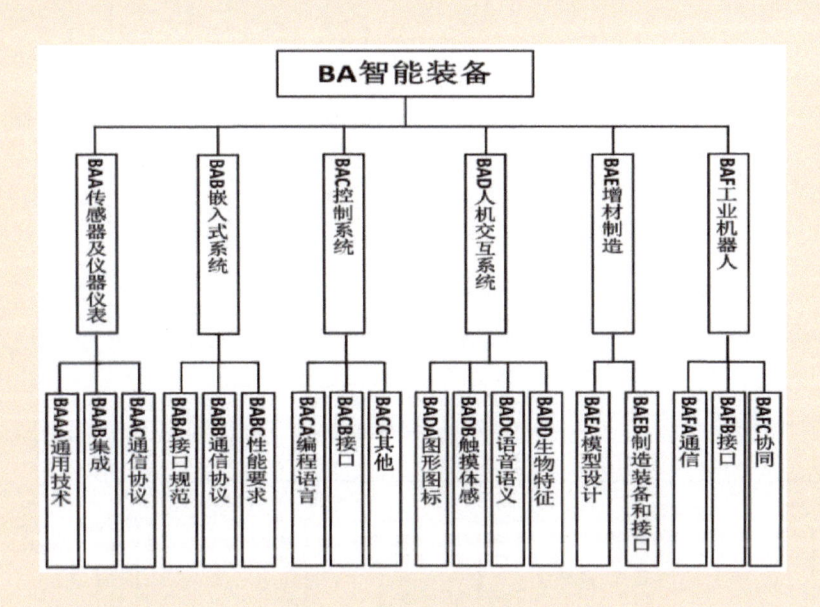

图 5-8 智能装备标准子体系

传感器及仪器仪表标准主要包括数据交换、特性与分类、性能评定、智能化要求等通用技术标准；时钟同步、接口、功能块、设备集成、互操作性等集成标准；现场总线、工业以太网、工业无线、安全通信、高可用通信、符合性等通信协议标准。

嵌入式系统标准主要包括嵌入式系统接口规范、通信协议、性能要求等三方面的标准。

控制系统标准主要包括可编程序控制器（PLC）、分布式控制系统（DCS）、现场总线控制系统（FCS）等编程语言和接口两方面的标准。

人机交互系统标准主要包括工业控制领域人机交互的图形图标、功能属性和注册管理等图形图标标准；体感描述语言、手势命令和功能属性等触摸体感标准；语音命令、语义理解和语义库等语音语义标准。生物特征识别技术接口、生物特征数据交换格式等生物特征识别标准。

增材制造标准主要包括设计规范、文件格式、数据质量保障、文件存储和数据处理等模型设计标准等；增材制造装备和接口标准。

工业机器人标准主要包括数据格式、通信协议、通信接口、控制语义等通信标准；工业机器人编程和操作图形用户接口、编程系统和机器人控制间的接口等接口标准；制造过程机器人与人协同作业、机器人与机器人协同作业、以及机器人与生产线协同作业等协同标准。

2）智能工厂标准

智能工厂标准主要包括智能工厂建设规划、系统集成、智能设计、智能生产、智能管理和智能物流等六个部分，如图 5-9 所示。

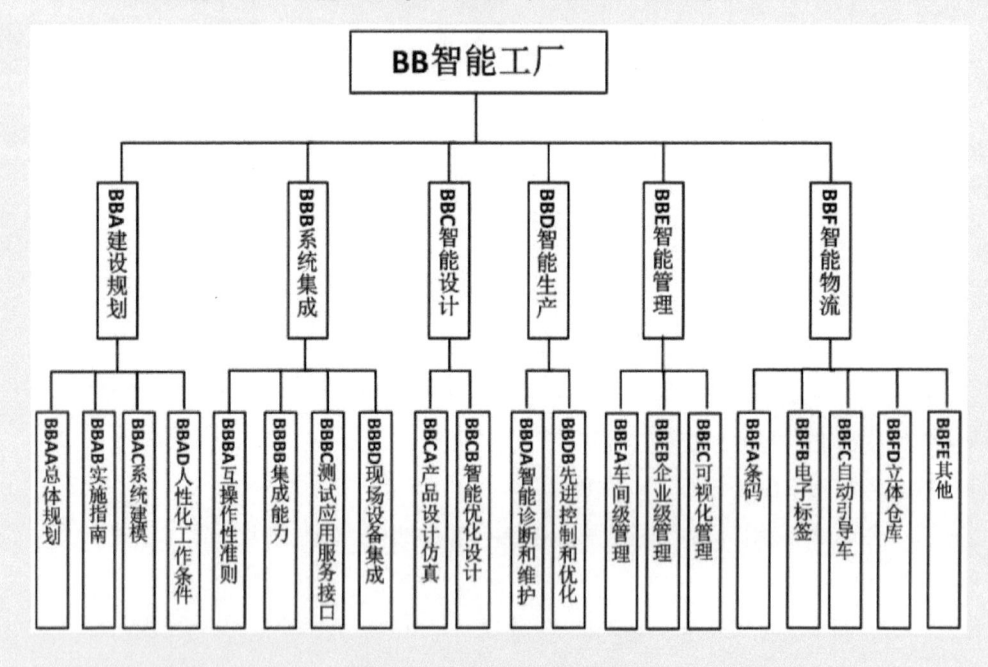

```
                              BB智能工厂
        ┌──────────┬──────────┬──────────┬──────────┬──────────┐
      BBA         BBB        BBC        BBD        BBE        BBF
      建设规划   系统集成   智能设计   智能生产   智能管理   智能物流
     ┌─┬─┬─┐    ┌─┬─┬─┐    ┌─┐      ┌─┬─┐     ┌─┬─┬─┐    ┌─┬─┬─┬─┬─┐
   BBAA BBAB BBAC BBAD  BBBA BBBB BBBC BBBD  BBCA BBCB  BBDA BBDB  BBEA BBEB BBEC  BBFA BBFB BBFC BBFD BBFE
   总  实  系  人  互  集  测  现  产  智  智  先  车  企  可  条  电  自  立  其
   体  施  统  性  操  成  试  场  品  能  能  进  间  业  视  码  子  动  体  他
   规  指  建  化  作  能  应  设  设  优  诊  控  级  级  化      标  引  仓
   划  南  模  工  准  力  用  备  计  化  断  制  管  管  管      签  导  库
              作  则      服  集  仿  设  和  和  理  理  理          车
              条          务  成  真  计  维  优
              件          接              护  化
                          口
```

图 5-9　智能工厂标准子体系

建设规划标准主要包括智能工厂的基本功能、设计要求、设计模型类标准等总体规划标准；智能工厂规划设计要求所需的仿真分析、协同设计和建设实施标准等实施指南标准；基于智能工厂的工艺流程及布局模型、生产过程模型和组织模型等系统建模标准；针对为员工提供人性化工作条件的设计标准。

系统集成标准主要包括定义智能制造软件互操作能力描述及制造单元匹配准则等互操作准则；集成功能模块描述、集成能力评估等集成能力标准规范；用于智能制造软件能力描述的接口服务和协议及相关模板规范、访问/查找能力描述接口和按需进行匹配的过程定义等测试应用服务接口标准；用于开放过程控制的统一架构（OPC UA）、电子设备描述语言（EDDL）、现场设备工具技术（FDT）、现场总线仪器设备集成（FDI）等现场设备集成标准。

智能设计标准主要包括产品数字化定义、产品数字化样机、设计仿真、工艺仿真、数字化试验等产品设计仿真标准；对产品仿真结果进行优化，描述优化模型，优化方法等智能优化设计标准。

智能生产标准主要包括定义智能生产系统诊断、能力评估和维护的通用要求等生产过程控制系统诊断和维护标准；生产制造系统控制与优化软件功能集成架构、功能模块、信息交互方式等制定生产过程系统先进控制与优化标准。

智能管理标准主要包括制造报文规范、MES 应用等车间级管理标准；企业经营决策管理、计划管理、生产管理、技术管理、质量管理、设备管理、物流管理等企业级管理标准，产品信息可视化、设备信息可视化、库存信息可视化、生产状态可视化、能源监管可视化等可视化管理标准。

智能物流标准主要包括用于识别原材料、零部件、装备和产品信息的条码、电子标签等标准；用于工厂内部的自动引导车等设备标准；用于工厂内部及工厂间的立体仓库等智能物流装备标准。

3）智能服务标准

智能服务标准主要包括个性化制造、远程运维和工业云等三个部分，如图 5-10 所示。

个性化定制标准主要包括满足大规模个性化生产的个性化定制设计规范、交互规范和生产管理流程规范等三方面的标准。

远程运维标准主要包括平台接口规范、通用要求、安全规范、监控规范和应急管理规范等五方面的标准。

工业云标准主要包括接口和协议等资源共享标准和服务能力标准两方面的标准。

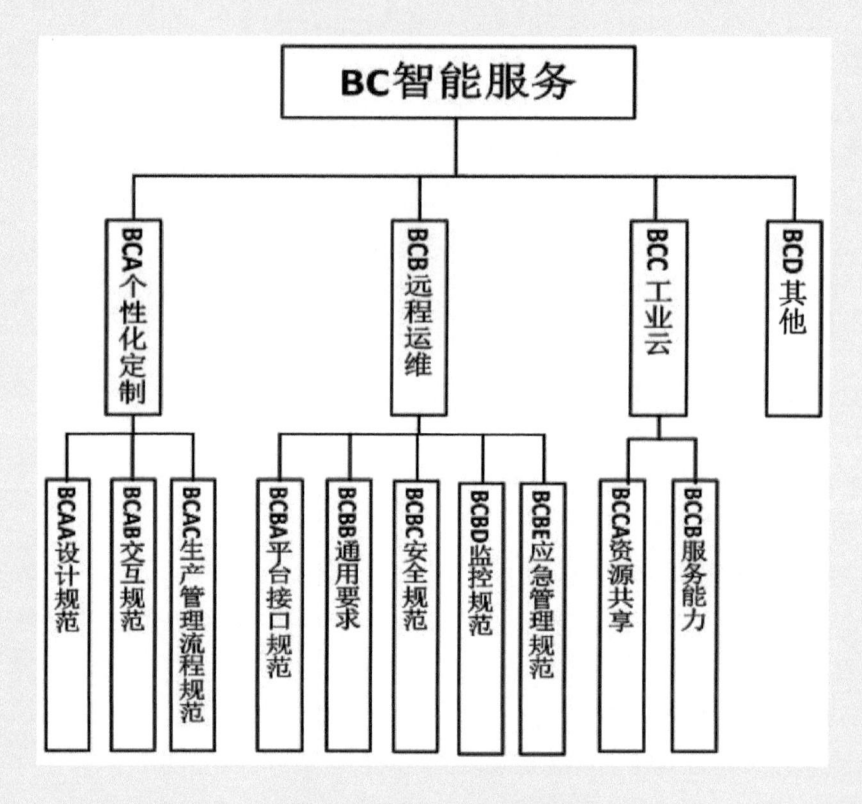

图 5-10　智能服务标准子体系

4）工业软件与大数据标准

工业软件和大数据主要包括工业大数据、产品与系统、服务与管理等三个部分，如图 5-11 所示。

工业大数据标准主要包括面向生产过程智能化、产品智能化、新业态新模式智能化、管理智能化以及服务智能化等数据处理技术标准；数据质量、能力成熟度、数据资产管理、数据开放共享和交易等数据管理标准。

产品与系统标准主要包括软件产品、工具、系统和平台的功能定义、业务模型、技术要求和接口规范等工业软件标准；企业资源计划、供应链管理、客户关系管理、制造执行系统、产品生命周期管理、过程控制系统等工业软件集成标准。

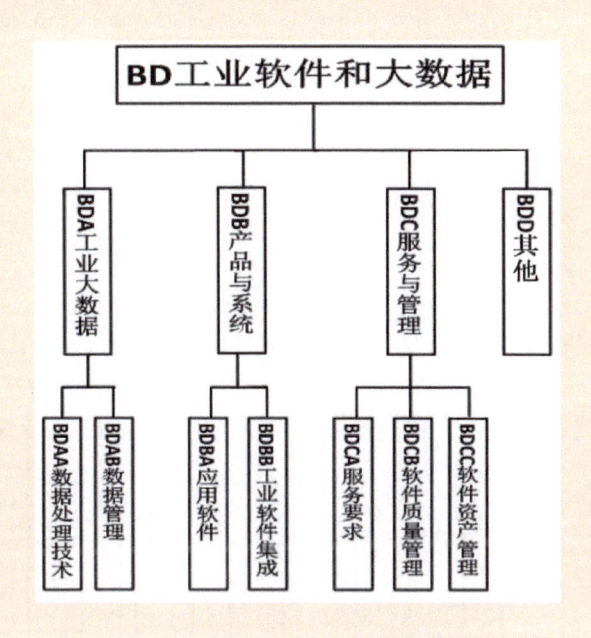

图 5-11　工业软件和大数据标准子体系

服务与管理标准主要包括面向工业软件的开发、集成、外包和运维的服务流程和服务能力，面向工业云服务的服务目录、服务水平协议、服务质量、服务采购等服务要求标准；工业软件质量的度量和资产维护等工业软件质量标准和工业软件资产管理标准。

5）工业网络标准

工业网络标准主要包括体系架构、网联技术、资源配置、和网络设备等四个部分，如图 5-12 所示。

体系架构标准主要包括企业内部不同层级网络互联，以及企业与设计/供应链/制造/服务/消费协作模式下的互联互操作技术等工厂内网络标准；体现企业互联、业务互联、产业互联的工业外网络标准。

网联技术标准主要包括保障机器之间、机器与控制系统之间、企业上下游之间的低时延、高可靠连接与智能交互的网络组网技术标准；针对现场设备级、车间监测级及工厂管理级的不同需求的工业无线网络标准；针对工业现场总线、工业以太网、工业布缆的工业有线通信标准。

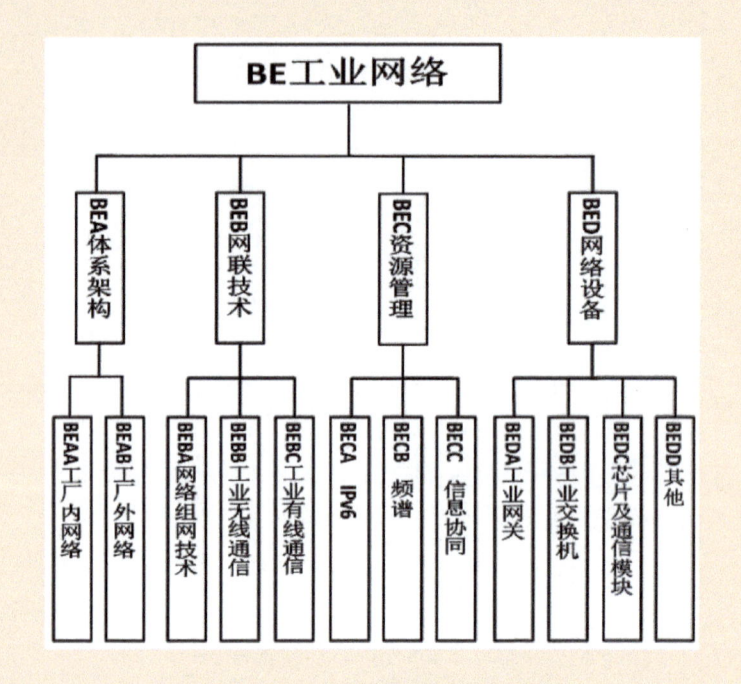

图 5-12　工业网络标准子体系

资源管理标准主要包括在工业网络中应用的 IPv6 标准；适用于工业环境的无线频谱规划的频谱和信息协同标准。

网络设备标准主要包括网络设备、通信协议、接口等工业网关、工业交换机和芯片及通信模块标准。

3．重点行业标准

在基础共性标准和关键技术标准的基础上，围绕《中国制造2025》中提出的十大重点领域，同时兼顾传统制造业转型升级的需要，结合各行业工艺特点、发展需求和智能制造水平，制定重点行业的智能制造标准。重点行业标准体系如图 5-13 所示。

随着智能制造发展水平和行业认识水平的不断提高，《国家智能制造标准体系建设指南》将每两年更新一次。

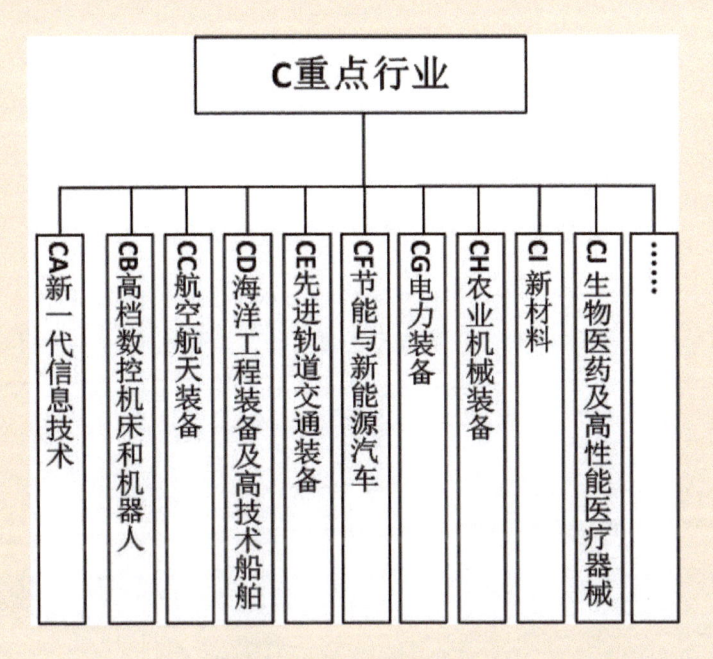

```
                    ┌─────────────┐
                    │  C 重点行业  │
                    └──────┬──────┘
      ┌────┬────┬────┬─────┼─────┬────┬────┬────┬────┐
     CA   CB   CC   CD    CE    CF   CG   CH   CI   CJ
     新   高   航   海    先    节   电   农   新   生
     一   档   空   洋    进    能   力   业   材   物
     代   数   航   工    轨    与   装   机   料   医
     信   控   天   程    道    新       械            药
     息   机   装   装    交    能       装            及
     技   床   备   备    通    源       备            高
     术   和       及    装    汽                     性
         机       高    备    车                     能
         器       技                                 医
         人       术                                 疗
                  船                                 器
                  舶                                 械
```

图 5-13　重点行业标准子体系

■ 当前急需制定的标准

　　智能制造的发展是有阶段性的，是随着市场的需求逐步提升的。当前，我国大部分中小企业在实施智能制造中遇到的主要问题是如何实现生产现场的装备与装备之间以及装备与管理软件之间的互联互通。由于现在还没有这方面的标准，因此，在系统集成时要耗费大量的精力和财力去做互联互通的工作。例如，生产现场有装备 A 和装备 B，用管理软件 C 对它们进行管理。首先要解决互连问题，也就是解决三者之间如何能够"打通电话"。由于没有标准，所以 A、B 和 C 的通信协议不同，必须要研制三者之间的专用通信接口，才能实现相互之间的信息发送和接收。其次要解决互通问题，也就是"打通电话后，双方能听懂对方讲的话"。A、B、C 之间没有统一的信息模型，所以必须要开发 A 与 C、B 与 C 以及 A 与 B 之间的"数据翻译软件"。这两项工作是目前系统集成必不可少的。如果装备的种类多了，这些工作量将成倍地增加，成为系统集成耗费最大的一项工作。因此，互联互通标准是当前最急需制定的标准。

目前，有不少国际组织在这方面开展研究。例如 OPC 统一构架（OPC Unified Architecture）标准。该标准已经转化为我国国家标准。OPC UA 是一个与平台无关的标准，使用该标准可在位于不同类型网络上的系统和设备与 OPC 服务器间发送消息，以实现不同类型系统和设备间的通信。OPC UA 定义了服务器可提供的各种服务，并允许数据按不同格式表示，包括二进制结构和 XML 文件。数据格式可由 OPC、其他标准组织或制造商定义。

OPC UA 的应用示意如图 5-14 所示。

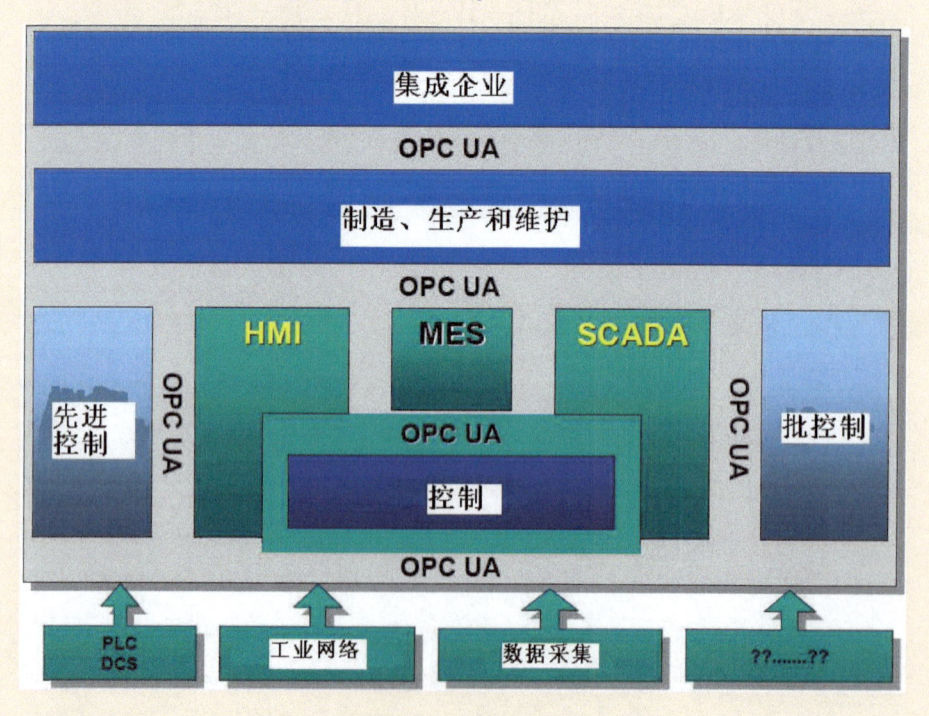

图 5-14　OPC UA 应用示意图

OPC UA 支持广泛意义上的服务器，从工厂底层的 PLC 到企业服务器。这些服务器在尺寸大小、性能、执行平台和功能能力方面差异可以很大。很多制造商在提供的设备或系统中集成自己专用的 OPC UA 服务器，作为设备或系统的附件。OPC UA 还定义了详尽的能力集，服务器可实现这些能力的一个子集，这个子集被称为行规。每个设备或系统可以声明自己符合哪种行规。对声明符合 OPC UA 的设备和系统进行系统集成时，只需要直接把它们连接在一起，就可以实现设备之间和设备与系统之间的互联。

但是，OPC UA 并没有解决数据的语义问题，也就是数据的"翻译"问题。数据的语义也是必须标准化的。专门描述数据语义的标准叫做数据字典。作为国际标准，它只能规定数据的分类、描述和编码的规则，而具体数据的意义则必须由不同的行业来定义。机床行业有机床的数据字典，机器人有机器人的数据字典，不同行业要按照统一的分类和编码规则，制定本行业的数据字典。在流程制造业中，对测量控制设备和系统制定了相应的数据字典国际标准，如电子设备描述语言（EDDL）和现场数据语言(FDI)。离散制造业还没有类似的标准，所以要尽快制定我国的各行业数据字典。这不但有利于智能制造的发展，而且要在国际上争取这方面的话语权。

总之，当前最需要的是互联互通相关的标准。如果我们有了如 OPC UA 这样的互联标准，又有了各行业的数据字典标准，那么系统集成工作将被大大简化，将有力促进我国智能制造的发展。

参考文献

[1] The German Standardization Roadmap Industrial 4.0 Version 2.0. 2015-11.
[2] 工业和信息化部，国家标准化管理委员会. 国家智能制造标准体系建设指南（2015版）[Z]. 2015-12.
[3] IEC 62541: OPC Unified Architecture Specification, 2008.

6

工业互联网发展状况及关键问题

曹淑敏[1] 李海花 刘 默 高 巍

---
[1] 中国信息通信研究院院长

当前以智能制造为代表的新一轮产业变革正迅猛发展，其核心是以数据为驱动，通过对制造体系各层级、制造产业各环节以及产品全生命周期海量工业数据的感知、集成与分析，形成智能化决策，带动制造业质量效益等方面实现显著提升。工业互联网作为实现海量工业数据感知、传输、集成与分析的载体，是实现制造业智能化发展的关键基础。当前全球主要工业化国家均积极围绕工业互联网开展战略布局和实践探索，以此确保其在未来全球制造业中的竞争优势。

一、工业互联网的作用和意义

工业互联网的内涵与作用

工业互联网是互联网和新一代信息技术与工业系统全方位深度融合所形成的产业和应用生态，是工业智能化发展的关键综合信息基础设施。工业互联网是网络，实现机器、物品、控制系统、信息系统、人之间的泛在连接；工业互联网是平台，通过工业云和工业大数据实现海量工业数据的集成、处理与分析；工业互联网是新模式新业态，实现智能化生产、网络化协同、个性化定制和服务化延伸。

其中，智能化生产实现从单个机器到产线、车间乃至整个工厂的智能决策和动态优化，显著提升企业资产利用效率和运营管理效率，提高产品质量、降低生产成本。网络化协同形成众包众创、协同设计、协同制造、垂直电商等一系列新模式，大幅降低新产品开发制造成本、缩短产品上市周期。个性化定制基于互联网获取用户个性化需求，通过灵活组织设计、制造资源和生产流程，实现低成本大规模定制。服务化延伸通过对产品运行的实时监测，提供远程维护、故障预测、性能优化等一系列服务，并反馈优化产品设计，实现制造企业服务化转型。

工业互联网驱动的制造业变革将一个长期过程，构建新的工业生产模式、资源组织方式也并非一蹴而就，将由局部到整体、由浅入深，最终实现信息通信技术在工业全领域、全产业链、全价值链的深度融合与集成应用。

发展工业互联网的重大意义

第一，**工业互联网是发展智能制造，并进而推进制造业转型升级的关键基础**。通过新一代信息通信技术与制造业融合，推动制造业向高端和智能发展，已成为当前全球主要工业强国的共识。德国工业 4.0 和美国先进制造战略均将以工业互联网驱动的智能制造作为其重要发展方向，通过先进嵌入式系统、新型工业网络、工业大数据平台和数据科学，提升现有制造系统的数据采集、传输、计算处理与分析能力，实现制造业智能化发展。对我国而言，发展工业互联网是实现中国制造转型升级、提质增效和高端发展的关键举措。中国制造 2025 也明确提出，两化深度融合是主线，智能制造是主攻方向，要加强工业互联网基础设施建设规划与布局。

第二，**工业互联网是发挥互联网创新优势，重塑制造业生产模式与商业模式的核心驱动**。当前以工业互联网为载体，互联网在优化资源配置与消除信息不对称方面的作用正由信息技术领域向制造业延伸，带动制造业创新模式变革、加速创新迭代进程。利用工业互联网，工业企业可以实现全球智力资源、制造能力的在线实时汇聚，促进从封闭式创新转向开放式创新，从单打独斗转向众智众力，充分释放工业创新潜力；互联网企业可发挥平台优势，集聚专业化设计、供应、制造、销售等企业和人员，培育发展生产性新模式新业态，积极提供产业互联网服务。

第三，**工业互联网是把握技术变革机遇，加快构建网络强国的重要抓手**。

智能制造

工业互联网将网络互联和信息互通从"人与人"向"人与物"乃至"物与物"延伸，是消费互联网向产业互联网演进的新阶段，推动"网络空间"由数字世界向物理世界扩展，激发新一轮网络技术创新浪潮。当前全球工业互联网整体处于发展初期，关键技术、支撑产业、基础设施等尚未成熟，美国、德国等发达国家虽起步较早，但与我国相比尚未形成主导性优势。积极把握工业互联网发展机遇，将我国工业转型升级的巨大需求，转化成网络技术产业创新发展的新动能和新空间，对于引领做强技术、基础、内容和人才，提升国际话语权具有重大意义。

二、国外工业互联网发展布局策略

当前全球主要工业化国家都将发展工业互联网作为其构建新形势下制造业竞争优势的关键举措，并开展一系列战略布局与实践探索。

德国

德国明确提出将信息物理系统作为工业 4.0 战略的核心，其内涵功能与工业互联网基本一致。信息物理系统（CPS[2]）最早由美国科学院于 2005 年提出，其核心是通过信息系统与物理实体的交互，实现对物理世界的感知、互联、优化与控制，内涵与工业互联网基本一致。可以认为，工业互联网等同于工业领域的信息物理系统。

德国政府在 2010 年发布的《德国 2020 高技术战略》中明确将信息物理

---
[2] 信息物理系统，Cyber-Physical Systems

系统作为发展重点。在2012年发布的《信息物理系统议程》中，将能源（智能电网）、移动（车联网）、健康（远程医疗）以及制造业作为信息物理系统的四大应用领域。在此背景下，德国政府于2013年正式发布了《工业4.0战略》，明确提出以信息物理系统为核心推动智能生产和智能工厂，实现工业的智能化转型。在2014年《数字议程2014–2017》中，德国政府再次强调信息物理系统在工业4.0中的基础性地位。

德国围绕信息物理系统内涵及应用领域开展大量研究。在德国工业4.0平台于2015年发布的实施战略中，首次提出了工业4.0的参考模型，其核心功能就是通过打造信息物理系统推动制造体系实现纵向、横向和端到端三大集成。目前德国教育与研究部已经发布了7个支持工业4.0的研究领域，其中"工业生产中可靠的无线通信"、"5G 工业互联网"等与信息物理系统密切相关。此外，德国经济与能源部投资5千万欧元用于支持"It's OWL"项目，如"CoCoS即插即用–制造中的网络"、"APPsist智能生产中的移动支持系统和互联网服务"等均涉及信息物理系统关键技术领域。

德国产业界也积极围绕信息物理系统开展应用试点。在德国正式推出"工业4.0平台地图"中，共开展了208个项目，就信息物理系统在制造业的应用进行研发和测试工作，如慕尼黑工业大学进行的"信息物理系统下的智能软件"、蒂森克虏伯进行的"凸轮轴生产信息物理系统"等。

美国

美国先进制造战略将工业互联网作为重要创新方向。金融危机后美国提出"再工业化"战略，并于2011年、2012年和2014年连续发布先进制造战略报告。在2014年发布的《加速美国先进制造战略》报告中，美国确定了三大技术创新方向，分别是先进传感器、控制和制造平台技术（ASCPM），可视化、信息化和数字化的制造技术（VIDM），先进材料制造（AMM），其中前两大方向的目的是通过提升现有制造系统的数据采集、传输、集成、分析和决策能力，实现智能制造，其内涵与本质与工业互联网基本一致。

美国政府研究机构围绕工业互联网关键问题开展系统研究。美国国家标准和技术研究院（NIST）对信息物理系统的概念、功能、技术和主要应用领域进行了系统研究，在其发布的《信息物理系统愿景申明》中提出，信息物理系统通过先进计算、分析、低成本传感和可接入互联网的泛在网络，可促进全球工业系统的融合集聚和智能化发展，这即是"工业互联网"。2015年美国国家标准与技术研究院（NIST）进一步提出信息物理系统的功能架构、层级逻辑及共性能力，推动其从概念逐步走向应用实践。

美国产业界积极推动工业互联网的应用实践。通用电气（GE）于2012年提出工业互联网的发展理念和应用布局后，得到美国产业界的广泛支持。2014年3月，通用电气、AT&T、思科、IBM和Intel五家企业共同发起成立了工业互联网联盟（IIC）[3]，旨在构建涵盖工业、信息通信技术和其他相关方的产业生态，打破技术孤岛，促进工业互联网发展和应用。目前工业互联网联盟已经聚集了来自27个国家和地区的超过220名成员，设立法律、市场、安全、技术、测试床、商业战略和生命周期组等多个工作组，并正在加快建立德国、中国、日本、印度四个国家分部。当前工业互联网联盟正以参考架构设计为引领，推动工业互联网从技术理念向应用实施全面转变。一是开展参考架构的研究。继2015年6月发布1.0版本参考架构之后，联盟技术工作组正开展2.0版本参考架构的设计，并以此为引领系统谋划工业互联网的技术发展方向，预计相关成果2016年3月在联盟内部投票通过后，将正式对外发布。二是加强与德国工业4.0平台的合作。在博世、SAP、ABB、Steinbeis等德国企业和研究机构与工业互联网联盟沟通对接后，目前联盟已经在德国设立分部，由联盟会员史太白技术转移有限公司牵头，联合德国工业4.0平台主要企业共同组成，将专注于工业互联网应用试点、试验验证平台构建、本土化营销等工作，并与德国和欧洲标准化组织建立联络。三是高度重视测试床项目推进工作。借助工业互联网联盟强大的市场宣传能力，测

---

[3] 工业互联网联盟，Industrial Internet Consortium

试床成为相关成员推广工业互联网理念、产品和解决方案的重要途径。四是加速推动技术成果宣传、转移及产业化。借助专门的市场工作组，联盟通过不断扩大会员规模、强化对垂直应用领域的跟踪和研究、推动建设国家分部等形式提升其国际影响力，并快速聚集专家、研究成果、试验环境等资源。

中国

"中国制造 2025"与"互联网+"行动计划均把工业互联网作为实现智能制造的关键支撑。 中国制造 2025 战略明确提出将新一代信息技术与制造业深度融合作为其发展主线，以推进智能制造为主攻方向。而促进工业互联网、云计算、大数据在企业研发设计、生产制造、经营管理、销售服务等全流程和全产业链的综合集成应用，是实现智能制造的关键。"互联网+"行动计划则提出，加快推动云计算、物联网、智能工业机器人、增材制造等技术在生产过程中的应用，推进生产装备智能化升级、工艺流程改造和基础数据共享，支撑制造业智能化转型，构建开放、共享、协作的智能制造产业生态。

积极开展工业互联网整体架构研究与标准化工作。工业和信息化部贯彻落实《国务院关于积极推进"互联网+"行动的指导意见》的行动计划明确提出要推进工业互联网发展部署，研究制定工业互联网整体架构方案与关键技术路径，并支持企业开展工业互联网创新应用示范。《智能制造综合标准化体系建设指南》中也提出，将开展工业互联网标准的研究制定，提出满足智能制造需求，体现工业互联、业务互联、产业互联的工业网络体系架构以及关键技术标准。

其他国家

除美德两国外,其他主要工业化国家也都纷纷围绕工业互联网开展战略布局。

《新工业法国》将物联网和虚拟工厂等工业互联网技术视为未来工业的基础。 为重塑法国竞争优势,2013年法国发布"新工业法国"战略,2015年5月,法国做出重大调整,发布了新的"新工业法国"战略,即《新工业法国Ⅱ》,该战略以"一大工程"为核心抓手,以"五大支柱"为关键支撑,以"九大领域"为突破重点,推动所有法国企业利用数字技术打造新型生产能力、实现商业模式转型。战略重点指出,以虚拟工厂和物联网为代表的工业互联网前沿技术是未来工业的基础,未来将通过强化技术研发、帮助中小企业发展、加强劳动力培训、扩大宣传推广力度和加强国际合作等方式,全面部署和推动工业互联网发展。

英国强调物联网技术在先进制造业发展中的关键作用。 英国政府自2008年起持续推进"高价值制造"战略,2013年发布《制造的未来:英国的机遇和挑战新时代》,被誉为"英国工业2050战略"。相关战略强调了以物联网为代表的新一代信息通信技术将持续对制造业产生深远和重大的影响,强调政府在制定政策过程中,应高度重视创新升级,鼓励高附加值设计与发明创造,抢占高端制造业制高点。为此,英国政府采取一系列措施,包括增加研发经费、促进国际交流、提供先进设备、加强人员培训等方式,强化本国先进技术的研发能力,并通过有效组织、灵活运用包括政府、企业、社会组织在内的跨机构协调机制,推动科技成果转化,最大限度地刺激经济增长、创造社会财富。

韩国加快推动信息技术和制造业融合。 韩国2014年6月正式推出了被誉为韩国版"工业4.0"的《制造业创新3.0战略》。2015年3月,韩国政府又公布了经过进一步补充和完善后的《制造业创新3.0战略实施方案》。韩国"制造业创新3.0"在整体上参考了德国"工业4.0"战略的基本理念,战略以促进制造业与信息技术(ICT)相融合,从而创造出新产业,提升韩国制造业的竞争力为目标。韩国政府还计划在 2020 年之前打造 10000 个智能生产工厂，将韩国 20 人以上工厂总量中的 1/3 都改造为智能工厂。

三、工业互联网发展的关键问题

体系架构设计是关键抓手

工业互联网体系架构是对工业互联网的顶层设计，是对重大需求、核心功能、关键要素的明晰和界定，是对工业互联网自上而下进行的前瞻性、系统性、战略性谋划，决定着工业互联网全球治理格局、技术路径选择和产业布局方向。

当前，发达国家均以构建体系架构作为推动工业互联网发展的关键抓手。德国工业 4.0 平台[4]于 2015 年 4 月发布了《工业 4.0 实施战略》，其中一项重要内容是提出"工业 4.0 参考架构"（Reference Architecture Model Industry 4.0, RAMI4.0），对工业 4.0 内涵与体系进行了直观和具体的描述。

工业 4.0 的总体视图包含三个维度，分别是功能维度、价值链维度和工业系统维度（见图 6-1）。其构建思路是，从工业角度出发，结合已有工业标准，将以"信息物理生产系统"为核心的智能化功能映射到产品全生命周期价值链和全层级工业系统，突出以数据为驱动的工业智能化图景。

---

[4] 由德国经济部长加布里尔、教育和科研部长万卡以及企业界、工会及科技界代表组成，是德国工业 4.0 战略的主要推动组织。

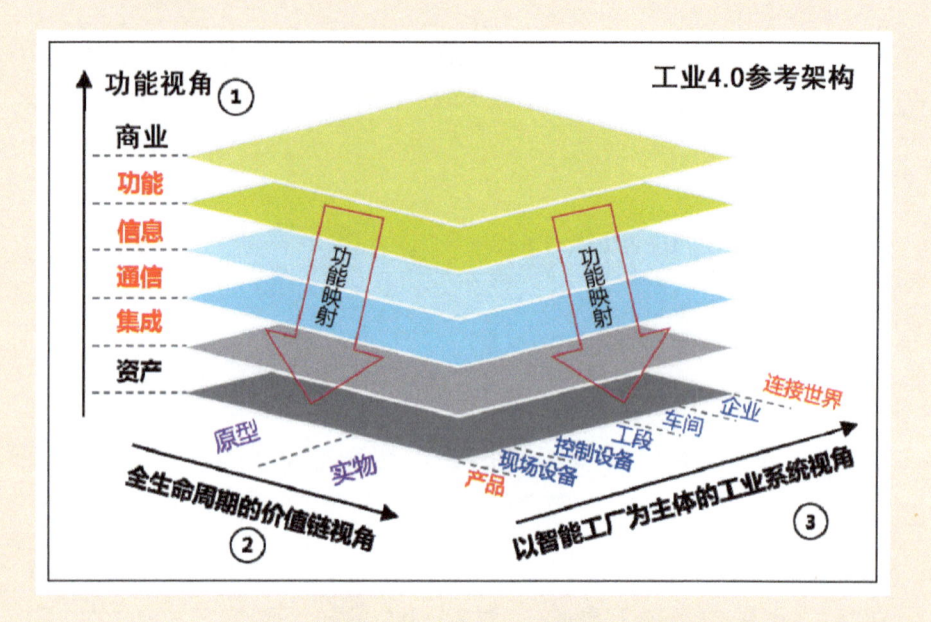

图 6-1　工业 4.0 参考架构

功能视角是工业 4.0 参考架构的关键，也是对信息物理生产系统（CPPS）重要作用的诠释。功能视角包括资产层、集成层、通信层、信息层、功能层、商业层六个层级。其中，资产层的功能是代表各类物理实体，包括机器、设备、零部件及人等；集成层的功能是对物理实体进行数字转换、信息呈现和计算机辅助控制；通信层的功能是对数据格式、通信方式的标准化，主要依托各类通信协议，实现工业数据由下至上的实时无缝传输；信息层的功能是对工业数据的处理与分析，具体包括异构数据的整合、结构化、建模等，是整个工业系统智能化的核心驱动；功能层是对企业运营管理（如 MES、ERP 等）的优化，其核心是构建各项活动的横向集成化平台，为信息层数据分析处理搭建运行环境，将优化决策应用到企业运营管理中；商业层是对企业上下游业务活动的整合，以及对企业内制订商业计划等。

工业 4.0 参考架构的一项重要功能是指导智能制造的标准化工作。目前工业 4.0 参考架构已覆盖有关工业网络通信、信息数据、价值链、企业分层等领域的标准。对现有标准的采用将有助于提升参考架构的通用性，从而指导企业实践。

6 ■ 工业互联网发展状况及关键问题

美国工业互联网联盟 2015 年 6 月发布了工业互联网参考架构[5]，成为企业开发部署工业互联网解决方案的指导框架（见图 6-2）。工业互联网参考架构包括商业视角、使用视角、功能视角和实现视角四个层级。其构建思路是，从工业互联网系统要实现的商业目标出发，明确工业互联网系统运行和操作的主要任务，进而确定工业互联网的核心功能、关键系统模块及相互关系。

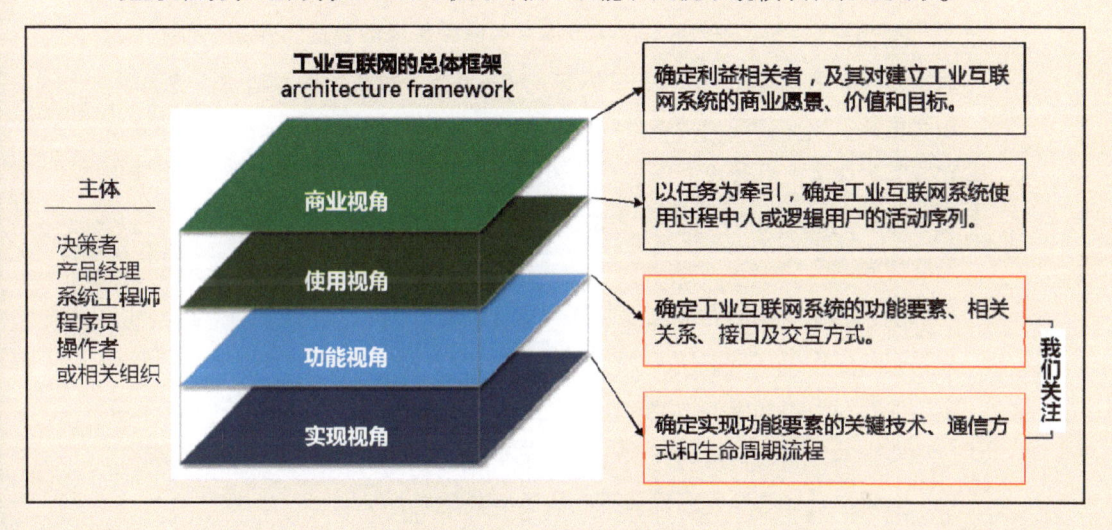

图 6-2　美国工业互联网参考架构

其中，功能视角是整个参考架构的核心，确定了工业互联网系统所需具备的关键功能及其相互关系，具体包括五个功能域，分别是控制、运营、信息、应用和商业。其中，**控制域**是实现信息世界与物理世界交互的关键，其核心是通过传感器、执行器等装置实现对包括生产系统在内的各类物理世界信息的采集和反馈控制，实现机器控制和运营管理的优化，是实现信息系统与物理系统交互的"中介"。**运营域**是机器设备部署、监测及管理的单元，其核心是对机器设备等生产单元进行全生命周期的管理和优化，提升生产单元运转效率，降低故障几率。**信息域**是工业数据汇集处理、计算分析的载体，其核心是对机器运转数据、运营管理和商业活动数据进行综合集成分析，最

---

[5] 工业互联网参考架构，Industrial Internet Reference Architecture, IIRA

终形成控制域、运营域和商业域的优化结果，是工业互联网系统的"决策中枢"。**应用域**是反馈决策及对外连接的接口，其核心是将信息域分析结果反馈给其他模块，实现基于工业数据分析的智能应用。**商业域**是企业各项管理活动的集成，其核心是基于信息域分析结果，促进企业资源组织、供应链管理、市场运营等业务的优化。

德美提出的参考架构均强调数据在智能化过程中的核心作用，即通过数据感知、传输、集成、处理、分析、决策与反馈，形成设备和运营优化闭环，而支撑这一闭环实现的关键是网络、数据和安全。最近美国工业互联网联盟和德国工业4.0平台双方还启动了各自参考架构的对接协调工作，有可能形成合作协同态势以共同主导全球工业互联网体系架构乃至整个智能制造的发展方向。

当前我国也积极布局工业互联网体系架构设计，工信部贯彻落实《国务院关于积极推进"互联网+"行动的指导意见》的行动计划中提出要研究制定工业互联网整体架构方案，国内研究机构和企业正积极开展相关研究，并以体系架构为引领，推动技术研发、标准化、应用部署和工业互联网生态建设，力争在全球工业互联网体系的构建中掌握主动权。

网络是基础

网络是工业生产要素间相互连接、传输交换数据的载体，是工业互联网的基础。 工业互联网的网络包括互联体系、应用支撑、标识解析三个部分。其中：

互联体系重点实现各类工业设备、物料、信息系统以及人之间的连接。当前工业互联网的互联体系存在工厂内部网络与工厂外部网络两部分。工厂内部网络呈现"两层三级"架构，不仅技术标准林立，相互之间难以兼容，且各层级的网络配置和管理策略相互独立，难以有效支撑海量工业数据流通。工厂外部网络主要采用公众互联网，实现工厂之间、工厂与互联网应用之间的连接。未来，工厂内部网络与工厂外部网络在技术体系上将逐步走向融合。工厂内部网络将广泛采用以太网技术和 IP 技术，并实现扁平化，各类无线技术也将在工厂内部网络中发挥更大的作用。工厂外部网络将趋于满足工业互联网业务低时延、高带宽、高可靠等要求，同时实现生产过程与互联网新业务之间的有效融合。

应用支撑主要解决底层系统数据与 IT 系统和互联网应用的融合问题，屏蔽生产系统产生数据的多元性和差异性，转换为 IT 系统可以直接读取、利用的结构化数据。目前业界已经出现了一些数据集成协议和消息中间件产品。工厂内的数据集成以 OPC/OPC-UA 协议为主，工业设备、产品到云平台之间则有 AMQP、MQTT、XMPP、OPC-UA、SOAP、DDS 等多种协议。未来应用支撑技术与协议逐步走向开放与标准化，企业内部以 OPC-UA 为代表的数据集成协议将得到更加广泛的应用，成为连接生产设备和 IT 系统的"数据总线"；工业设备、产品到云平台之间的数据集成协议则会形成以开放标准为主的协议集。

工业互联网的标识是识别和管理物品、信息、机器的关键资源，解析系统是在整个网络范围内实现互识别与互联互通的关键基础设施。目前国内外存在多种标识解析方案，并形成改良和变革两大发展路径。改良路径仍基于互联网 DNS 系统，在现有互联网 DNS 解析系统并进行适当改进来实现标识解析，如美国 GS1/EPC global 组织针对 EPC 编码提出的 ONS 解析系统，国际电联 ITU 针对 OID 编码提出的 ORS 解析系统等。变革路径采用全新的标识解析体系，目前主要是数字对象名称管理机构（DONA 基金会）提出的 handle 方案，未来还可能出现新的技术方案。

我国企业在工业互联网网络方面已经取得一定进展，但在产业生态建设上仍远远落后于国际领先企业。国内许多企业已经进入工业网络的国际标准化组织或产业组织，如 PI（PROFIBUS & PROFINET International）组织中中国成员已经达到 120 多家，但实际上这些企业在其中主要是进行标准的跟踪，对标准和产业的主导能力十分有限。而浙大中控联合国内企业、科研机构开发的 EPA（Ethernet for Plant Automation）工业以太网技术已经成为 IEC 标准，由沈阳自动化所开发的 WIA-FA 工业无线技术也已经成为国际标准，但这些标准在产业界的影响力、市场占有率还非常有限。

数据是核心

数据是工业互联网中流淌的血液，是驱动制造业智能化发展的关键。通过对工业互联网中的数据进行分析挖掘，能够在智能化生产、协同化组织、个性化定制和服务化制造等各个场景中发挥巨大的催化作用。当前美国工业互联网和德国工业 4.0 的架构都将数据放在核心位置，推进相关的技术研发、标准化和示范应用。中国是制造业大国，也是消费大国，拥有最为丰富的工业数据资源。深挖数据在工业互联网中的潜力，培育数据驱动的新型工业体系，对建设制造强国和网络强国战略都具有十分重要的意义。然而目前我国工业生产各环节数据采集不充分，信息孤岛严重，缺乏统一数据标准造成多源数据难以集成应用；工业数据的采集管理和建模技术还停留在初级水平，对海量、实时、异构工业数据的挖掘能力不足；大数据分析在工业各环节的尚未普及，还没有形成能够持续迭代的数据闭环。

未来工业大数据应用的核心任务是构建覆盖工业全流程、全环节和产品全生命周期的数据链，并在此基础上形成基于数据分析的系统级工业智能。工业数据的应用发展，重点包括四个方面内容：一是以标准为抓手，加强工业数据采集与交换，打破数据孤岛，实现数据跨层次、跨环节、跨系统的大整合；二是推进工业全链条的数字化建模，将各领域各环节的经验、工艺参数和模型数字化，形成全生产流程、全生命周期的数字镜像，并构造从经验到模型的机器学习系统，以实现从数据到模型的自动建模；三是深化工业大数据分析，从报表、告警等简单的呈现事实型应用，逐步向更加复杂和智能的预测型分析转变；四是促进数据分析向工业系统各环节广泛渗透，形成贯穿数据采集、智能控制到智能决策的完整闭环，构造自我迭代和持续改进的智能化工业系统。

安全是保障

安全是工业互联网创新发展的根本保障。随着两化深度融合的不断推进，工业研发、生产、管理等各个环节与互联网的联结日益紧密，工厂封闭环境逐渐打破，病毒、木马等互联网安全威胁向工业领域扩散，工业互联网安全问题日益凸显。工业互联网广泛应用于工业、能源、交通以及市政等关系国计民生的重要行业和领域，已经成为国家关键基础设施的重要组成部分，一旦受到网络攻击，将可能导致工业生产运行瘫痪，造成巨大经济损失，并可能带来环境灾难和人员伤亡，危及公众生活和国家安全。

当前，我国对工业安全重视程度显著提高，管理工作职责日趋明确，但现有主要依赖于隔离的工业安全防护措施难以有效应对工业互联网发展带来的新安全风险。为加强工业互联网安全管理，保障工业网络基础设施、控制体系、业务应用等的可靠稳定运行，保护工业数据和个人隐私安全，业界从设备、网络、控制、应用和数据积极开展安全研究，构建工业互联网安全保障体系。

未来工业互联网安全呈现以下五大发展趋势：一是生产装备由机械化向高度智能化转变，内嵌安全机制将成为未来设备安全保障的突破点，通过安全芯片、安全固件、可信计算等技术，提供内嵌的安全能力，防止设备被非授权控制；二是针对工厂内灵活组网的安全防护需求，实现安全策略和安全域的动态调整；三是工厂控制环境由封闭到开放，未来工厂控制安全需综合考虑功能安全和信息安全的需求，形成综合安全保障能力；四是业务应用呈现多样化，未来需要针对不同业务的安全需求提供灵活的安全服务能力；五是数据开放、流动、共享，数据的审计和流动追溯以及分类分级保护将成为数据安全的研究重点。

四、工业互联网主要应用场景和案例

工厂内智能化生产

虚拟化产品研发设计。企业传统设计方式是采用专业设计软件如 CAD 等进行产品的离线设计，这种方式无法真正体现实际产品的应用效果。因此企业正逐步将虚拟现实引入到产品研发设计中。其代表是福特公司的虚拟现实汽车设计。福特使用虚拟现实技术去检查汽车的整个外观和内饰设计，并查看特定细节，例如中控台和内饰板。这一虚拟现实技术连接至福特的 CAD 系统。通过虚拟现实技术，开发人员可以观察许多细节，例如灯光的位置、尺寸和亮度，以及其他设计元素的位置和形状。仅仅去年，福特就使用这一技术检查了 193 款虚拟汽车原型中的超过 13.5 万个细节。

个性化生产线。大规模个性化定制正成为基于工业互联网实现的重要应用。其代表为海尔洗衣机个性化生产线。海尔工厂通过模块化、互联信息等实现个性化生产线。以模块化为例，海尔郑州空调互联工厂将供应商变身模块商，通过模块化设计、制造等，使定制订单相应速度加快。目前海尔郑州工厂已拥有 200 多种用户柔性定制方案，可以满足用户多样化的个性化定制需求。

智能运维。传统生产运维是通过人工定期检查的方式进行，其无法获取生产设备等实时状况，只能进行事故后维修。在工业 4.0 时代，将实现智能化、预测式维修，降低因为维修不及时造成的生产停工等风险，提升生产效率。其代表为九江石化三维数字化工厂。九江石化通过三维人机界面和设备、安全、环保、质量等泛在感知数据，建立三维数字化工厂。九江石化通过在161个主要设备751个工艺位号设置数据采集装置，实时进行数据采集和阈值展示，并通过逆向建模等方式实现了20条工艺流程模拟展示，并通过32个监控摄像头实现与现场情况进行互动。通过数字化工厂，九江石化可以及时了解生产线设备的状态信息，实现智能化巡检和运维。

工厂智能运营管理

在传统的企业运营过程中，由于生产要素分布广、信息流通不畅、不确定因素比重大等问题，致使企业资源不能被充分利用，调度效率低下。通过互联网和通信网络可有效实现企业信息的互通和共享，提高企业运营和生产效率。其典型应用主要是运营环节一体化和企业调度能力优化。

运行环节一体化是通过运营环节网络设施一体化确保多方要素之间信息畅通，从而实现企业运行环节优化。美国德克萨斯州的啤酒派送公司Del Papa采用思科公司为其量身定制的网络设施解决方案，将视频监控、货品管理、实时通信等系统进行了一体化的集成，通过虚拟服务器的形式进行统一管理。项目实施之后使Del Papa公司每小时的派送能力提升了6.4%，而网络信息系统的能耗却比原来降低了9%。

企业调度能力优化主要通过部署网络信息系统实现相关信息的收集，从而完成调度的优化。诺福克南方铁路公司通过GE的铁路优化调度系统，实现铁路物流管理系统、铁路交通调度系统的整合，综合了列车时刻表、列车当前位置与列车之间的相对速度等相关因素，然后通过云端对这些数据进行实时仿真，得出当前情况下最优化的调度方案。项目实施之后，该范围内的铁路运载速度提升了10%~20%。

产品服务化

工业 4.0 时代企业将由销售产品向销售服务方向转型，消费者也不单单是产品的购买者和使用者，同时还是产品研发及生产的参与者和贡献者。产品销售到用户手中，企业将通过收集用户体验信息和产品的相关信息，优化产品的设计和服务，同时还可扩展企业新的商业模式，如后期产品的增值服务等。典型场景如 GE 的发动机远程维护。

GE 从 2000 年开始就为民航客户提供远程诊断的解决方案。当客机在万米上高空飞行时，发动机的排气温度等实时运行数据讲话被传感器记录，并将关键数据通过卫星传回地面，GE 的工程师据此判断其运行状态是否正常，并及时提醒航空公司对可能出现的故障进行诊断和维修，这将大大提升预测的准确度并降低维修成本。目前在国内，GE 已经和东航合作，对其旗下空客 A320 和波音 737 飞机所装配的 500 多台在役的 CFM56 发动机开展远程诊断服务。

企业间网络协同制造

网络化协同制造是指制造企业通过互联网实现产业链各个环节紧密协同，实现生产、质量控制和运营管理系统的全面互联，促进创新资源、生产能力、市场需求的集聚与对接，提高产业链资源整合能力。

沈阳机床厂由传统的机床销售向"机床销售+服务+平台"方式方向转变。以 i5 系统为基础打造出 i 平台，将设计、制造、服务、供应链、用户集成到云平台上，为中小企业解决销售订单问题，帮助中小企业的技术提升，为大型企业提供采购需求、个性化定制，还可以满足专业人士、3D 打印的产品需求。i 平台实现企业间的研发协同、采购协同、生产协同、营销协同、服务协同等，打通整个产业链，优化产业价值链。

五、产业界加快工业互联网布局和实践

■ 对工业互联网网络的产业布局

推进工业以太网技术替代现场总线，增强工业数据传输能力。 随着工业生产过程中信息化水平的不断提高，现场总线正在向能够兼容互联网通信技术的工业以太网演进。目前工业以太网虽然都是基于标准的以太网（IEEE802.3）技术，但其技术体系也呈现"各自独立"的局面，主要有西门子的 PROFINET，罗克韦尔/思科的 Ethernet/IP，倍福（Beckhoff）的 EtherCAT 等标准。总体上看，在工业控制领域中工业以太网的市场份额（2015 年为 34%）仍然低于现场总线，但近年来一直呈现缓慢上升的趋势，预计到 2017 年其市场份额将达到 38%。

促进无线网络技术在工业领域的应用深化。 无线技术逐步向工业领域渗透，呈现从信息采集到生产控制，从局部方案到全网方案的发展趋势。目前无线技术主要用于设备及产品信息的采集、非实时控制和实现工厂内部信息化等，Wi-Fi、Zigbee、2G/3G/LTE、面向工业过程自动化的工业无线网络 WIA-PA、WirelessHART 及 ISA100.11a 等技术已在工厂内获得部分使用。西门子、爱默生、ABB、霍尼韦尔、通用、横河电机等均推出了基于无线技术的整机设备和成套系统。由于工业现场控制对时延、可靠性要求较高，因此需要研发新型无线技术或对现有的无线技术进行优化，目前国际国内都在此领域进行积极的探索，如沈阳自动化所的工厂自动化无线网络技术 WIA-FA 技术。

工业与外部网络的进一步融合，将推动个性化定制、远程监控、智能产

品服务等全新的制造和服务模式。为此，工厂外部网络需要具备更高速率、更高质量、更低时延、安全可靠、灵活组网等能力，这些需求在目前的互联网上还无法满足，需采用 5G、软件定义网络（SDN）、网络功能虚拟化（NFV）等一系列新的网络技术研究和部署来支撑工业互联网发展。华为今年发布全球首个基于 SDN 架构解决方案，包括物联网操作系统 LiteOS、工业交换机、工业路由器、ICT 融合网关，以及敏捷物联控制器等产品。

对新型工业数据平台的产业布局

为实现工业系统各层级海量数据的有效传输与集成，新型工业数据平台当前正成为各方积极布局的新领域。工业数据平台重点实现三方面功能：一是设备数据的聚合能力，即通过嵌入式操作系统、软件等实现不同机械设备、工控系统、传感器数据的打通与集成。二是数据管理能力，即基于海量数据存储、数据清洗、数据分析发掘、数据可视化等技术对数据进行管理与计算处理，形成数据价值。三是应用开发能力，即通过向第三方企业提供应用程序接口（API）及软件开发工具包（SDK），打造开放化平台开发环境，支持工业应用开发。

当前 GE、IBM、SAP 等企业均已开始积极布局新型工业数据平台并实现初步应用。如 GE 和 IBM 分别推出 Predix 平台和 Bluemix 平台，二者都是基于多种云架构的 PaaS 平台，均可以通过集成大数据处理模块实现海量工业数据的管理与计算处理，区别是二者选择的应用支撑协议不同，如 IBM 的 Bluemix 采用 MQTT 协议，GE 的 Predix 则采用 SOAP 和 OPC-UA 协议。此外，SAP、Oracle 等工业软件企业也推出类似平台，除利用各类应用支撑协议实现数据集成外，还提供基于内存计算的大数据处理功能。

我国目前在工业数据平台发展方面面临两大问题。一是缺乏产业龙头企业，工业数据平台向下整合不同装备与控制系统数据，向上承载海量工业应用开发，必须由具有较强影响力的龙头企业主导才能成功。国内华为、和利时等企业虽也开始探索，但在产业资源整合上面临较大困难。二是工业基础技术薄弱，我国在工控系统、工业软件等方面仍与国外存在较大差距，制约了工业数据平台的发展，需要制定相应的策略支撑。

新型工业软件

工业软件主要承担工业互联网的计算与分析功能，其产业体系较为成熟，未来新型工业软件将向仿真化、大数据化、集成化和云化的方向发展。

仿真软件将成为新型工业软件未来发展重点，复杂系统仿真成为重要方向。得益于计算处理、数据支持、图形化等基础支撑技术的持续提升，面向多相多态介质、多物理场、多尺度等复杂耦合仿真的新型工业软件日渐丰富，其实现形式主要有两种：一是通过开放的数据接口标准进行多仿真系统耦合的联合仿真，如达索系统公司推出 Dymola，基于 FMI/FMU 接口联合 AMESim、PROOSIS、Simulink 等十几种不同建模工具和机电分系统进行仿真；二是通过增加仿真模块，单系统实现多领域仿真。

新型工业软件引入大数据等先进技术应用，加强分析与计算能力。企业管理和生产管理等传统工业软件与大数据技术结合，通过对设备、用户、市场等数据的分析，提升场景可视化能力，实现对用户行为和市场需求的预测和判断；大数据与工业具体需求结合产生新型工业数据分析软件，实现了产品良率监测、设备预测性维护管理、产线动态排产等多种工业智能化场景应用。

工业互联网的工业软件系统以 PLM 等关键软件为中心集成化，推动工厂内"信息孤岛"聚合为"信息大陆"。传统工业软件以 ERP 为中心进行数据打通，未来新型工业软件将基于全生命周期管理软件 PLM 进行系统性集成，如西门子打造了基于 PLM 架构的全集成数字能力解决方案，其 PLM

产品可实现外部设计工具、分散研发团队、MES 与控制系统、第三方管理软件等多系统的集成，实现工厂从底层到上层的信息贯通。

基于 SaaS 模式的工业软件成为重要趋势，但主要面向中低端产品。当前向云平台迁移的工业软件主要为 CRM 和 SCM 两种，未来企业管理软件与设计仿真软件将加速向云迁移，其中 ERP 由于包含大量敏感本地数据将以混合云为主要形式，CAD/CAE/CAM/CAPP 将率先探索中低端 SaaS 云服务市场，MES 云化方案尚处在起步探索阶段。

我国国产软件企业在研发设计、业务管理和生产调度/过程控制三类软件中均有一定市场份额，但尚未占据优势地位，属于行业末端跟随者的角色。同时，部分国内软件企业已经开始着手布局工业软件，重点面向特色行业和云端应用，打造核心产品。如北京数码大方（CAXA）依托工业云，重点面向装备、汽车、电子和航天航空，提供全系列的 CAD 和 PLM 解决方案，目前已成为国产第一大 CAD/PLM 供应商；和利时作为最大国产生产过程控制软件厂商，推出 HOLLiAS 工业控制云应用，提供资产管理和运营优化类解决方案，推动其工业软件产品在能源、电力、化工领域继续实现快速增长。

安全产业

发达国家政府和产业界积极布局工业互联网安全，初步形成了关键技术、安全产品、试验验证平台等一系列安全支撑能力。我国力控华康、匡恩网络等工控安全企业以及绿盟、启明星辰等传统 IT 安全企业积极开展技术研究和产品推广，已经形成了工业防火墙、监控审计等产品，提供工控系统安全防护能力。从全球来看，当前安全产业重点推进的方向主要涉及内嵌安全设备、模拟测试平台等方面。

工业巨头积极推出内嵌安全的设备产品。为降低产品本身缺陷，实现安全第一的产品制造，内嵌安全的设备产品成为安全产业的发力点。以安全

PLC 为例，罗克韦尔自动化、ABB 等巨头纷纷采取系列措施，推出自己的安全 PLC 产品。早在十多年前，罗克韦尔自动化便通过系列兼并收购，将欧美一些安全产品厂家纳入旗下，不断强化安全优势。2005 年 11 月，罗克韦尔自动化曾在年度 Automation Fair 展览会上设立安全产品线独立展区，产品线覆盖安全 PLC、安全网络等各个环节，以此提高自身产品系统的安全性。2013 年 11 月，全球领先的电力和自动化技术集团 ABB 在中国发布了新型安全 PLC，提供灵活强大的编程工具，从而加速并简化了复杂控制应用中的安全控制解决方案的开发过程。

模拟测试平台成为各国开展工业安全研究的重要手段。美国国土安全部早在 2009 年就启动控制系统安全计划，依托工业控制系统模拟仿真平台，综合采用现场检查测评与实验室测评相结合的测评方法，实施针对工业控制系统产品的脆弱性分析与验证工作。2013 年欧盟建设了 Scada Lab 实验室，建立了若干工业控制系统信息安全测试床，为各成员国提供测试评估等技术支撑。2012 年日本经济产业省成立控制系统安全中心（CSSC），作为政府和行业共同推动工业控制系统信息安全研发和支撑的重要单位，到 2013 年 5 月，CSSC 建立了污水处理、化工过程控制、电力、输气管道等 7 个工业控制系统信息安全测试床。

六、我国加快发展工业互联网的初步建议

以体系架构研究为牵引，形成我国工业互联网发展的总体布局

以高校、科研院所、产业联盟和企业为主体，深化推进工业互联网的体

系架构研究,通过体系架构引领工业互联网技术研发、测试验证、标准制定及应用推广等相关工作。一是推进工业互联网体系架构研究,充分考虑我国工业转型升级的内生需求和互联网技术融合渗透的外生动力,构建工业互联网整体功能架构、通用系统架构,引导细分行业、具体场景中网络、数据、安全关键技术方案的设计和选择。二是以工业互联网体系架构为牵引,搭建工业互联网试验验证平台和试验网,模拟仿真工业互联网实际应用环境,测试验证工业互联网关键技术应用的可靠性、稳定性和安全性,推动关键技术研发和产业化,形成相关重大战略领域的自主可控能力。三是基于工业互联网体系架构,判断具体应用场景下的标准化需求,以互联互通互操作为目标,构建涵盖工业互联网软硬件的综合标准化体系。四是推动工业互联网关键技术的行业应用,在有条件的行业打造以互联工厂、智慧园区为代表的工业互联网应用试点,逐步构建面向全行业的工业互联网生态。

加快工业互联网核心技术研发突破

面向创新融合领域构建我国工业互联网网络技术优势。一是开展工业无线技术、标准研发及产业化,推进我国自主研发的 WIA-FA、WIA-PA 在产业中的应用;在 5G 标准研制过程中,重点面向工业领域的需求进行技术突破。二是开展柔性制造过程中网络自组织技术,以及 SDN 在工业网络中应用的技术研究。三是面向工业制造对互联网新的性能、服务质量要求,开展互联网 SDN、NFV 等技术应用的研究。四是开展工业互联网标识及标识解析体系的研究和应用。

重点布局工业互联网关键数据技术。一是加强数据集成协议和消息中间件产品的研究,不断深化对 OPC-UA、DDS、SOAP 等主流协议的研究积累,提升对工业系统各部分的数据集成能力。二是突破数据存储与管理技术,提升工业领域所需各类嵌入式数据库、实时数据库、关系型数据库产品的自主提供能力。三是研发面向工业领域的大数据处理技术，实现对海量工业数据的存储与处理。四是结合各工业领域需求，提升数据建模与分析能力。

加快工业互联网安全技术研发突破。依托工业互联网发展契机，充分利用国家科技重大专项，加强工业互联网安全技术研发，重点突破适用于工业互联网的安全监测、防护、审计、漏洞挖掘等关键安全技术，大力推动工业互联网漏洞共享、监测预警、攻防模拟等平台建设，形成工业互联网整体安全态势感知、评估评测、风险防范等能力。

大幅提升工业互联网核心软硬件支撑能力

布局高性能网络设备与系统解决方案。以国内装备制造业骨干企业为核心，与信息通信业企业合作，提升高性能工业交换机、工业以太网网关、工业无线网关等产品的研发能力，加强自主知识产权的 EPA、WIA-FA、WIA-PA 等产品的研发、生产能力。

基于通用数据协议构建新型工业数据平台。基于 OPC-UA 等通用数据协议，联合国内领先工业系统及解决方案企业、信息技术企业和工业生产企业，共同开发能够实现底层设备数据集成、计算处理和分析的新型工业数据平台。基于新型平台，以 PaaS 或开放 API 等方式，支持第三方开发工业大数据分析应用。推动新型工业数据平台在更多行业和企业获得应用，并由此构建安全可控的工业应用生态。

加强工业互联网核心软件顶层设计和系统研究，推动国内工业软件体系化发展和产业化应用。重点针对综合集成、协同设计、协同制造等工业软件关键能力，选择信息化基础较好的工业企业开展工业软件的试点示范与创新实践，持续提升工业软件应用水平。突破虚拟仿真测试、工业大数据处理、等高端新型工业软件核心技术，支持开发通用的三维产品设计平台、数字化工厂仿真平台等新型工业软件平台，促进行业需求与软件技术结合，全面推

| 智能制造

动产业链升级，加紧抢占市场优势。

提升工业互联网安全软硬件支撑能力。加快推进工业互联网安全产品的研发和应用，加大对政策和资金扶持力度，鼓励技术创新，大力推动我国工业防火墙、入侵检测、漏洞挖掘、安全审计等一系列安全防护产品的研发和应用，提高工业互联网整体安全防护能力，为我国工业互联网的健康发展提供安全可靠的产业支撑。

加快工业互联网应用模式探索与应用试点

加快工业互联网应用模式探索，在重点行业围绕虚拟协同设计、个性化定制、协同制造、全生命周期管理等新型应用模式开展试点，探索建立工业互联网发展投资基金或专项资金，支持形成一批具有创新性、引领性的工业互联网示范企业。

应用示范试点应与工业研发设计、生产制造、产业链协同及产品全生命周期管理等紧密结合。引导培育开放式协同研发设计模式，在充分对接用户需求的同时，发展众包、网络协同等新型研发设计模式，构建工业企业全产业链协同的研发设计体系。推动生产制造模式的创新，通过试点示范培育个性化定制、网络协同制造等新型制造模式，实现传统生产线向柔性化、个性化方向的升级改造，形成研发设计、制造、用户消费的大闭环制造体系。打造工业互联网产业协作平台，推动研发设计、生产制造、销售、测试认证、物流等资源的开放共享，深化工业、互联网、通信等企业间业务合作和互动发展，打通全产业链环节，形成企业全社会资源协作共享的全新生态体系。推动产品服务化深入发展，构建产品设计、研发、生产、销售、使用的全生命周期管理体系，引导制造企业服务化转型。

7

智能制造试点示范专项行动

张相木[1]

---
1 工业和信息化部装备司司长

智能制造

智能制造已成为当今全球制造业发展趋势，是我国今后一段时期推进两化深度融合的主攻方向。为推进智能制造发展，2015年3月9日，工业和信息化部印发了《关于开展2015年智能制造试点示范专项行动的通知》，并下发了《2015年智能制造试点示范专项行动实施方案》(以下简称《实施方案》)，决定自2015年启动实施智能制造试点示范专项行动，以促进工业转型升级，加快制造强国建设进程。

《实施方案》明确了专项行动的总体思路和目标。明确要坚持立足国情、统筹规划、分类施策、分步实施的方针，以企业为主体、市场为导向、应用为切入点，持续推进试点示范。通过试点示范，关键智能部件、装备和系统自主化能力大幅提升，产品、生产过程、管理、服务等智能化水平显著提高，智能制造标准化体系初步建立，智能制造体系和公共服务平台初步成形。《实施方案》部署了2015年的具体工作。重点聚焦制造关键环节，在基础条件好、需求迫切的重点地区、行业和企业中，选择试点示范项目，分类开展流程制造、离散制造、智能装备和产品、智能制造新业态新模式、智能化管理、智能服务六方面试点示范。

同时，部署了制定智能制造试点示范要素条件及启动2015年度智能制造试点示范项目，智能制造综合标准化体系建设，开展智能制造网络安全保障能力建设，组织开展智能制造中长期发展战略研究及智能制造重大工程论证，组织召开2015年世界机器人大会等具体任务。

一、智能制造试点示范工作开展情况

智能制造试点示范项目遴选

1. 规范试点示范项目要素条件

根据《智能制造试点示范专项行动实施方案》中重点任务及进度安排的要求，为了做好试点示范项目遴选工作，2015 年 2～3 月，工业和信息化部装备工业司组织中国电子信息产业发展研究院、中国信息通信研究院、机械科学研究总院等机构专家组成编制组，并多次邀请地方工业和信息化主管部门、重点企业召开研讨会，结合六大类试点示范项目的特点制订了《智能制造试点示范要素条件》(见图 7-1)。

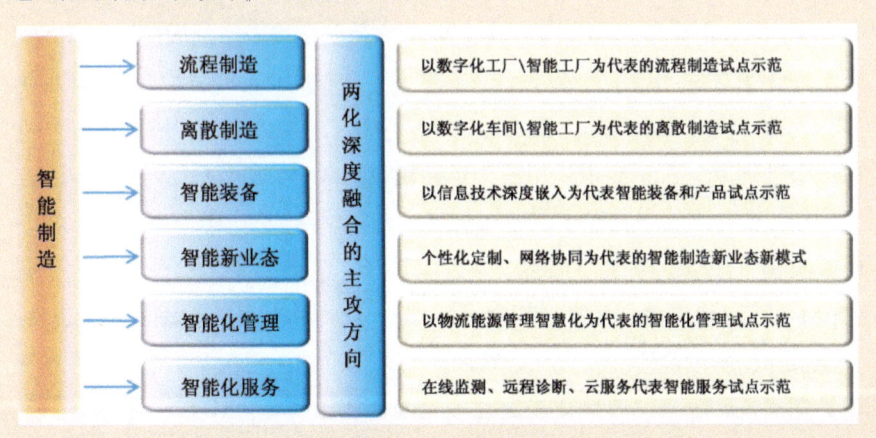

图 7-1　智能制造试点示范要素条件示意图

1）以数字化工厂/智能工厂为方向的流程制造试点示范项目

一是要求试点示范项目的工厂总体设计、工程设计、工艺流程及布局均已建立了较完善的系统模型，并进行了模拟仿真，设计相关的数据进入企业核心数据库。二是要求工厂配置了符合设计要求的数据采集系统和先进控制系统，生产工艺数据自动数采率90%以上，工厂自控投用率90%以上，关键生产环节实现基于模型的先进控制和在线优化。三是要求试点示范项目建立了实时数据库平台，并与过程控制、生产管理系统实现互通集成，工厂生产实现基于工业互联网的信息共享及优化管理。四是要求项目建立了制造执行系统（MES），并与企业资源计划管理系统（ERP）集成，生产计划、调度均建立模型，实现生产模型化分析决策，过程的量化管理，成本和质量的动态跟踪。五是要求项目建立企业资源计划管理系统（ERP），在供应链管理中实现了原材料和产成品配送的管理与优化。利用云计算、大数据等新一代信息技术，在保障信息安全的前提下，实现企业经营、管理和决策的智能优化。六是对效果提出要求，要通过持续改进，实现运行过程动态优化，制造信息和管理信息全程透明、共享，采用大数据、云计算实现企业智能管理与决策，全面提升企业的资源配置优化、操作自动化、实时在线优化、生产管理精细化和智能决策科学化水平。

2）以数字化车间/智能工厂为方向的离散制造试点示范项目

一是要求车间/工厂总体设计、工艺流程及布局均已建立数字化模型，并进行模拟仿真，实现规划、生产、运营全流程数字化管理，相关数据进入企业核心数据库。二是要求采用三维计算机辅助设计（CAD）、计算机辅助工艺规划（CAPP）、设计和工艺路线仿真、可靠性评价等先进技术。产品信息能够贯穿于设计、制造、质量、物流等环节，实现产品的全生命周期管理（PLM）。三是要求建立生产过程数据采集和分析系统，能充分采集制造进度、现场操作、质量检验、设备状态等生产现场信息，并与车间制造执行系统实现数据集成和分析。四是要求建立车间制造执行系统（MES），实现计划、排产、生产、检验的全过程闭环管理，并与企业资源计划管理系统（ERP）集成。五是要求建立车间级的工业通信网络，系统、装备、零部件以及人员之间实现信息互联互通和有效集成。六是要求建立企业资源计划管理系统（ERP），并投入实际运行，其中供应链管理模块能实现采购、外协、物流的管理与优化。利用云计算、大数据等新一代信息技术，在保障信息安全的前提下，实现经营、管理和决策的智能优化。七是对效果提出要求，要通过持续改进，实现企业设计、工艺、制造、管理、监测、物流等环节的集成优化，采用网络化技术、大数据技术实现企业智能管理与决策，全面提升企业的资源配置优化、操作自动化、实时在线优化、生产管理精细化和智能决策科学化水平。

3）以信息技术深度嵌入为代表的智能装备（产品）试点示范项目

一是要求智能装备（产品）能够实现对自身状态、环境的自感知，具有故障诊断功能。二是要求智能装备（产品）具有网络通信功能，提供标准和开放的数据接口，能够实现与制造商、用户之间的数据传送。三是要求智能装备（产品）具有自适应能力，能够根据感知的信息调整自身的运行模式，使装备（产品）处于最优状态。四是要求智能装备（产品）能够提供运行数据或用户使用习惯数据，支撑制造商、用户进行数据分析与挖掘，实现创新性应用。五是对效果提出要求，通过持续改进，实现高端芯片、新型传感器、工业控制计算机、智能仪器仪表与控制系统、工业软件、互联网技术、信息安全技术等在装备（产品）中的集成应用，装备（产品）做到安全可控，自感知、自诊断、自适应、自决策功能的不断优化，技术水平达到国内领先或国际先进水平。

4）以个性化定制、网络协同开发、电子商务为代表的智能制造新业态新模式试点示范项目

——个性化定制

一是要求个性化定制项目的产品采用模块化设计，可通过差异化的定制参数，组合形成个性化产品。二是要求建立基于网络的开放式个性化定制平台，并与用户实现深度交互，定制要素具有引导性和有效性。三是要求利用大数据技术对用户的碎片化、个性化需求数据进行分析和挖掘，建立个性化产品数据库，可快速生成产品定制方案。四是要求企业的设计、生产、供应

链管理、服务体系与个性化定制需求相匹配。五是对效果提出要求，通过持续改进，实现模块化设计方法、个性化定制平台、产品数据库的不断优化，形成完善的基于个性化定制需求的企业设计、生产、供应链管理和服务体系，用户与制造商互动能力显著提升，企业应用大数据对产品规划、市场探测能力大幅度增强。

——协同开发/云制造

一是要求协同开发/云制造试点示范申报的项目建立协同开发/云制造平台，实现产业链不同环节企业间资源、信息共享。二是要求围绕重点产品，采用并行工程，实现异地的设计、研发、测试、人力等资源的有效统筹与协同。三是要求针对制造需求和社会化制造资源，开展动态分析，在企业内实现制造资源的弹性配置，在企业间实现网络化协同制造。四是对效果提出要求，通过持续改进，实现信息、资源的高效统筹与异地共享，建设制造需求和制造资源高度优化的网络平台，实现企业在研发、生产、测试等环节实施过程中跨界、跨区域协同，企业生产组织管理架构实现敏捷响应和动态重组。

——电子商务

一是要求试点示范申报的项目建立了电子商务平台，并实现与企业资源计划管理系统（ERP）、客户管理系统（CRM）和供应商管理系统（SRM）的集成。二是要求企业主营业务收入中，通过电子商务实现的销售收入比重不低于20%。三是要求采用大数据、云计算等技术，对销售数据、消费行为数据进行分析，实现经营、管理和决策的智能优化。四是要求建立产品信息追溯系统，实现对产品原料、加工、流通等环节中质量相关信息进行采集和跟踪。五是要求行业第三方电子商务平台，应在客户服务、数据管理、金融服务、安全保障、物流管理、供应链协同等方面为行业发展提供专业化服务，实现与行业内制造企业及下游终端用户无缝对接。六是对效果提出要求，通过持续改进，实现电子商务与企业经营、管理、决策的深度集成与交互，形成丰富的专业化服务业务，以服务链带动全产业链价值链的提升。

7 ■ 智能制造试点示范专项行动

5）以物流管理、能源管理智慧化为方向的智能化管理试点示范项目

——物流管理

一是要求建立物流信息化系统，配置自动化、柔性化和网络化的物流设施和设备。二是要求采用电子单证、无线射频识别（RFID）等物联网技术，具备物品流动的定位、跟踪、控制等功能。三是要求实现信息链畅通，多种运输方式高效联动，全程透明可视化、可追溯管理。可提供安全性、快捷性、环境可控性等定制化增值服务。四是对效果提出要求，通过持续改进，建立智能化的物流管理体系和畅通的物流信息链，有效地对资源进行监督和配置，实现物流使用的资源、物流工作的效果与物流目标的优化协调和配合。

——能源管理

一是要求建立能源综合监测系统，能够实现对主要能源消耗、重点耗能设备的实时可视化管理。二是要求建立生产与能耗预测模型，通过智能调度和系统优化，实现全流程生产与能耗的协同。三是要求建立能源供给、调配、转换、使用等重点环节的节能优化模型，企业能源利用效率行业领先。四是对效果提出要求，通过持续改进，不断优化重点环节的节能水平，构建智能化的能源管理体系，实现生产和消费的全过程能源监测、预测、节能优化。

6）以在线监测、远程诊断与云服务为代表的智能服务试点示范项目

一是要求建立云服务平台，具有多通道并行接入能力，对装备（产品）运行数据与用户使用习惯数据进行采集，并建模分析。二是要求以云服务平台和软件应用为创新载体，为用户提供在线监测、远程升级、故障预测与诊断、健康状态评价等增值服务。三是要求应用大数据分析、移动互联网等技术，自动生成产品运行与应用状态报告，并推送至用户端。四是对效果提出要求，通过持续改进，建立高效、安全的智能服务系统，提供的服务能够与产品形成实时、有效互动，大幅度提升移动互联网技术、大数据技术的集成应用水平。

2. 项目推荐

按照《工业和信息化部关于开展 2015 年智能制造试点示范专项行动的

智能制造

通知》的工作部署和要求，2015年4月1日，工业和信息化部办公厅印发了《关于开展2015年智能制造试点示范项目推荐的通知》(以下简称《通知》)，规定了智能制造试点示范项目推荐的基本条件、推荐程序、申报要求等内容。

《通知》要求，试点示范项目实施单位应具有独立法人资格，运营和财务状况良好，项目技术水平处于国内领先或国际先进水平，示范项目使用的装备和系统要自主安全可控，同时项目在降低运营成本、缩短产品研制周期、提高生产效率、降低产品不良品率、提高能源利用率五个方面已取得显著成效，并持续提升。推荐项目应符合试点示范项目要素条件相应类别的要求。

试点示范项目由地方工业和信息化主管部门、中央企业集团推荐，并要优先推荐基础条件好、成长性强、符合两化融合管理体系标准要求、在一个企业中开展多种类别试点示范的项目。

3. 2015年智能制造试点示范项目统计分析

按照"智能制造试点示范专项行动"的实施进度，2015年7月2日，工业和信息化部确定并公布了2015年度的46个智能制造试点示范项目名单。

2015年智能制造试点示范项目遴选工作是依据专项行动实施方案和《关于开展2015年智能制造试点示范项目推荐的通知》，由地方工业和信息化主管部门、中央企业推荐，工业和信息化部组织专家从试点示范代表性、技术水平、与要素条件符合程度、持续增长性等方面对项目进行综合评价，并综合考虑行业分布、区域分布、试点示范类别构成等因素，最终确定了2015年的46个试点示范项目。这46个试点示范项目覆盖了38个行业，分布在21个省（自治区、直辖市）（见图7-2），涉及流程制造、离散制造、智能装备和产品、智能制造新业态新模式、智能化管理、智能服务6个类别，体现了广泛的行业、区域覆盖面和较强的示范性。

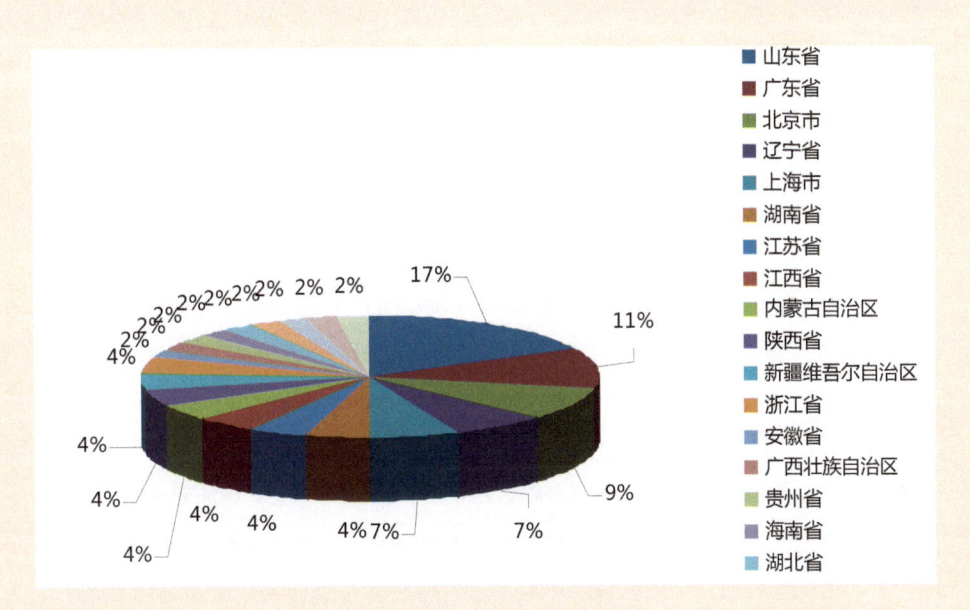

图 7-2　试点示范企业区域分布情况

智能制造标准化建设

2015年2月6日,工业和信息化部成立了由装备司牵头,科技司、信息化司、电子司、软件司、通信司参加,装备制造、互联网和电子信息领域专家等组成的智能制造综合标准化工作组,明确工作组章程和2015年度工作计划,启动编制工作。今年,工作组开展了智能制造标准体系框架研究,在梳理现有智能制造相关标准的基础上,研究提出了当前亟需解决的关键问题和标准空白,完成了《国家智能制造标准体系建设指南(2015年版)(征求意见稿)》,并联合国标委向社会公开征求意见并修改后,现已以工业和信息化部、国家标准化管理委员会两部门的名义共同发布《国家智能制造标准体系建设指南(2015年版)》(以下简称"指南")。

指南提出了要全面贯彻落实《中国制造2025》,以促进制造业创新发展

智能制造

为主题，以加快新一代信息技术与制造业深度融合为主线，加强顶层设计和统筹规划，充分发挥标准化在产业发展中基础性和引导性作用，加强基础通用标准和关键核心标准制修订，推动中国标准成为国际标准，构建既适合我国国情，又与国际接轨的智能制造标准体系，支撑智能制造健康有序发展的总体思路。

明确了"三步走"工作目标，第一步到2017年，根据《国家智能制造标准体系建设指南》，按照"共性先立、急用先行"原则，完成部分基础通用标准和关键核心标准，引导智能制造试点示范工作有序推进。第二步到2020年，智能制造基础通用标准和关键核心标准基本研制完成，智能制造标准体系初步建立。结合产业和技术发展，修订发布《国家智能制造标准体系建设指南》（2020版），对智能制造标准体系进行动态优化。第三步到2025年，建立起完善的智能制造标准体系。智能制造标准在各工业行业普遍应用，促进我国智能制造水平大幅提升，智能制造装备自主安全可控水平显著提高。

智能制造经验交流与模式推广

为加快智能制造工作的推进，今年以来，工信部会同相关部门和有关地方政府，以现场考察、组织经验交流、召开电视电话会议等形式，及时有效推广示范项目与行业龙头在推进应用智能制造的经验与模式。如：

（1）电子信息行业智能制造发展经验交流会。2015年8月11日，电子司在深圳组织召开电子信息行业智能制造发展经验交流会，深圳创维等4家企业作交流发言，参会代表还调研了创维和雷柏科技。

（2）智能制造试点示范经验交流电视电话会议。9月10日，组织召开了智能制造试点示范经验交流电视电话会议，全国36个省（自治区、直辖市、计划单列市）共1800人参加了会议，苗圩部长出席会议并作重要讲话，九江石化、潍柴动力、海尔集团、四川长虹、和利时 5 家企业就实施智能制造的进展、经验和做法在会上作交流发言。

（3）消费品工业智能制造现场交流会。10 月 20 日，消费品司在青岛组织召开消费品工业智能制造现场交流会，青岛红领、海尔集团等 8 家企业作交流发言。

（4）工业博览会 46 家试点示范展览展示区。11 月 3 日～7 日，我部组织 46 家试点示范企业在中国国际工业博览会进行集中展览展示，马凯副总理到场视察，取得良好的宣传效果。

（5）石化行业智能制造现场经验交流会。11 月 13 日，原材料司在九江组织召开石化行业智能制造现场经验交流会，九江石化等企业做交流发言，参会代表观摩了九江石化 800 万吨/年炼化装置及智能工厂。

（6）装备制造行业智能制造现场经验交流会。12 月 15 日，装备司将在西安组织召开装备领域智能制造经验交流会。还现场参观西飞公司和陕鼓动力的智能制造试点示范项目。

同时，在推进智能制造发展过程中，建立省部联动机制，指导各地相继开展相应试点示范工作，确保形成上下合力、工作稳妥推进。如：陕西省组织实施智能制造典型示范工程、上海市出台了《上海市加快发展智能制造助推全球科技创新中心实施意见》、重庆市制定了《制造业智能装备提升计划》、浙江省制定了《智能制造三年行动方案》、湖南省推出了《促进智能制造产业发展意见》、山东省将智能制造作为省里《工业提质增效升级专项》重点支持方向）。智能制造推进工作逐步形成了系统性、协同性，确保工作稳妥推进，取得实效。

二、智能制造试点示范推进目标

专项行动共有两个方面的目标：一是关于"启动 30 个以上智能制造试点示范项目"的目标，经各地方工业和信息化主管部门、中央企业集团推荐、

智能制造

专家评审、联合相关司局遴选，于 6 月底确定了 46 个智能制造试点示范项目并公布；二是关于"试点示范项目实现运营成本降低 20%，产品研制周期缩短 20%，生产效率提高 20%，产品不良品率降低 10%，能源利用率提高 4%"的目标，围绕试点示范项目的实施效果，经汇总和测算，各指标平均变化情况如下：运营成本降低 20%、产品研制周期缩短 29%、生产效率提高 25%、产品不良品率降低 20%、能源利用率提高 7%，实现了专项行动实施的预期目标。

1. 智能制造试点示范有助于实现"两提升、三降低"的行动目标

通过调查分析 15 家水平较好的试点示范项目实施效果，可以发现智能制造试点示范有助于各试点示范项目均取得好的成效，运营成本平均降低 20%、产品研制周期平均缩短 32%、生产效率平均提高 29%、产品不良品率平均降低 20%、能源利用率平均提高 9%。

其中，博创机械的制造过程数控化率达到 91%，生产效率提高 35%，产品研制周期缩短 52%；北京和利时的产能提高 100%，生产效率提高 75%；彩虹液晶玻璃的单线节拍提高 24%，一次不良品率降低 33%，生产线人员数量减少 30%；山东康平纳平均节水 27%、节约蒸汽 20%、节电 12.5%，减少污水排放 27%。另外，实施智能制造对提高企业的营业收入、利润等均有显著的促进作用，青岛红领的经营成本降低 30%、利润增长 150%，九江石化提高轻质油收率，增产 97#汽油等高附加值产品，实现增效 2.8 亿元以上。

2. 智能制造试点示范有助于探索形成有效、可复制的经验和模式

各企业积极探索智能制造新模式，其中流程型智能制造、网络协同开发、大规模个性化定制、远程运维服务等模式成熟度较高。如：

九江石化通过建设生产管控中心、矩阵式集中管控模式、企业级中央数据库、基于工程设计的三维数字化平台、全流程优化平台、全员全过程的健康安全环境（HSE）管理系统等，形成了可复制的石化行业流程型智能制造典型模式；

西飞工业构建飞机协同开发与云制造平台，将模块化思想引入到产品全生命周期管理中，形成了重大装备领域协同开发、协同制造的模式；

红领集团打造了区别与传统电子商务的 C2M 直销平台，以"定制"模式为核心，为 C（客户）和 M（制造）提供数字化工业工程解决方案，形成了可复制的服装行业大规模个性化定制模式；

陕鼓动力研发了 MRO 智能健康状态管理与服务支持平台，为大型工业设备提供备件智能预测、生产协同服务、数字化检维修支持保障、业务资源计划、过程管理等服务，形成了智能装备领域远程服务的可复制模式。

3. 智能制造试点示范有助于推动智能制造标准工作建设及标准应用

随着《国家智能制造标准体系建设指南（2015 年版）》的发布与实施，进一步明确了未来五年内推进智能制造的标准体系、发展方向、重点领域、主要任务等内容，为企业实施智能制造提供了方向性的指导。据统计，15 个试点示范项目共涉及相关标准 120 项（主要是产品标准），其中应用国内标准 102 项，国际标准 18 项。各企业正参与 24 项相关标准的制定，其中国内标准 23 项，国际标准 1 项。海尔集团的互联工厂模式被国际电工委员会（IEC）纳入《未来工厂白皮书》，是唯一参与国际标准制定的企业。调查中，三一集团、和利时等企业建议加快信息安全、信息模型、互联互通、数据传输与分析、具体行业应用等方面的标准的建设工作。

4. 智能制造试点示范有助于带动智能制造装备集成创新，提升软硬件产品自主安全可控水平

15 个试点示范项目采用国产软件比例平均为 56%。其中，有 5 个项目达到了 90% 以上，如四川长虹、山东康平纳、彩虹液晶玻璃的国产软件占比达到 100%，九江石化和青岛红领的占比达到 90% 以上，通过实施智能制造试点示范项目，软件自主安全可控程度得到了有效提升。

15 个试点示范项目的国产装备比例平均为 69%，其中，有 8 个项目的国产装备比例达到 85% 以上，如陕鼓动力、四川长虹、深圳创维的国产装备

占比达到 100%，九江石化、北京和利时、山东康平纳、海尔集团、康缘药业的国产装备占比达到 85%以上。通过实施智能制造试点示范项目，各企业加大研发投入力度，突破了一批关键装备和软件系统。山东康平纳开发了筒子纱数字化自动染色成套技术与装备，获得 2014 年国家科学技术进步一等奖；博创机械研发出我国首台（套）网络化、智能化注塑装备，实现注塑装备全域性的安全可控、自感知、自诊断、自适应、自决策；华曙高科设计开发了增材制造开放式一体化控制软件 MakeStar System，是全球首款将增材制造多个功能模块集成一体的系统控制软件，也是全球首款开源性的 3D 打印软件，突破了欧美企业原有封闭式软件的技术局限。

三、智能制造试点示范典型案例

按照流程制造、离散制造、智能装备和产品、智能制造新业态新模式、智能化管理、智能服务六个领域，选取九江石化、三一重工等 6 家优秀企业，阐述企业实施智能制造的探索与实践经验。

九江石化（流程制造领域）

九江石化通过建设生产管控中心、矩阵式集中管控模式、企业级中央数据库、基于工程设计的三维数字化平台、全流程优化平台、全员全过程的健康安全环境（HSE）管理系统等，形成了可复制的石化行业流程型智能制造典型模式。

7 智能制造试点示范专项行动

1. 基本情况

"十二五"以来，面对激烈市场竞争、原油价格急剧波动，安全与环境的严峻挑战，九江石化以建设千万吨级一流炼化企业为发展愿景，以提高发展质量、提升经济效益、确保本质安全、固化卓越基因为目标，启动了智能工厂试点建设进程。经过3年多拼搏、努力，建厂于1980年、在中国石化炼化企业中排名较后的九江石化，励精图治，正逐步走向发展的快车道，各项技经指标在同类规模企业中稳步提升，已进入先进行列，绿色低碳、智能工厂的核心竞争优势逐步显现。2014年，共有集中集成、全流程优化、三维数字化工厂、应急指挥、操作管理等20余个信息系统项目进入全面开发或运行阶段，在传统炼化企业过程控制层、生产执行层、经营管理层的基础上，九江石化建成投用了集中集成平台、应急指挥平台和三维数字化平台等公共服务平台，企业4G无线网络应用、有线无线通信融合、全流程一体化优化平台等一系列先进信息技术在行业内首次应用，技术创新、管理创新、应用创新成果亮点纷呈，"智能工厂"框架初步建成。石化流程企业"装置数字化、网络高速化、数据标准化、应用集成化、感知实时化"的数字化、网络化、智能化智能制造之路正展现在我们面前。

九江石化智能工厂试点建设为传统炼化流程行业提质增效、转型发展带来了生机勃勃的曙光，2015年7月，九江石化"石化智能工厂"项目入选工信部智能制造试点示范，在我国石油石化行业仅此一家。

2. 做法与经验

1）自主创新，实现智能应用

建设智能工厂是复杂的系统工程，没有成熟经验可借鉴。九江石化有重点、有步骤地顶层设计、整体规划，按照"填平补齐、完善提升、智能应用"的"三步走"路线图，在计划调度、安全环保、能源管理、装置操作、IT管控五个领域，实现了具有"自动化、数字化、可视化、模型化、集成化"特征的智能化应用，以及覆盖生产经营、发展建设、企业管理和文化建设三大板块业务、全面支撑九江石化的特色管理模式，为石化流程企业智能制造探索了一条可行的建设路径。

九江石化智能工厂建成的一体化全流程优化平台，突破了当前国内外流程型工业普遍采用的"插管式"集成模式的限制，实现了炼厂全流程协同优化的无缝衔接和闭环管理；环保实时监控和应急指挥平台，集 HSE 管理、环保数据实时监测、119 接处警、各类可燃有毒有害气体实时联网及视频监控联动、应急指挥等系统于一体，近 900 个有毒有害及可燃气体报警、1000 余个火灾报警点、600 余个视频监控摄像头统一管理、实时联动，应用达到国际先进水平；生产过程实时感知能力全面提升，2 万余个实时数据采集点、使得主要装置自动化控制率、数据采集率达 95%，各类温度、压力、流量监测（计量）仪表实时联网，覆盖率 100%。

在智能化管理方面，一体化能源管控中心实现了能源计划、能源生产、能源优化、能源评价的闭环管控，使公司能源整体在线优化，节能效益最大化，能耗降低 4%；HSE 全员全过程管理建立 HSE 观察卡 5.84 万个，HSE 备案系统长期有效运行，使用达 43 万次，35 处废水、15 处废气、16 处噪声、3 处环境空气等环境实时在线监测点在"环保地图"实时展示。在智能装备方面，九江石化全面推广了拥有自主知识产权的软硬件装备应用，并大力推进 IT 设施集成应用、智能应用，开展基于 4G 无线网络的工厂复杂环境深化应用，实现智能巡检。

2）系统建模　集成高度闭环

九江石化 800 万吨/年的油品质量升级改造工程，结合九江生产经营实际选择加氢裂化加工方案，在总体设计、工程设计、工艺流程及布局等方面均建立了较完善的系统模型及模拟仿真，制定了工程设计三维数字化移交规范并开展三维数字化工厂试点建设。

——生产数据集成独树一帜

九江石化建设企业级中央数据库，突破了此前业内普遍采用的"插管式"集成方式的限制。中央数据库集成了 13 个业务系统的标准数据，为 9 个业务系统提供有效数据。通过"采标、扩标、建标"方式，完成了与中国石化标准化平台的对接。九江石化智能工厂实时数采构架，如图 7-3 所示。

经营管理层面数据仓库（EDW）、生产运营层面数据仓库（ODS）以及生产实时数据库系统，开展了各重要系统数据架构设计和各层面数据集成工作，各平台之间实现了数据共享，确保数据源的唯一性、稳定性，满足各类数据约400T。

九江石化实时数据库系统实现了38套生产装置及辅助系统的数据采集，实时数据库容量扩容至38000点。实现流程图、历史曲线、装置平稳率、报警统计等功能，为生产运营、经营管理层面信息系统应用提供支撑。

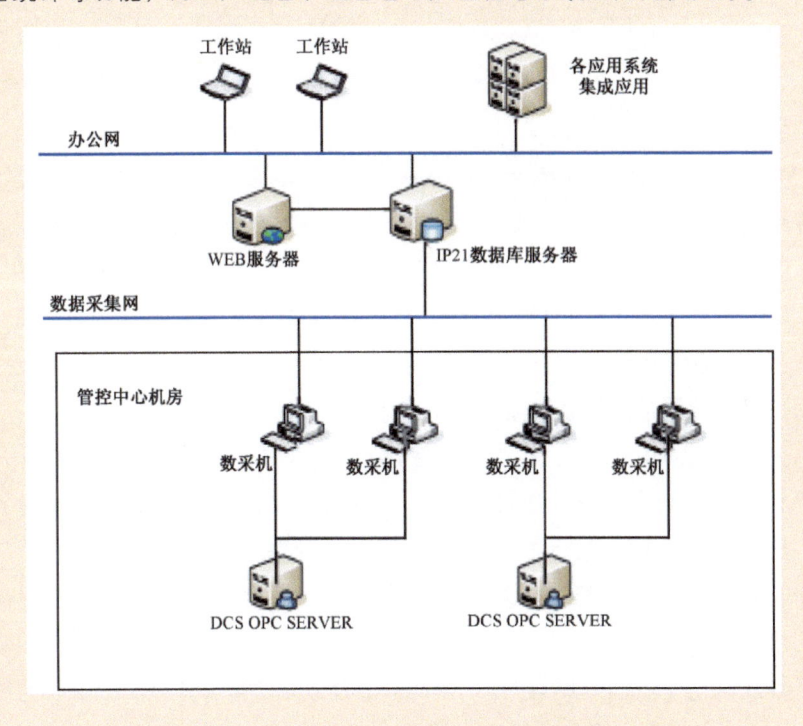

图7-3 九江石化智能工厂实时数采架构

九江石化现有自动控制系统包括分布式控制系统（DCS）、紧急停车系统（ESD）、安全仪表系统（SIS）、压缩机控制系统（CCS）等共计40套。其中，DCS系统22套，ESD系统6套，SIS系统5套，CCS系统3套，PLC系统4套。2014年全厂控制系统按职能归类，分别迁移至生产管控中心、动力分中心、油品分中心和水务分中心，形成"1+3"管控模式。

在数字化的基础上，利用物联网的技术实现的信息化让工厂更有可能从"制造"转变为"智造"：几十万个数据的处理结果可以清楚掌握生产流程、提高生产过程的可控性、减少生产线上人工的干预、即时正确地采集生产线数据，以及合理的编排生产计划与生产进度。

——信息网络系统建设持续推进

九江石化网络分为核心层、汇聚层和接入层三个层次。网络设备采用国产华为系列的交换机，功能上划分为办公网、视频网、生产网。通过电信 34M 专线和网通 4M 专线与中国石化总部网络互联，租用中国电信 100M 光纤专线作为互联网出口。数据中心（一期）搭建了云平台，部署统一存储、统一备份系统，实现资源共享。

九江石化建立了信息安全管理体系；制定了信息安全管理办法；依据不相容原则设置了信息安全管理员岗位。按照信息系统安全等级保护的要求，确定信息系统边界和安全保护级别，对重要信息系统报公安局备案。定期组织本单位信息安全评估工作，每年举办计算机基础应用及信息安全培训班，提高全员信息安全意识。

——企业制造执行系统建设取得突破

九江石化 MES 系统 2008 年上线运行（见图 7-4），已升级为 SMES3.0 版，为中国石化自主知识产权产品，系统覆盖生产装置、罐区、仓储、进出厂、生产平衡、统计平衡、计量等生产管理业务，实现了生产"日平衡、旬确认、月结算"以及生产信息可视化，提高企业生产管理的精细化水平。

九江石化 ERP 系统经过多次功能完善及深化应用，建立了以财务为核心的一体化、规范的业务操作平台；在业务流程重组的基础之上，实现"物流、资金流、信息流"三流合一。ERP 系统包括财务会计、管理会计、生产计划和控制、项目管理、物料管理、工厂维护、销售和分销、审计管理、人力资源管理等模块。

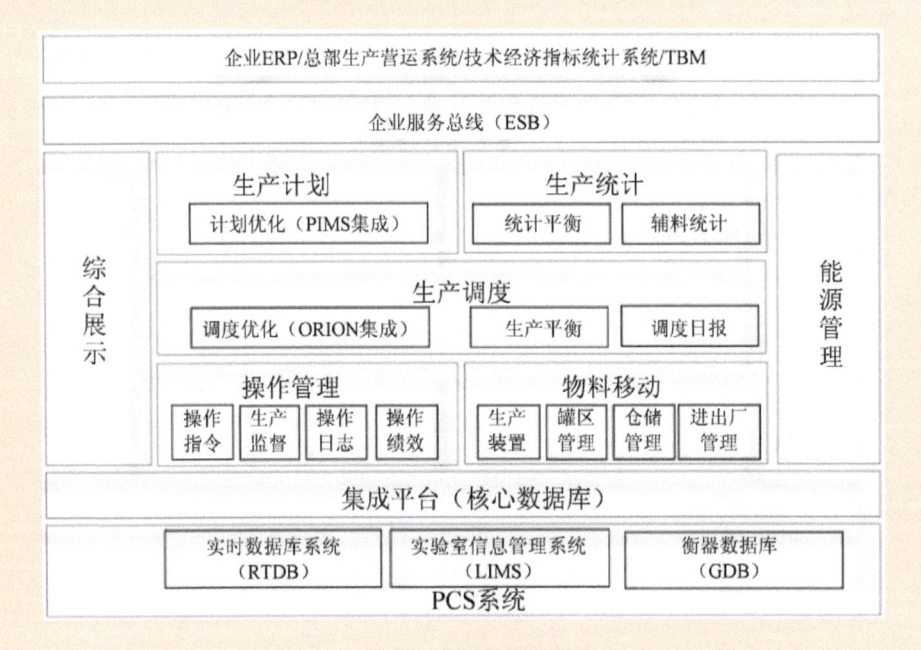

图 7-4　MES 架构图

3. 主要成效

作为江西省"两化"融合示范单位，九江石化智能工厂试点建设以来，智能工厂框架已初步形成，公司 IT 应用能力、精细化管理水平不断提升，安全环保各项指标跨入集团公司先进行列。近年来，九江石化先后通过了质量体系和 HSE 体系认证，建立了融合 6 个国家级体系标准。

3 年来，围绕核心业务，与油品质量升级改造工程同步推进智能工厂试点建设，持续提升安全环保、经济效益和综合管理水平，努力实现传统炼化企业的提质增效和转型升级。

2013 年，九江石化共测算优化案例 78 个，助推公司盈利 2154 万元，实现了 2000 年以来九江石化首次扭亏为盈。

九江石化自主开发了炼油全流程优化平台，在国内同行中首次上线运行，实现敏捷生产，提升经济效益。利用该平台，公司持续开展资源配置优化、加工路线比选、单装置优化等工作，2014 年滚动测算案例 127 个，增效

2.2 亿元，助推公司加工吨原油边际效益在沿江 5 家炼化企业排名逐年提升，2014 年位列首位。"通过开展全流程优化，今年以来，公司在保持汽油产量不降低的前提下，国 4 车柴月产量由年初不足 2 万吨增加到 12 万吨以上。"生产经营部部长陈齐全表示，2015 年 1~8 月，九江石化账面利润和吨油利润均列沿江 5 家炼化企业首位。

在智能工厂各类信息系统支撑下，九江石化本质安全水平不断提升。施工作业备案及监管体系，850 台有毒有害可燃气报警、1000 余处火灾报警、600 套视频监控等一体化联动，支撑 HSE 管理由事后管理向事前预测和事中控制转变，公司连续 5 年获评集团公司安全生产先进单位。"环保地图"和短信平台推进公司环保管理水平上升到新的台阶，公司外排达标污水 COD、氨氮等指标处于业内领先水平。

当前，九江石化与智能工厂相匹配的管理体制和运行机制逐步形成，完成了一系列组织机构重组与职能调整，构建了扁平化、矩阵式集中管控新模式，组建了生产经营优化、自主三维建模等专业团队，业务流程进一步优化，管理效率持续提升。在生产能力、加工装置不断增加的情况下，与 2011 年初相比，公司员工总数减少 12%，班组数量减少 13%，外操室数量减少 35%。

三一重工（离散制造领域）

1. 基本情况

作为工程机械行业唯一一家智能制造试点示范企业，三一集团依靠数字驱动的智能制造与服务，为自己铺设这条"智造之路"，构建了协同研发、数字制造的核心能力，输出智能产品，并为客户提供极致的智慧服务平台。

三一主业是以"工程机械"为主体的装备制造业企业，其中混凝土、挖掘机、桩工、履带起重机、移动港口、路面机械为中国第一品牌。三一成功研制的 66 米泵车、72 米泵车、86 米泵车三次刷新长臂架泵车世界纪录，并

7 智能制造试点示范专项行动

成功研制出世界第一台全液压平地机、世界第一台三级配混凝土输送泵、世界第一台无泡沥青砂浆车、亚洲首台 1000 吨级全路面起重机，全球最大 3600 吨级履带起重机，中国首台混合动力挖掘机、全球首款移动成套设备 A8 砂浆大师等，不断推动"中国制造"走向世界一流。

2. 做法与经验

三一集团针对离散制造行业多品种、小批量的特点，针对零部件多且加工过程复杂导致的生产过程管理难题和客户对产品个性化定制日益强烈的需求，以三一的工程机械产品为样板，以自主与安全可控为原则，依托数字化车间实现产品混装 + 流水模式的数字化制造，并以物联网智能终端为基础的智能服务，实现产品全生命周期以及端到端流程打通，引领离散制造行业产品全生命周期的数字化制造与服务的发展方向，并以此示范，向离散行业其他企业推广，见图 7-5。

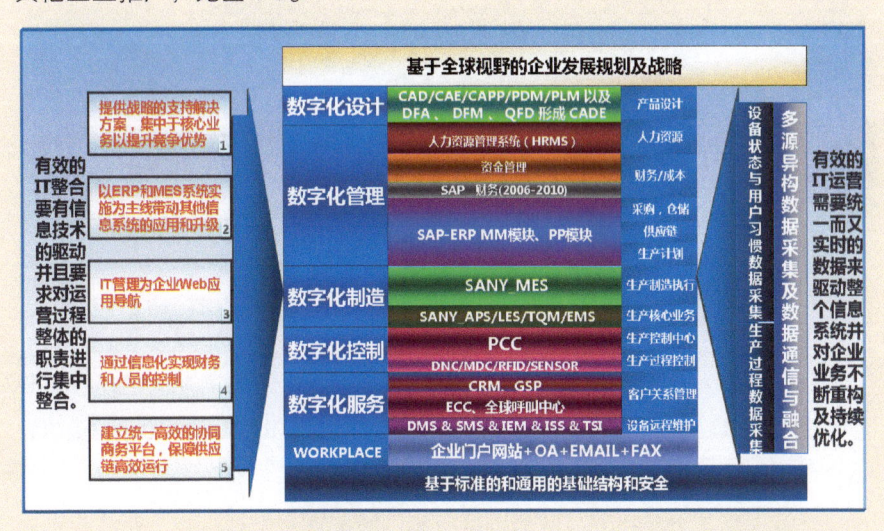

图 7-5　贯穿整个数字化制造的业务架构体系

1）数字驱动的智能制造

实现从产品设计→工艺→工厂规划→生产→交付，打通产品到交付的物理实现核心流程。通过全三维环境下的数字化工厂建模平台、工业设计软件

智能制造

以及产品全生命周期管理系统应用,实现研发数字化与协同,见图7-6。多车间协同制造环境下计划与执行一体化、物流配送敏捷化、质量管控协同化实现混流生产与个性化产品制造;人、财、物、信息的集成管理;并基于物联网技术的多源异构数据采集和支持数字化车间全面集成的工业互联网络,驱动部门业务协同与各应用深度集成;自动化立库/AGV、自动上下料等智能装备的应用,以及设备的M2M智能化改造,实现物与物、人与物之间的互联互通与信息握手。

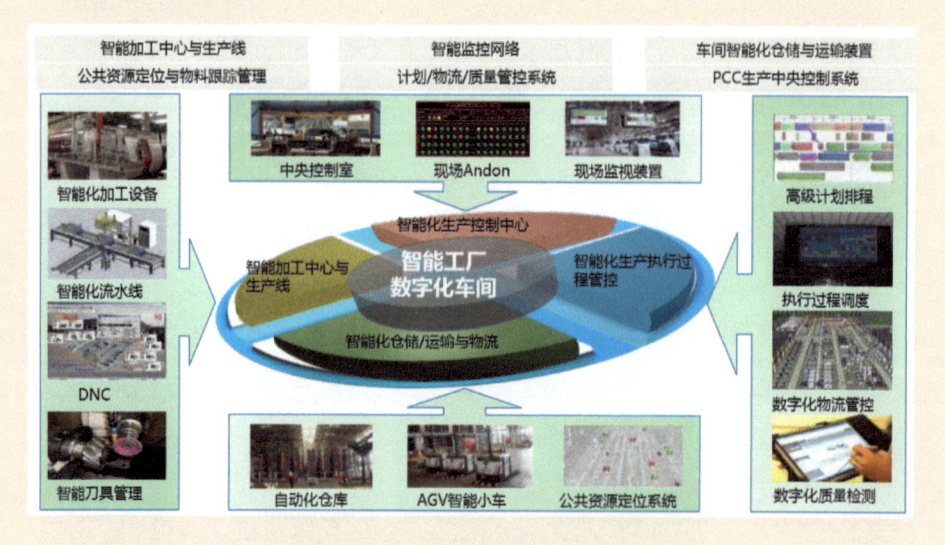

图7-6 三一智能工厂数字化车间总体架构图

2)用户驱动的智慧服务

以三一业务现状和信息系统为基础,设计面向全生命周期的工程机械运维服务支持系统——智能服务管理云平台,并借助3G/4G、GPS、GIS、RFID、SMS等技术,配合嵌入式智能终端、车载终端、智能手机等硬件设施,构造设备数据采集与分析机制、智能调度机制、服务订单管理机制、业绩可视化报表、关重件追溯等核心构件,构建客户服务管理系统、产品资料管理系统、智能设备管理系统、全球客户门户四大基础平台,见图7-7。

7 ■ 智能制造试点示范专项行动

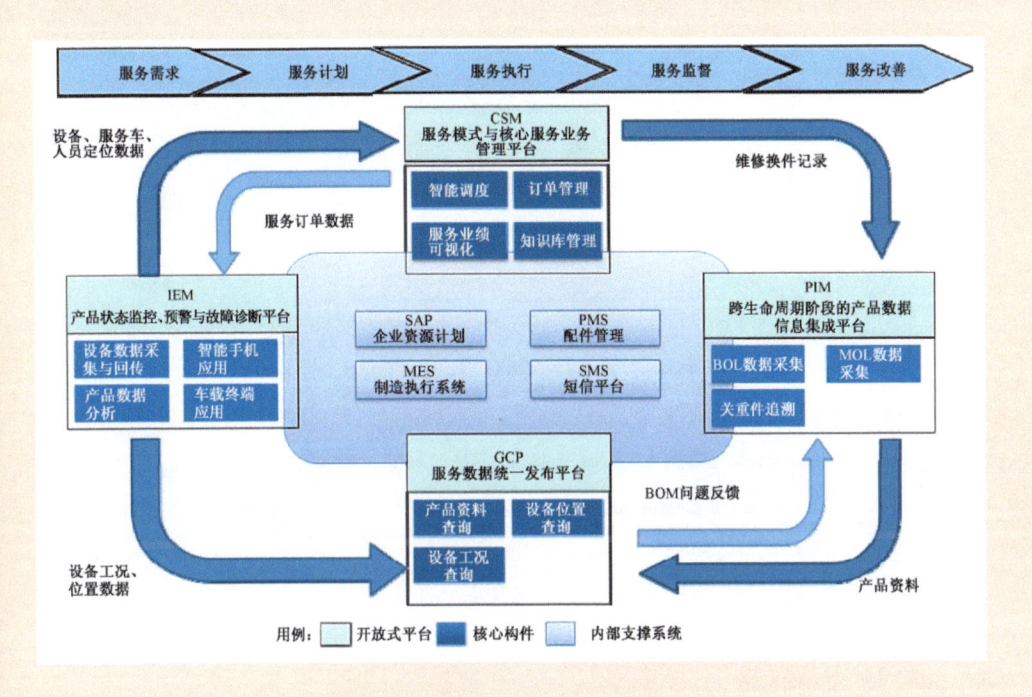

图 7-7　智慧服务平台系统关系图

3）广泛采用大数据技术

使用大数据基础架构 Hadoop，搭建并行数据处理和海量结构化数据存储技术平台，提供海量数据汇集、存储、监控和分析功能。基于大数据存储与分析平台，进行设备故障、服务、配件需求的预测，为主动服务提供技术支撑，延长设备使用寿命，降低故障率。

基于大数据研究成果，对 ECC（企业控制中心，Enterprise Control Center）系统升级，实现大数据的存储、分析和应用，有效监控和优化工程机械运行工况、运行路径等参数与指标，提前预测预防故障与问题，智能调度内外部服务资源，为客户提供智慧型服务，见图 7-8。

中国制造 2025 ■ 261

图 7-8　大数据应用范围

3. 主要成效

三一以中国制造 2025 为纲领，在数字化车间、智能装备、智能服务三个方面的总体规划、技术架构、业务模式、集成模型等方面进行有益的探索和应用示范，为工程机械行业开展类似应用提供了一个很好的范式，不仅有助于工程机械行业通过信息化的手段和先进的物联网技术来加速产品的升级迭代，而且促进行业通过开展数字化车间/智能工厂的应用实践来完成企业创新发展，更是为我国装备制造业由生产型制造向服务型制造转型提供了新思路。

近年来，全球经济下行，但三一人依然凭借智能化打下的深厚基础，2014 年实现营业收入 773 亿元，实现利润 33 亿元，其中国际销售 120 亿元，各项主要经营业绩指标稳居行业第一。2015 年上半年，实现了集团工业总产值 404.5 亿元，同比仅下降 1.5%，工业销售产值为 391.6 亿元，其中出口交货值为 28.8 亿元，同比增长 29%，跑赢行业、跑赢大势。

为配合国家"一带一路"战略，以数字化车间/智能工厂技术、装备智能化技术、服务智能化技术来提升制造业生产效率、品牌建设、管理和制造过程控制、由生产型制造向服务型转型具有推动促进作用，对于制造业产业升级、产业结构调整、全面提升我国制造业的综合竞争力具有重要意义，而仅在工程机械领域实施智能制造，则可带动超过 180 亿的产业价值。

未来，三一将更多利用大数据技术、云计算、虚拟整合、3D 打印、机器人等技术，提升公司智能制造及运营能力。三一具有海量、高增长率和多样化的信息资产，掌握这些数据将带给公司更强的决策力、洞察发现力和流程优化能力；云计算将帮助提升企业运营的响应速度、灵活性和扩展能力，获得市场差异化优势；虚拟整合将有效降低制造过程成本；3D 打印技术已在部分研发产品的建模中得到使用。目前已驶入深水区的流程信息化变革将实现企业流程再造，通过卓越运营，支撑公司全球化发展的需要。

雷柏科技（智能装备和产品领域）

1. 基本情况

深圳雷柏科技股份有限公司（以下简称"雷柏"）是无线外设研发生产的国家高新技术企业，为了满足多元化产品需求，雷柏从 2010 年开始启动智能制造技术开发应用，从产品结构与整体物流入手，对一体化智能所需的设备与信息系统平台相融合进行车间布局及其产线工艺总体设计，解决多元化产品对柔性生产的要求。

作为中国工业和信息化部 2015 年智能制造试点示范项目，雷柏的键盘一体化制造数字智能示范项目的生产应用，突破了传统的手工制造模式，填补了行业制造集成技术应用的空白。同时相关开发已经应用在行业企业中，并得到高度认可。不仅带动了智能制造技术的开发与应用，使应用企业获得两融合带来的人工、品质、数据管理分析及资源管理分配等方面的收益。本项目相关市场推广带动了珠三角地区、乃至国内相关电子行业企业智能制造的开发与应用进程，并带动相关产业发展。

2. 做法与经验

1）研发工业机器人的集成应用

雷柏的键盘一体化制造数字智能示范项目通过对适用于智能标准化生产的产品研发、现代供应链管理系统需求、原料集中供给系统、产品制造过程的在线监测与组装生产等方面垂直整合。通过 CAD 辅设计仿真模拟、系统布局（SLP）规划车间整体布局，完成了厂区 layout 的设计。凭借雷柏自主研发智能机器人集成应用，并结合雷柏的运营特点，自主研发 MES 系统，实现了系统、装备、零部件、关键工位数据以及人员之间信息的互联互通，实现数字化智能制造管理。

雷柏自主研发"ROS"系统平台建设，通过 PLM、集"FI、CO、PP、MM、SD"的 SAP ERP 系统、SCM、MES、CRM、OA、HER 等系统集成实施，从有效利用研发、销售、制造、质量及供应链等信息资源实现内外有效沟通，解决了公司在运营中的产品生命周期的管理、企业资源信息管理整合，以满足客户需求的供应链策略、实现信息平台化客户关系的管理、制造过程管理、人力资源信息化管理以及公司全面核心流程的管理应用。

项目能够实现产品研发周期原需 6 个月缩减至 3 个月；将注塑、装配两个不同工艺垂直整合成一体化；集成多机器人协同作业，自动实时测试、包装，实现全自动化柔性制造线体；原来 106 人的手工制造线体，由 5 人配合机器人柔性制造线体代替；实现及时采集关键工位数据，统计分析，自动生成制程报表，电子看板目视化生产现场全过程。

2）自主研发数字车间

2011 年 8 月开始，项目由雷柏自己组建技术攻关课题小组，从产品结构与整体物流入手，对一体化智能所需的设备与信息系统平台相融合进行车间布局及其产线工艺总体设计，自主研究开发适合键盘一体化生产的数字车间。

该项目主要包括产品研发、工厂建模、过程建设、系统整合等数字化过程。突破了传统的手工制造模式，通过垂直整合（产品开发周期管理、制造执行管理、企业资源计划管理、供应链系统数据集成整合）、智能机器人集成应用以及信息化平台管理应用，打造数字化柔性智能数字车间。主要特点是：

——布局上，突破了传统的按功能布局的模式，将原料供应、注塑成型、零件装配三个不同领域整合成一体化连续流布局，是行业唯一一家在工艺上高度整合的企业。

——原料供应设计上，采用中央供料系统，统一指令控制，集中供应注塑原料，网络管道分配至注塑机台。

——在工程设计上，突破了传统的单一键帽注塑成型，设计整版键帽注塑成型，对精确度、一致性的要求非常高。

——模具上，多键帽间距与键盘上的键帽间距是不一致的，为了解决整版键帽一次插入键盘，设计了中转机构。

——机器人智能作业设计上，根据产品的工艺及作业，导入了国际先进的工业机器人，以"机器人换人"，整个车间实现了机器人组装、测试、包装。多机器人交互作业，引入了 Studio 软件，仿真模拟，确保切实可行。机器人自动化率达到 95%，是行业内首家引入多机器人作业的企业。

——人机智能交互可控性设计上，导入了国际先进的机器人，同时开发适合产品工艺需求的柔性机械手臂，结合雷柏自主研发自动化集成核心技术，打造了机器人协同装配作业；人机交互智能系统，结合雷柏自主开发集成软件，通过视觉识别系统、感应扫描识别处理正在发生误差工位或制造环节呆滞错误，填补了制造区间的人机交互识别电子制造行业应用空白。

——线体排布上，根据各设备的产能，配备机器人作业，并在 Studio 软件上模拟，反复优化而成的。

——生产管理上，为实现装备、人员、系统的互通互融，在车间设计时，将 SAP（ERP）系统、MES 系统与制造系统进行了对接。生管根据 Forcast 制定生产计划，导入至 SAP 系统，SAP 系统自动生成工单，工单在 MES 系统里目视看板，展现给生产管理人员，安排生产。

项目的效果非常显著，人均生产效率提升了 15 倍，键盘组装，原来的一条线体，作业人数为 106 人，现在缩减为 5 人的自动化智能线体。在制品减少了 95%，原来的 2000 m^2 的塑胶仓已被淘汰。生产周期，由之前的 4 天半，缩减为现在的 60 分钟，大大提升了库存周转率。品质上也有显著提升，FPY（一次合格率）由之前的 93%提升为 99%。安全上，得到了很大的提升，95%以上的工序为自动化作业，不存在对人员造成安全隐患。

在项目的设计开发阶段，团队成员针对核心技术，申请了知识产权专利保护，目前已经获得了 24 项专利、2 项软件著作权——"雷柏机器人集成应用软件"和"产品组装与测试软件著作权"。

3）打造机器人 3C 产品装配的示范线

键盘一体化制造数字智能示范车间，实现了原材料自动供料，注塑、装配两个不同领域的整合一体化、连续流。整个组装、测试、包装实现了机器人自动化。目视看板监控生产计划、工单安排、制程状况等全过程。本项目的实现，填补国内在键盘及相关行业生产中数字化智能制造开发应用空白。

项目主要涉及核心技术"键盘键孔打油装置及方法、转轴式整列装置、用于键盘按键的转轴式整列装置、用于多模穴模具的吸盘装置、键盘按键整版注塑模具结构及其系统、伺服夹紧机构、双滑轨式装配台、用于键盘底板组装的多用夹紧机构、一种抓取装置及带有该抓取装置的键盘鼠标测试机、升降式托料机构和导电膜组件的收料装置、顶升式定位装置、一种用于机器人夹取料的伸缩型夹具结构、一种采用机器人的镭射设备和镭射方法、一种进料机构及采用机器人的上下料系统、键盘中轴自动安装设备"均申请自主知识产权 24 项；由本项目应用开发集成软件注册权 2 项，雷柏机器人装配集成应用软件、产品组装与测试软件。

在项目建设下一步的实施计划中，要建立生产过程信息实时透明化看板系统。通过建立品质预警机制、成品包装建立在线打印机制、建立上料看板机制、上料防错机制使生产过程的产能、生产进度、良率、故障、生产状况，实时展现在 LED 液晶看板上，同时故障发生的工站，也在看板上显示，生产支持部门实时监控及快速反应；同时将应用到公司各车间部门。

3. 主要成效

本项目的实施，使雷柏产品开发周期缩短 50%；人均生产率提高 15 倍；

产品品质攀升一次性合格率升至99%；在制品数量减少95%；人力资源成本减少85%；能耗节约15%~20%；工单数据统计系统化100%；HER系统全对接下的新品交货周期为10~15天。相关自主知识产权合理进行保护，并将相关成果推广至相关领域企业中，带动相关行业企业智能制造技术发展，是响应国家倡导的制造升级转型而设计的示范项目。

青岛红领（智能制造新业态新模式领域）

1. 基本情况

红领集团是一家生产经营中高档服装的传统品牌企业，是中国服装十大影响力品牌。自2003年起坚持创新创业，依托大数据、互联网、物联网等技术支撑，专注于服装规模化定制全程解决方案的研究和试验，经过12年的积累探索和2.6亿元的持续投入，形成了独具特色的"红领模式"：以满足全球消费者个性化需求为导向，以"互联网+工业"为思路，运用C2M（Customer to Manufactory，消费者驱动工厂定制）+RCMTM（红领个性化定制）模式，进行客户个性化定制产品的工业化规模生产，搭建起消费者与制造商的直接交互平台—C2M平台，实现了实体经济与虚拟经济的有机结合。这种革命性的系统创新，蕴含着新思维、新组织、新业态、新市场和新运营模式，颠覆了传统的工业生产方式，催生出一个崭新的"互联网+工业"时代，成为传统制造产业转型升级的"加速器"。"红领模式"通过对业务流程、管理流程的全面改造，建立柔性和快速响应机制，实现了个性化手工制作与现代化工业生产的完美协同，让高级定制不再奢侈。

2014年成为两化融合管理体系贯标试点企业，成为传统产业两化融合的典范。2015年被评选为服装个性化定制试点示范企业，并列入工信部2015年互联网与工业创新试点。

2. 做法与经验

1）构筑核心竞争力，开创全新商业模式

为了适应时代的新特征，红领专注研究与实践"互联网+工业"，构筑全新的核心竞争力，打造 C2M 商业生态，见图 7-9。酷特智能的研究与实践成果对帮助传统工业企业解决经营中的痛点与转型中的难点具有非常重要的意义，而其开创的全新商业模式已是国内外同行业中的首创，也是智能制造的核心理念与技术在全价值链中的运用典范。

全新商业模式所要构筑的三个核心竞争力：一是数据驱动的智能工厂。所谓数据驱动的智能工厂，就是从前端客户需求的采集到需求的传递、需求的满足，包括跟踪，全程是数据驱动的，实现用工业化的手段和效率进行个性化产品的批量生产。从产品定制、交易、支付、设计、制作工艺、生产流程、后处理到物流配送、售后服务全过程数据化驱动跟踪和网络化运作。二是个性化的产品。消费者通过计算机、手机等信息终端登录平台，在线自主设计产品的款式、工艺、面辅料搭配，实时下单，订单实时传到工厂智能系统。以前因为受经验和技术的影响，仅仅有少数人享受得起奢侈品。将个性化和工业化充分融合以后，生产一套个性化定制的衣服的成本仅仅比生产一件成衣在成本上高出 10%，而且省略所有中间渠道。这样就可以让绝大部分消费者以可接受的价格享受到真正定制的产品。三是工业和商业一体化的商业生态。把客户需求与工厂通过互联网、IT 技术，物联网的技术打通，形成一个完全以客户为中心的生态圈。顾客对个性化定制产品的需求，直接通过 C2M 平台提交，平台上的制造工厂接收订单，直接开展定制产品的生产，减少中间环节产生的费用。在这种模式下，制造企业通过拥抱互联网成为直接响应顾客定制需求的主体，区别于传统的 B2C 以中间商为主体的电子商务模式。

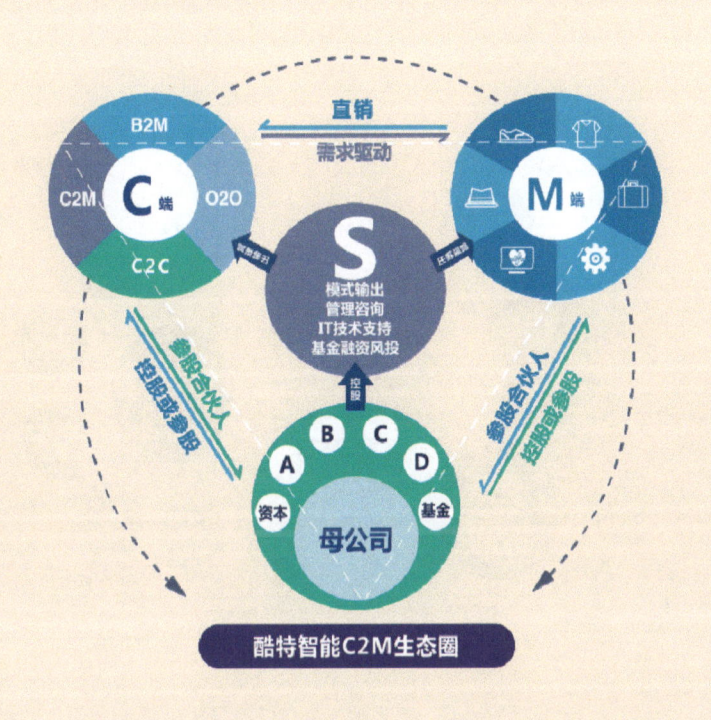

图 7-9 酷特智能 C2M 生态圈

2）系统集成，数据驱动

源点论思想中的商业逻辑就是需求直接驱动生产，要把原有的靠中间商、渠道商、代理商的销售模式，变成工业直接销售的模式。而这种商业模式的基础是企业横向、纵向和"端到端"的高度集成，实现数据驱动全流程，使客户与工厂在网络内实现零距离。通过横向集成使企业之间通过价值链以及信息网络所实现的资源整合，实现各个企业间的资源协同；通过纵向集成打通了内部信息孤岛，实现企业内部所有环节管理协同；通过价值链上不同企业资源的整合，实现从产品设计、生产制造、物流配送、使用维护等产品全生命周期的价值链协同，见图 7-10。数据驱动的智能工厂是 C2M 商业模式的基础与前提，个性化的产品是核心，电子商务平台是必要条件。

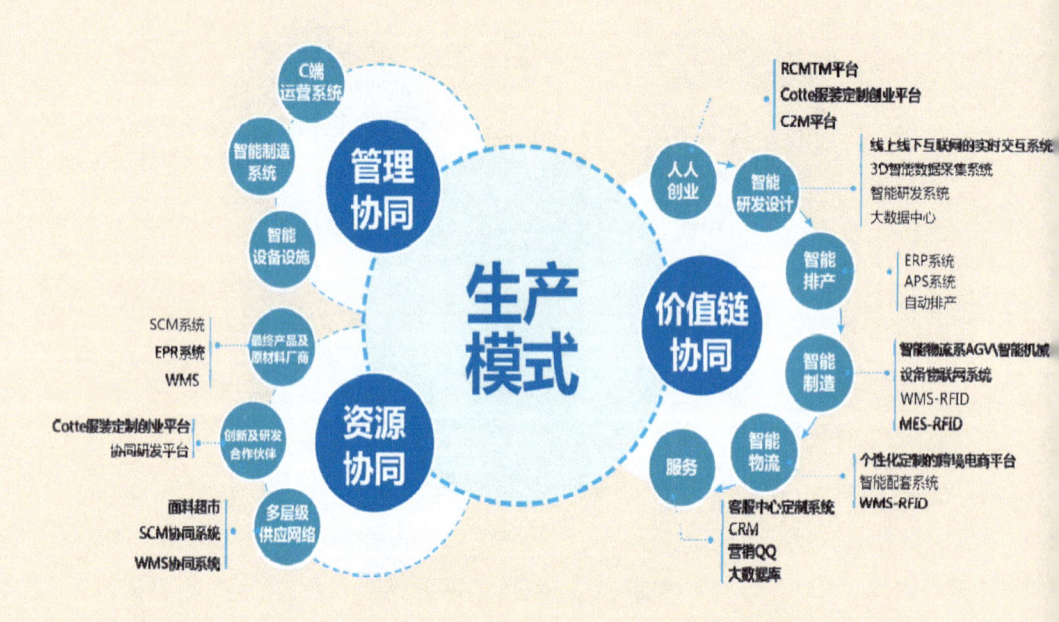

图 7-10　集成系统全方位协同图

——构筑核心竞争力一：数据驱动的智能工厂的建设

智能工厂主要由 ERP 系统、SCM 系统、APS 系统、MES 系统、WMS 系统及智能设备系统组成（见图 7-11），实现了订单信息全程由数据驱动，在信息化处理过程中没有人员参与，无须人工转换与纸质传递，数据完全打通、实时共享传输。所有员工在各自的岗位上接受指令，依照指令进行定制生产，员工真正实现了"在线"工作而非"在岗"工作。

每位员工都是从互联网云端获取数据，按客户要求操作，确保了来自全球订单的数据零时差、零失误率准确传递，用互联网技术实现客户个性化需求与规模化生产制造的无缝对接，生产过程类似一个 3D 打印机的逻辑过程。

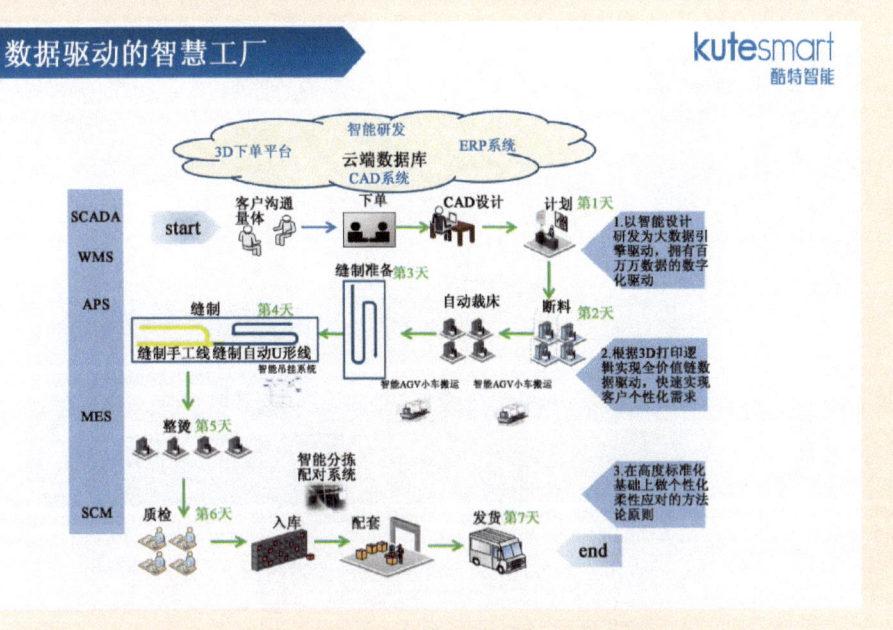

图 7-11 智能制造单元的数字化工厂总体设计模型

——构筑核心竞争力二：个性化的产品大数据的建设

（1）实现模块化设计（见图 7-12）

定制产品的品类：经过 10 多年的定制订单大数据的累积，目前可定制产品男士正装全覆盖，包括西服、西裤、马甲、大衣、风衣、礼服、衬衣；女士有女西服、女西裤、女大衣、女风衣、女衬衣；童装有西服、西裤、衬衣。

可定制参数：款式包含驳头、前门扣、挂面形式、下口袋等，一共有 540 个可定制的分类，11360 个可设计的选项；尺寸可定制参数有 19 个量体部位可定制，90 个成衣部位可定制，113 个体型特征可定制；面料有 1 万多种可选择面料，支持客户自己提供面料全定制。

智能制造

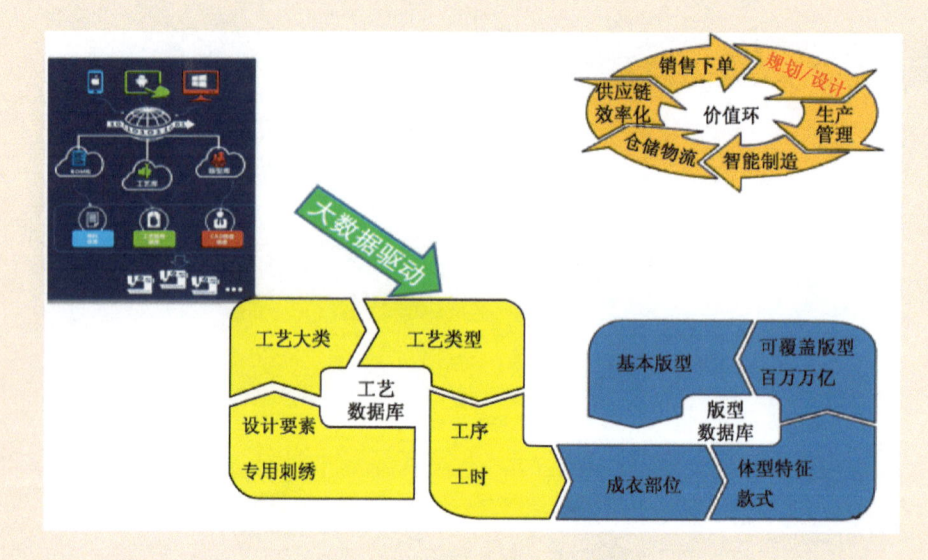

图 7-12　模块化设计逻辑图

（2）实现个性化产品的智能研发

通过建设服装版型数据库、服装工艺数据库、服装款式数据库、服装 BOM 数据库、服装管理数据库与自动匹配规则库，实现了先进的个性化产品智能研发系统，产品的裁剪裁片、产品工艺指导书、产品 BOM 都由系统智能生成，减少人工错误，提高产品设计研发速度。企业每年可以节约人工成本上亿元，让全定制产品做到和批量产品一样的生产成本。

目前这套智能模型已经形成了一套数据算法模型，可在其他行业进行复制，让一个传统企业实现流水线柔性化生产。

——构筑核心竞争力三：企业电子商务平台建设

电子商务平台建设有 C2M 电商平台，以及线下服务体验平台 cotte 服装定制创业平台。C2M 电商平台和线下 cotte 服装定制创业平台共同为终端用户提供以客户为中心的业务模式（见图 7-13），涵盖量体、下单、制造、服务全过程体验（见图 7-14）。

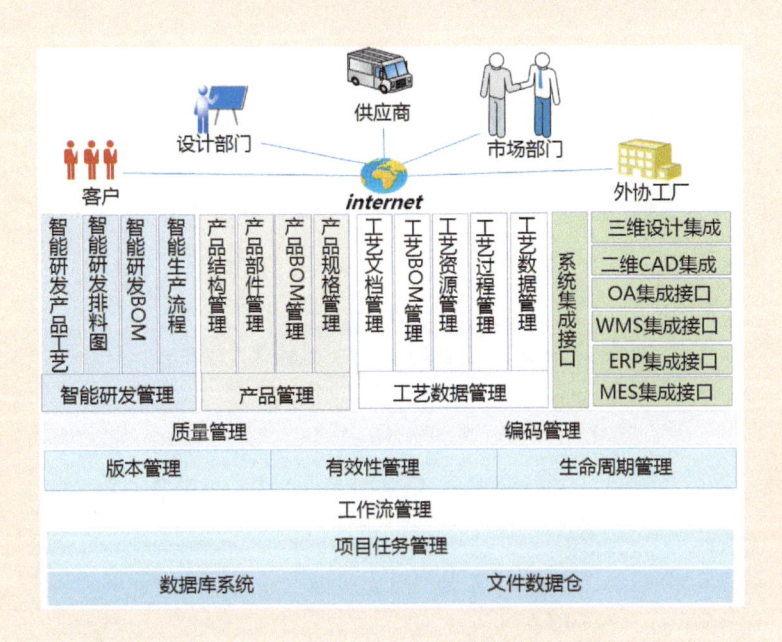

图 7-13　产品全生命周期管理系统架构图

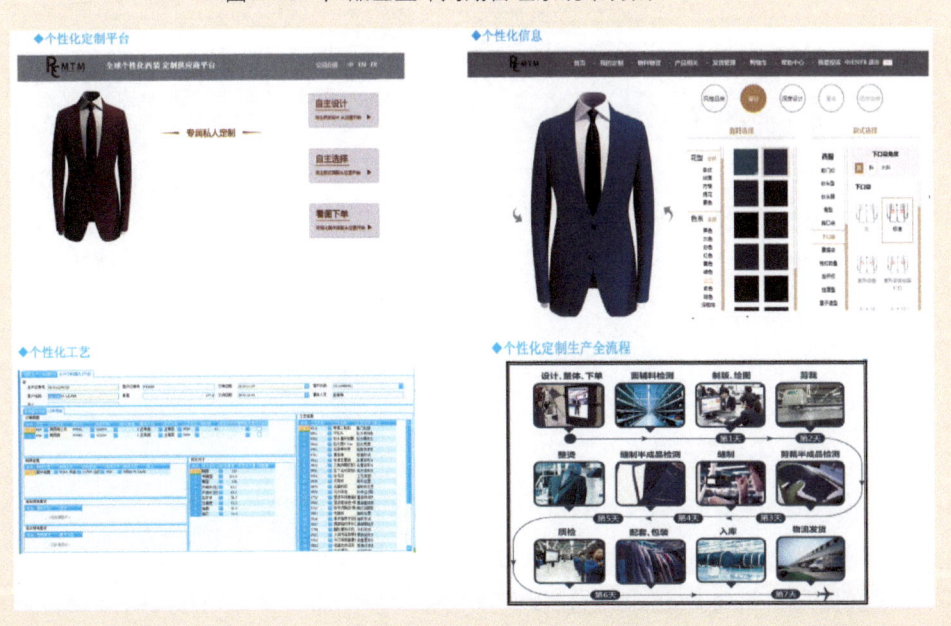

图 7-14　个性化定制体验全流程示意图

（3）创新高级订制服务模式

创新了 C2M 商业生态全新模式，打造了区别于传统电子商务（如亚马逊、天猫、京东等）的 C2M 直销平台，以定制模式为核心，为 C（客户）和 M（制造）提供数字化工业工程的解决方案，专注 M 到平台直销的一站式的彻底解决方案，见图 7-15。

图 7-15　个性化定制全新模式

3. 主要成效

1）净利润率持续增长

2011 年，个性化定制收入占销售总收入的 10%、净利润率仅为 2.8%；2012 年，个性化定制的占比提升至 85%、净利润率为 15.1%；2013 年，个性化定制的占比提升至 95%，净利润率为 18.7%；到 2014 年，净利润率已上升为 23.1%；截止 2015 年 8 月份，个性化定制的占比达到 97%，净利润率达到 27%。突破了传统服装行业的四大痛点，形成了零库存、高周转、高利润、低成本的运营能力。

2）为传统制造业升级和转型提供新的方法和途径

酷特智能将继续投入大量的资金和产学研的资源及社会专家、学者积极参与智能制造的管理创新、技术创新、产品创新、生产运营模式创新及商业模式创新，并总结与提炼复制推广方法论及解决方案，如"3D打印模式"、个性化定制大规模工业生产方式、"两化"深度融合、企业运营模式等，给服装产业的发展及传统制造业转型升级、中国智能制造 2025 做出示范引领作用，更好的贡献、回馈社会。

娃哈哈集团（智能化管理领域）

1. 基本情况

食品饮料流程制造智能化工厂项目是娃哈哈集团践行"中国制造 2025"战略部署，针对食品饮料行业特点，结合娃哈哈全国性集团化管理的特点，通过信息技术与制造技术深度融合来实现从传感器到企业资源管理系统 ERP 的全过程信息集成，见图 7-16。

该项目以企业运营数字化为核心，结合"互联网+"的理念，采用网络技术、信息技术、现代化的传感控制技术，通过对整个集团经营信息系统建设、工厂智能化监控建设和数字化工厂建设，将食品饮料研发、制造、销售从传统模式向数字化、智能化、网络化升级，实现内部高效精细管理、优化外部供应链的协同，推动整个产业链向数字化、智能化、绿色化发展，提升食品安全全程保障体系。

智能制造

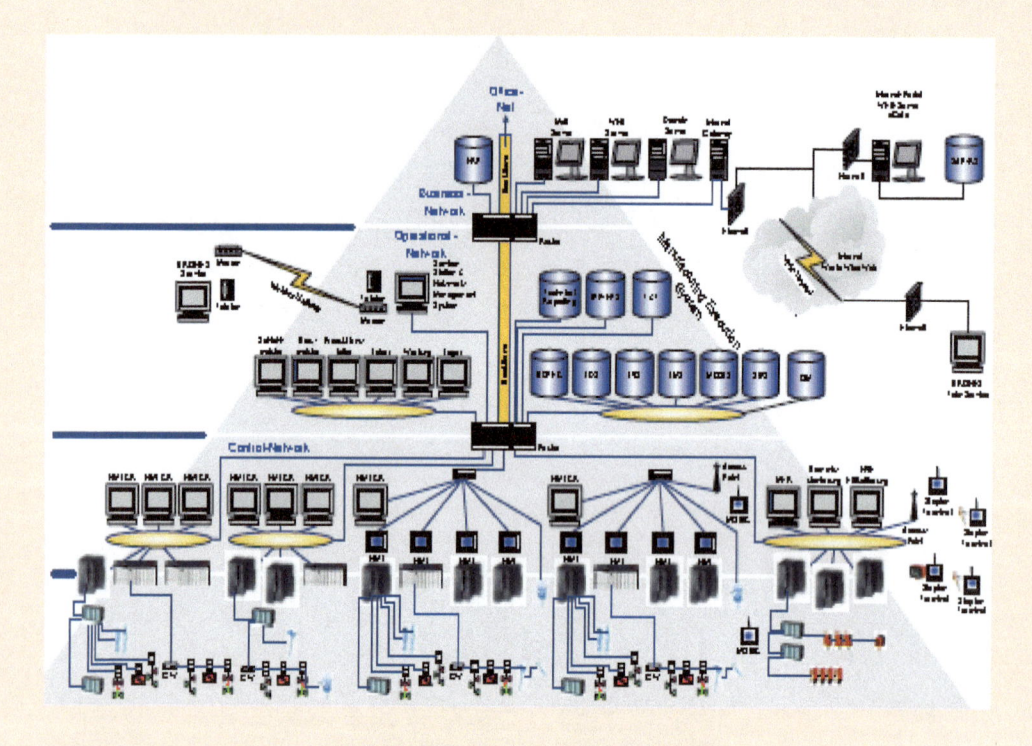

图 7-16　娃哈哈食品饮料流程制造图

2. 做法与经验

1）通过集团化运作的智能管理系统达成智能制造、透明生产、全过程追溯

经过多年实践探索和自主研发，娃哈哈已构建成一个基于大数据的工业信息化系统，实现了对全国所有分公司的物料、资金、信息等资源进行集中信息管控，打造了"一个涵盖从客户下单、生产调度、原材料采购、工厂生产、物流和客户服务等完整产业链的大数据信息化体系"。总部网络数据中心使用多条运营商出口线路（电信、联通、移动）提供用户访问互联网，通过链路负载均衡在多运营商线路中自动切换，使得用户以最优路由访问公网，避免某线路故障或拥塞而导致终端无法访问互联网的问题，见图 7-17。

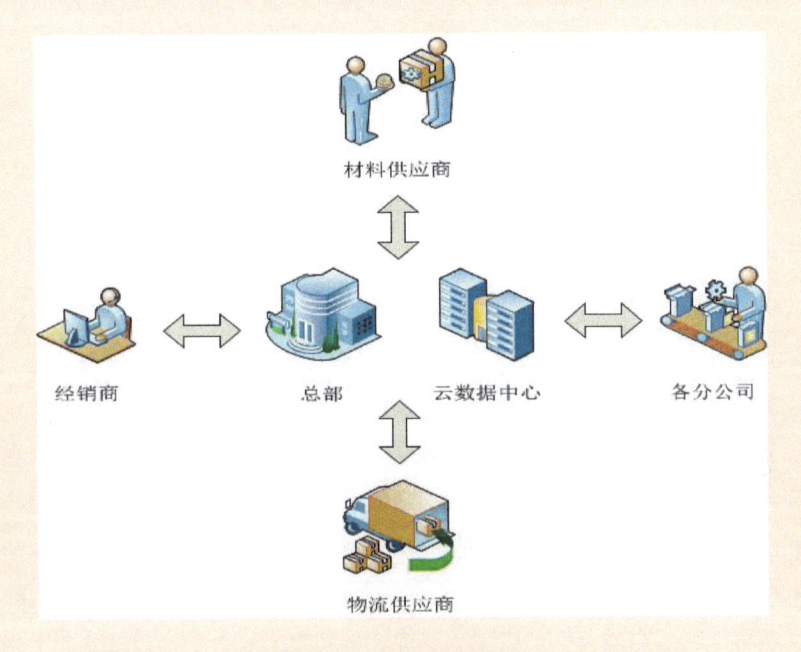

图 7-17　智能管理系统图

核心防火墙和部分分支防火墙之间通过在公网线路上建立 ipsec vpn 隧道实现内网资源的互访，保证数据在传输过程中的加密和解密；通过划分核心防火墙接口到 DMZ、SERVER、TRUST 三个不同区域，实现内网资源间的安全隔离和权限访问控制，为公司企业网与互联网及企业内部各单独子网之间提供信息保护。此外还具有入侵检测、DoS 和 DDoS 防护、SYN cookie 防护和 WAF 等功能。

系统平台包括销售管理 CRM、制造执行管理 MES、供应链管理 CSP、质量管理 QCS、供应商管理 SRM 等。

客户通过互联网下订单，系统自动核控客户信用，并确认订单，系统将根据各工厂的生产能力、运输成本、交货时间等因素分析出最佳生产工厂，分派各工厂订单并安排生产。生产系统根据订单的情况与原材料库存进行对比，缺口的材料自动进入采购环节。供应商通过向其开放的端口获取订单信息。工厂接收到订单后，制造执行系统 MES 实现按客户订单排产，通过分析各生产线状态，优化生产计划，最大程度缩短产品更换、清洗和停机时间，大大提高了制造效率。

通过智能标签、伺服定位、物流机器人等技术，建立自动化仓库，智能桁架机器人将码成垛的产品自动吊装到系统指定的库位。系统根据订单情况自动生成发货计划，物流承运商可以通过互联网实时了解发货计划，并相应安排车辆配送到客户。客户收货后，系统根据收货确认自动进行相应的结算。

客户可通过互联网移动终端对其订单进行实时查询订单状态，跟踪、了解其生产和物流等信息。

2）自动数据采集与实时数据库系统

通过对全国各工厂的每条生产线进行网络化集成，实时数据传输、状态监控与分析，实现总部对集团下属 180 余家分公司的生产线运行状态监控和管理。网络化的 SCADA 数据采集系统和视频监控系统实现了设备运行状态、参数的远程可视化整合。同时总部可对各地生产线设备进行实时的状态监控、远程诊断和数据分析，实现了从传感器到集团信息系统的深度数字化整合。分公司生产线的信息可以通过网络自动发送到集团总部，总部管理部门可以通过网络远程对外地分公司的生产状态、工艺过程、设备技术参数进行远程监控与调整，为实现集团总部远程管控和内部协同提供系统平台。

3）中央集中管控系统

设置在中央控制室的可视化系统，可对生产线设备的运行参数和状态进行实时监控，同时自动生成各类数据记录报表。智能化系统还可提供各种类型的分析报告，建立了全过程透明的工艺过程质量追溯体系。

4）原材料管理

从原材料的入库环节就开始连续而严格的质量检测，供货单上的原料、辅料和包装材料的信息通过扫描或电子标签进行自动识别，与供货有关的数据被读取后自动对系统的原料库存进行修正。系统根据订单导出的原材料需求与仓库的原料质量检测数据对接，原料领用和投料过程数字化避免错误的投料并建立了批次追踪。

5）生产管理

系统根据订单，分析原料库存和生产线状态，通过订单的组合提高设备利用率及减少转换和清洗时间，通过企业资源计划系统 ERP 和仓库管理系统 WMS 之间的接口实现高效的工作流程。

6）质量管理

以现代传感技术为基础，构建在线的工艺过程质量管理体系。通过先进的传感检测技术在线采集工艺过程关键技术参数，从产品调配、吹瓶、灌装到包装、码垛，与产品质量相关的关键参数都由生产线设备中的各种传感器进行在线实时监测；产品的成分指标如糖度、蛋白质、脂肪等通过近红外技术等进行在线检测；包装容器的质量、封盖质量、灌装液位和标签质量等通过各种温度、流量、扭矩检测传感技术和视觉检测技术实现在线实时检测，并把数据输入系统，通过系统在生产过程中对生产线设备或执行部件进行自动参数纠偏修正，确保了稳定的产品质量。集成的实验室检测数据将实时的在线检测结果和实验室仪器检测结果进行集成，系统建立自动产品取样与质量检测流程，确保生产过程中关键工艺点的质量，提高取样与检验效率，减少人为错误。

7）生产线和设备管理

各种生产线数据的自动采集和分析，停机时间和故障判别、通过分别地选择参数来表示趋势，计算生产线效率 OEE，生产线效率分析系统（LPA），设备故障和历史事件的记录和分析，为优化生产线效率提供基础信息支持。由 MES 系统对维护人员标准指导，并对保养和维护工作进行最优化组织，维护所需的备件均可在系统上快速查询库存，甚至在不同工厂之间的调拨，见图 7-18。

智能制造

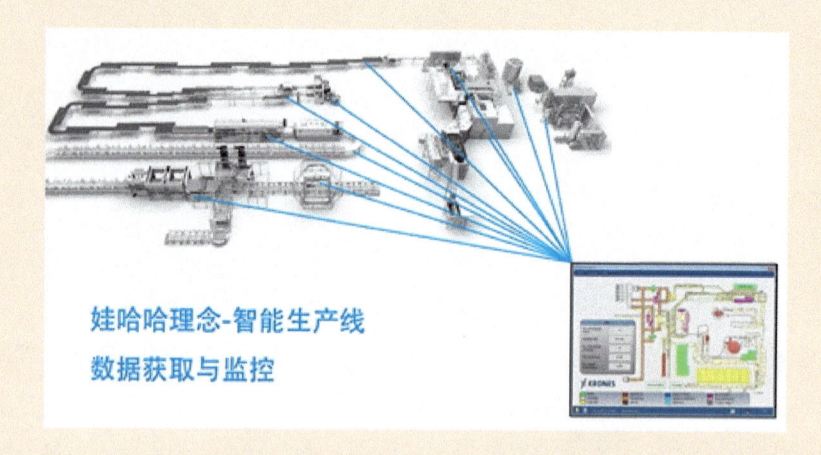

图 7-18　娃哈哈生产线和设备管理图

8）能源管理

智能工厂还实现了能源消耗数据的在线采集、监测和分析，实现了能源的调度自动化，快速对生产过程做出反应，提高能源利用效率，生产线的单位产品能源消耗、碳排放值下降10%以上。

3. 主要成效

娃哈哈食品饮料智能工厂示范项目不但能对饮料生产企业提高智能化水平、改善产品质量的稳定性、提高生产效率有较好的引领示范作用，也将对饮料装备制造企业实现智能化升级起到积极推动作用，推动整个饮料及相关行业向安全、高效、绿色制造方向发展。

陕鼓动力（智能化服务领域）

1. 基本情况

陕鼓动力主要生产离心压缩机、轴流压缩机、能量回收透平装置（TRT）、离心鼓风机、通风机五大类、80多个系列近2000个规格的透平机械产品，已广泛应用于化工、石油、冶金、空分、电力、城建、环保、制药和国防等国民经济支柱产业领域。在面对下游钢铁、石化产能过剩，持续需求疲软和公司毛利率下降等问题时，公司敏锐地意识到必须转型，早在2005年，公司就确立了"两个转变"战略，努力拓展延伸产业链，打造能量转换设备制造、工业服务、能源基础设施运营三大业务板块。面对新的形势和需求，陕鼓动力已开始积极从制造迈向智造。一方面，大力开拓整机、关键零部件制造，为客户提供系统解决方案；另一方面，积极实施产品全生命周期的健康管理，公司的"动力装备全生命周期智能设计制造及云服务项目"入选工信部2015年智能制造专项项目，将通过大数据挖掘及专业软件的应用提升在役设备的服务深度与广度，支持相应生态圈及产业价值链的共赢发展。

2. 做法与经验

1) 动力装备智能云服务平台

2003年，陕鼓动力首先在产品试车台上应用了在线监测和故障诊断系统并获应用成功；2005年，陕鼓提出了"两个转变"的发展战略，开始了从装备制造业向装备服务业的重大转型。自此，陕鼓动力在新出厂动力装备上均配套安装了这样的监测诊断系统。截至目前，陕鼓动力为300多套机组提供了监测诊断服务。陕鼓云服务总貌见图7-19。

2011年，凭借对互联网技术和动力装备产业的深入研究和企业综合实力，陕鼓动力成功申报国家863项目——"装备全生命周期MRO核心软件行业应用"，建设了包括网络化远程诊断、备件预测和零库存管理、IETM电子交互式文档管理系统等在内的网络化诊断与服务平台，将产品监测诊断与运行服务支持集成为一体，提供一套面向制造服务业具有核心竞争力的智能动力装备产品全生命周期监测与服务支持的系统解决方案。

智能制造

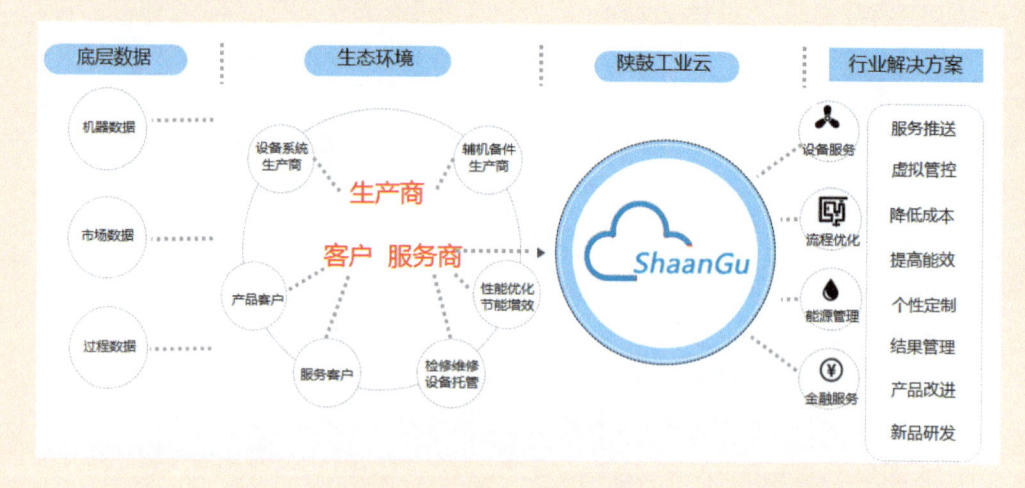

图 7-19　陕鼓云服务总貌图

2014 年，陕鼓动力针对流程工业用户及装备服务企业，积极开展有关云服务的需求调查与技术储备。同时，注重与全球企事业单位及院校单位的资源整合、技术共享和信息共享，努力打造以动力装备服务业务为核心的产业价值链和生态圈，推出了动力装备运行维护与健康管理智能云服务平台项目，至此开始了动力装备智能云服务平台的新时代。

到目前为止，陕鼓动力已监测超过 200 家用户约 600 套大型动力装备在线运行数据（其中包括不能远程在线监测的约 300 套装备），已积累约 20T 现场数据。通过对动力装备远程监测、故障诊断、网络化状态管理、云服务需求调研与技术储备，提高陕鼓售后服务的反应速度和质量，跨出了机组制造企业"发展服务经济，提高服务信息化"的重要一步，并已形成特有远程诊断服务技术及服务模式，为本项目的实施积累了丰富的技术经验和数据基础。

本项目实施后，在产品技术和整体解决方案、提供增值服务、服务制度、商业模式与知识产权标准等方面，均可达到国内外动力装备制造服务领域先进水平。另外，本项目与工程机械等领域的同类项目比较，在监测对象及生产工艺的复杂程度、监测数据量、故障诊断与性能优化等大数据挖掘的深度与难度、知识库与推送服务与深度等方面，同样将达到先进或领先水平。

2）基于全生命周期运行与维护信息驱动的复杂动力装备可持续改进的制造服务及系统保障体系

针对我国复杂动力装备目前在可持续改进制造服务模式不清晰及系统保障存在碎片化和集成智能度不足的问题，开展以动力装备全生命周期监测诊断技术、维修备件服务支持技术、托管服务支持系统集成技术为基础的面向全生命周期的复杂动力装备运行与维护数字化制造服务平台构建及业务服务创新方面研究工作，提出基于全生命周期运行与维护信息驱动的复杂动力装备可持续改进的制造服务及系统保障体系的新思路和模式，将监测诊断与运行服务有机地集成为一体，满足动力装备不同层面的用户需求。

基于全生命周期运行与维护信息驱动的复杂动力装备可持续改进的制造服务模式及保障服务体系总体构架图如图 7-20 所示。由图可知，围绕动力装备的全生命周期 MRO 服务，提出了基于 CDP 三重循环及闭环控制的制造服务模式及保障体系结构（见图 7-20，目前已实现增值服务为蓝色虚线框内服务）。

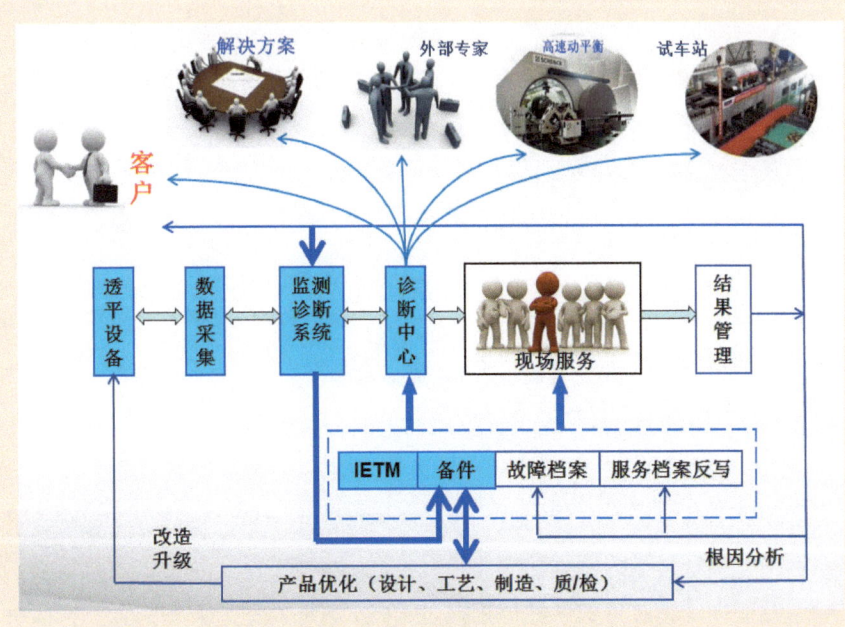

图 7-20　企业网络服务平台智能服务构架图

针对 C 循环（基于故障闭环方面），完成通过对动力装备数据智能采集、监测诊断系统构建、融合装备出厂前高速动平衡信息、试车信息；集成装备领域专家运行维护经验和外部专家信息构建动力装备远程维护和运营中心。

针对 D 循环，完成以远程维护和运行中心数据为驱动，针对动力装备的现场服务提供融合设计、制造及运行全信息实现快速平衡服务支持、数字化维修手册支持与远程可视化维修服务支持。

以上已完成的透平设备服务保障体系可实现基于网络制造服务平台提出面向动力装备远程监测诊断、运行状态分析评估和专用备件零库存等服务，实现基于预知维修决策与数字化支持的设备检维修服务。

下一步将结合大数据分析与云服务构架，进一步细化、提升各服务模块具体内容，最终实现面向动力装备的故障预示与健康管理智能云服务平台的构建，达到动力装备行业制造维护服务的典型应用示范目标。

后期云服务平台规划实施内容包括：实现大数据挖掘云服务，支撑云计算、云存储、云模型和诊断技术云服务超市等具体业务，建立完善云服务平台基础。并在此基础上，提供监测诊断、维修备件、性能优化托管三项运维云服务，涉及基于用户产品运行可靠性的寿命预测服务，基于海量案例推理的动力装备产品健康状态可视化服务，基于云计算的动力装备运行效率优化服务，基于"互联网+"的远程轴系动平衡服务，大数据支持下 IETM 数字化维护支持服务，基于生产协同保障的重大专用备件共享零等待服务，诊断超市服务等多项云服务业务，全面提升动力装备运维云服务水平。利用三年周期，建设完成以西安陕鼓动力股份有限公司为旋转动力装备服务运营管理为主体的动力装备运维云服务平台。

3）动力装备运行维护与健康管理智能云服务平台

本项目的预期目标为构建动力装备运行维护与健康管理智能云服务平台，实现动力装备行业智能制造云服务的典型应用示范。在该智能制造云服务平台中，实现基于大数据挖掘的云服务，以保障云服务平台的基础运行，其中包括面向动力装备的大数据挖掘技术研究、面向动力装备的异步异构海量数据建模与管理技术、基于用户产品运行可靠性的寿命预测服务、基于云计算的动力装备运行效率优化服务等多项支撑云计算、云存储、云模型和诊断技术云服务超市的关键技术研发。

3. 主要成效

该项目的预期实现成果体现在以下几个方面：

（1）缩短动力装备应用企业产品停机时间20%以上；

（2）节约动力装备应用企业设备维修成本10%；

（3）缩小备件资金占用额度或减少备件资金的服务转化额20%；

（4）新增动力装备制造服务业务收入10%；

（5）云服务平台中增加配备网络化监测系统的动力装备应用企业20%，年新增接入服务平台机组80台套以上。

四、智能制造试点示范几点体会和思考

一是体系支撑。要加快构建横向联合、纵向贯通的立体支撑体系。横向上注重多部门协同工作，在制定专项行动实施方案、研究制定试点示范项目评审工作方案、项目评审工作、项目遴选工作、实施效果评估等具体工作上密切配合、及时沟通，发挥组织合力；纵向上要增加政策研究及服务支撑力量，充分发挥地方经信委、行业协会以及示范企业的作用，借助地方和行业影响力加大经验交流与推广的力度。完善智能制造评选要素，在现有试点的基础上，围绕原材料、装备制造、消费品和电子信息等领域，组织开展离散型智能制造、流程型智能制造、网络协同制造、大规模大型化定制、远程运维服务五种新模式的试点示范，扩大试点示范的覆盖范围，共同推进智能制造试点示范工作。

二是标准先行。标准化是发展智能制造的基础，与技术进步、产业发展和市场运行紧密衔接，要把加强智能制造标准体系建设放在重要位置。智能制造标准化工作技术性强、覆盖面广、难度大、要求高，为加强标准的及时

性、完备性、权威性，应尽快与国标委联合发布《国家智能制造标准体系建设指南》，并把标准试验验证和制修订作为重要的支持方向，同时把标准建设工作阶段性取得的成果及时应用到智能制造试点示范的实施工作中，形成标准边制定、边推广、边验证相结合的工作模式，进一步建立与完善智能制造标准体系，引导智能制造实施工作不断走向深入。

　　三是科学决策。当前，对遴选入围的试点示范企业试点示范项目的实施进度、实施成效缺少及时、便捷的沟通渠道，也缺乏科学的评估手段。这种情况不利于主管领导和部门从全局把握试点示范的实施成效，不利于试点示范工作的有效管理，难以对未来决策提供及时可信的依据。当务之急是要建立以大数据为基础的产业发展监测平台、以任务为导向的专向政务平台，通过汇聚各类产业数据，监测产业发展态势，同时，把实施效果评估作为推动智能制造发展的重要抓手，提升智能制造试点示范管理工作的科学性、有效性和实时性。

　　四是一站服务。当前，虽然试点示范项目装备自主安全可控程度得到了很大提升，但在关键的高端领域，如高档数控机床、精密及重载工业机器人、柔性生产线、精密检测和控制、工业传感器等进口高端装备更具优势。另一方面，目前大规模的、通用性强的企业资源计划（ERP）、制造企业生产过程管理系统（MES）、产品生命周期管理（PLM）等软件也仍以国外为主。从主管部门的角度，在除了在基础研究、重大突破、产学研相结合方面加强政策引导，还要在集成化通用化、一站式服务支持上下功夫。要加大政策支持力度，形成智能制造以企业为主体，政府正确引导支持的发展趋势。研究制定支持试点示范项目的政策措施，通过技术改造专项、工业转型升级专项等加大对试点示范项目的资金支持力度；研究设立智能制造产业投资基金支持智能制造发展的相关研究，加大金融支持力度，积极向国开行等政策性银行推荐符合条件的项目，申请银行专项建设资金等；强化人才支撑，组织企业开展智能制造关键环节、重点领域的人才培训工作。要通盘筹划推进装备、软件国产化工作，引导优秀示范企业推出符合本地化的智能制造整体解决方案，加快智能制造企业向服务化、本地化发展。加强知识产权保护与合作，努力形成关键技术、重大、主要产品的自主知识产权体系，逐步降低对国外软硬件的依存度，整体带动国产化自主安全可控支持软硬件产品发展。

五是营造氛围。要采取传统媒体与新兴媒体相结合的方式，多渠道、多层次加大智能制造政策、措施、实施成效、试点示范经验的舆论宣传力度。创新智能制造宣传方式，开设工信部官方网站智能制造专题，同时利用经验交流会、展览会、论坛、广播、电视等多种媒体传播形式，并更多地使用微博、微信等社交化媒体进行智能制造的推广宣传。用好做强出版社、杂志社等传统宣传阵地，借助其理论性、思考性强的优势，密集推出出版物、年鉴、简报，及时推介试点示范成果，努力做到上通下达，必要时以内参形式反馈智能制造推进的相关问题，加强政策的针对性、及时性。要与地方经信委、产业协会紧密协作、上下联动、齐头并进，共同营造智能制造推广工作的良好舆论氛围。

参考文献

[1] 制造强国战略研究项目组.制造强国战略研究·智能制造卷[M]. 北京：电子工业出版社，2015.

[2] 制造强国战略研究项目组.制造强国战略研究·综合卷[M]. 北京：电子工业出版社，2015.

[3] 工业和信息化部.<中国制造 2025>解读材料[M]. 北京：电子工业出版社，2016.

[4] 国家制造强国战略咨询委员会.<中国制造 2025>重点领域技术创新绿皮书——技术路线图[M]. 北京：电子工业出版社，2015.

[5] 中华人民共和国国务院. 中国制造 2025[Z]. 国发〔2015〕28 号.

[6] 工业和信息化部.2015 年智能制造试点示范专项行动实施方案[Z]. 工信部装〔2015〕72 号，2015-3-9.

8

"数控一代"和"智能一代"机械产品创新工程

邵新宇[1]

---
1 华中科技大学常务副校长

智能制造

2011年年初，18位院士提出了关于实施《"数控一代"机械产品创新工程》的建议，中央领导同志高度重视、亲切关怀，科技部通过深入调研、认真部署，于2012年正式启动了《"数控一代"机械产品创新应用示范工程》[以下简称数控一代示范工程（一期）]。2015年3月5日，李克强总理在政府工作报告中指出，要实施"中国制造2025"，开启新一轮的工业革命。信息技术和制造技术深度融合是这次工业革命的核心，两化融合的关键在于制造业数字化、网络化、智能化。本章结合数控一代示范工程（一期）以及"中国制造2025"对制造业数字化、网络化、智能化提出的战略需求，介绍实施"数控一代"和"智能一代"的重大战略意义，概述数控一代示范工程（一期）的总体情况，通过若干典型案例介绍数控一代示范工程（一期）的实施成效，最后论述开展"智能一代"机械产品创新应用示范工程的一些思考。

一、实施"数控一代"和"智能一代"是"中国制造2025"战略目标的核心内容，是实现中国"工业4.0"的有效途径

党的十八大以来，党中央、国务院高度重视实施创新驱动发展战略，习近平总书记、李克强总理多次讲话强调加快实施创新驱动，切实转变经济发展方式。实施创新驱动发展战略，必须推动以科技创新为核心的全面创新，使科技创新成为社会生产力和综合国力的战略支撑，成为促进经济发展和社会民生改善的重要手段，成为参与全球范围竞争的核心内容，成为区域、行业、企业发展评价的关键衡量标准。

经过新中国60多年特别是改革开放30多年的奋斗，中国机械工业实现了历史性的跨越式发展，制造业生产总值成为世界第一。但是，我们还不是"制造强国"，机械工业还没有摆脱粗放型、外延式发展的模式，核心技术和关键技术掌握得不多，自主创新的产品少，附加值不高，核心竞争力不强。

8 "数控一代"和"智能一代"机械产品创新工程

2015年3月5日,李克强总理在政府工作报告中指出,要实施"中国制造2025"。"中国制造2025"是动员全社会力量建设制造强国的总体战略,是充分发挥市场和政府作用、统筹利用各方面优良资源、以"创新驱动、质量为先、绿色发展、结构优化"为发展方针的战略对策和行动计划。信息技术和制造技术深度融合是新一轮工业革命的核心,是制造业创新驱动、转型升级的制高点、突破口和主攻方向,是贯穿"中国制造2025"的主线,而两化融合的核心就在于制造业数字化、网络化、智能化。

综观全球实现产业结构调整和机械产品升级的历程:蒸汽机技术使机械工业由人力制作时代进入机械化时代(工业1.0或机械一代);电气技术使机械工业由机械化时代进入电气化时代(工业2.0或电气一代);数控技术正在使机械工业由电气化时代跃升为数字化时代(工业3.0或数控一代);在可预见的将来,机械工业将由数字化时代进入智能化时代(工业4.0或智能一代)。

目前,世界发达国家都将发展工业4.0作为抢占制造技术制高点的突破口。美国政府提出了先进制造伙伴计划(AMP)、先进制造业国家战略计划等,2014年2月,奥巴马签署拨款令由美国国防部在芝加哥成立数字化制造和创新设计院;2013年,德国科学工程院、弗朗霍夫研究所、西门子公司等德国学术和产业界联合发布《德国工业4.0》,明确指出发展智能化制造技术是保持德国制造业全球领导地位的关键。

中国面临着极大的机遇,要后来居上,实现跨越发展,必须实施"并联式"的发展过程,即工业化、信息化、城镇化、农业现代化同步发展,也就是工业2.0、3.0、4.0同步发展。特别是信息技术的广泛应用,促进制造业数字化、网络化、智能化,将使得我国工业化进程在时间上被大大压缩。

因此,可以说实施"数控一代"和"智能一代"是实施党中央十八大以来提出的创新驱动发展战略的重要举措,是"中国制造2025"战略目标的核心内容,是实现我国机械产品全面创新和升级换代、实现我国工业2.0、3.0、4.0同步发展的有效途径,是实现2025年中国制造业进入世界第二方阵,迈入制造强国行列的重要保障,这也是我们提出"数控一代"和"智能一代"这样一个概念的缘由和根据。

二、"数控一代"机械产品创新应用示范工程概述

数控一代示范工程的预期目标

数控一代示范工程既是技术推广工程也是产品创新工程，对数控技术而言是技术推广工程，对各行各业的机械产品而言是产品创新工程。数控一代示范工程的预期战略目标是：在机械行业全面推广应用数控技术，实现各行各业各类各种机械产品的全面创新，使中国的机械产品整体升级为"数控一代"，为我国机械工业从"大"到"强"的跨越式发展做出重大贡献。数控一代示范工程实施的主要任务是：突破机械设备数控化关键技术；选择重点行业全面推进应用示范；开展重点区域支柱性产业的应用示范；加强标准体系研究和关键技术标准研制；加强数控技术应用服务和培训体系建立。

数控一代示范工程的具体目标：（1）研究开发一批具有自主知识产权的数控化机械设备的设计、工艺、控制技术和工具，研制一批行业关键数控装备和主导产品，显著增强数控技术对提升企业核心竞争力、加速制造业转型升级、促进高端制造业发展及壮大地方支柱与特色产业的支撑作用与服务能力。（2）在各相关行业的装备和产品创新中推广数控技术与产品的应用，实现全面升级换代；结合区域发展战略，对长江三角洲、珠江三角洲等制造业发达地区以及中西部工业重点地区、东北老工业基地开展"示范工程"，提高区域的机械产品自主创新能力和产品附加值。（3）完善数控技术和数控产品应用服务和培训体系，培育一批数字化机械设备及产品的设计应用人才，提升我国机械设备制造企业的创新能力和售后服务能力，实现数控技术和数控产品应用的规范性、标准化，提高机械设备行业的整体竞争力。

8 "数控一代"和"智能一代"机械产品创新工程

"十二五"期间，数控一代示范工程（一期）的总体考核指标：（1）突破数控机械设备创新设计、专用控制、工艺技术等关键技术，形成专业化设计工具、控制系统和工艺软件，全面应用于纺织机械、印刷和包装机械、轻工机械、建材机械、塑料及其他行业机械。（2）研制 50 种以上各类数控机械设备，建立不少于 6 个重点区域应用示范，形成总数不少于 30000 台套各类数控机械设备的应用示范。（3）建立不少于 6 个数控机械设备应用服务和培训体系；培养数控机械设备研发和应用推广人才不少于 6000 人。

数控一代示范工程（一期）的总体布局

2012—2014 年，科技部通过国家科技支撑计划在广东、重庆、湖北、辽宁、陕西、浙江、天津、山东、黑龙江、宁波等区域，纺织、石材、印刷、包装、注塑机等行业开展应用示范，总经费 5.8758 亿元，其中国拨经费 1.7281 亿元，参与单位共计 110 家，其中企业 67 家、大专院校 30 家、事业单位 13 家。

1. 数控一代区域示范工程

1）面向纺织、木工及模具行业的机械设备数控化应用示范

针对广东东莞区域纺织、木工及模具等专业镇的需求，开展产业共性技术、行业关键装备、数控系统及关键功能部件等研发，聚集高层次人才，打造广东省装备制造创新平台，推动广东省装备制造业自主创新能力的快速提高与产业快速发展。面向行业的共性技术问题，围绕共性技术、装备研发、示范应用三大方向开展研发，搭建面向纺织、木工、模具加工行业机械数控化创新服务平台，开展行业人才培养。纺织、木工、模具等行业专用控制系统及装备推广应用不少于 1000 套；行业示范企业不少于 10 家，每家应用数控系统或数控设备不少于 20 台套。提供技术咨询、技术改造、人才培训等

服务,每年服务企业不少于50家,每年为行业及专业镇提供不少于200人次的技术培训服务。

2) 沈阳特种专用数控机床产业集群国产数控系统创新应用示范

针对专用数控系统,开发完成开放式数控系统体系结构、形成系统硬件平台、软件平台和故障检测诊断平台,实现面向专用机床的定制和二次开发。开发用于加工球阀球面的车磨专机、用于加工闸阀闸板的铣磨专机、加工阀体双头、三头的车镗专机、用于加工蝶阀阀体双头的车钻镗专机以及用于加工各类阀门法兰的多头高速钻孔专机等数控专机;组织实施20种以上专用机床的数控系统配套应用,形成数控系统国产化率100%的汽车发动机活塞、盘类和箱类零部件加工数控机床50台套应用示范,形成数控系统国产化率100%的通用机械的阀门类零部件加工数控机床50台套应用示范。

3) 重庆市齿轮行业数控装备应用示范工程

主要包括制齿工艺及装备数控化技术研究、数控制齿装备研发、数控制齿装备应用示范及产业化三方面的内容。制齿工艺及装备数控化技术,主要研究制齿机床零编程技术、制齿工艺参数优化方法、在机检测与补偿、可重构模块化设计技术、高效齿轮刀具优化设计技术、生产线集成智能控制技术、制齿工艺与数控系统的集成技术;国产数控系统在齿轮加工中的应用技术研究;研发数控制齿装备、刀具及生产线;在10家制齿企业进行典型示范应用,在此基础上,3年内推广应用各类数控加工装备4500台,其中向重庆市齿轮加工行业推广数控机床3000台(国产数控系统占2/3)。

4) 面向汽车零部件产业的数控装备开发及应用示范

针对湖北省汽车零部件制造企业对制造装备的实际需求,应用优化设计、可靠性设计、模块化设计,数字控制、伺服驱动、精密检测、误差补偿等技术,开发、推广应用高精、高效的数控曲轴生产加工装备、轴承数控高速全自动装配线等。通过国产数控装备的示范应用及数控化改造,研究汽车零部件制造过程的数字化升级,实现汽车零部件加工装备的创新,缩小和国外先进技术的差距,提高汽车零部件产业国产关键装备的占有率及数控化率。生产、推广应用数控曲轴铣床、数控曲轴磨床、(曲轴)感应淬火成套设备、数控精镗补偿系统等数控装备 200 台套，数控砂轮修整器等数控功能部件 200 台套，滚锥转子轴承数控高速全自动装配线 20 条，其主要技术指标到达国际先进水平；在湖北千里汽车长廊围绕汽车底盘、发动机、变速箱、液压等汽车关键零部件的多家生产企业推广应用 500 台套的数控装备，进行 100 台套的传统装备的数控化改造。

5) 陕西省数控一代机械产品创新应用示范工程

开展数控技术向工业缝制装备、印刷包装机械和齿轮装备 3 个行业应用示范的关键共性技术研究，推出 3 类以上的专用数控系统和数控化产品进行区域应用示范推广；建立陕西省专用数控技术服务基地，健全包括数控技术开发人才和数控技术应用人才培养培训的多层次的数控人才培养体系和技术服务体系。通过以上措施，在区域内企业实现 10000 套以上的专用数控系统与伺服驱动装置应用示范，10000 台套以上的数控化设备的应用示范，全面提高陕西制造业的数控化技术水平，持续推动数控一代应用示范工程目标的圆满完成。

6) 浙江省数控一代机械产品创新应用示范工程

针对浙江省包装机械、皮革制鞋机械、纬编机械、流程泵及特色专用机械等行业，攻克行业专用数控系统和伺服驱动装置，并在上述行业的数控化设备中进行应用示范。具体如下：针对包装机械行业，形成全自动封箱机、全自动缠绕机、全自动纸箱成型机的数控化产品升级，在 2 家以上包装企业进行应用示范。针对皮革制鞋机械行业，形成自动上胶前帮机、数控皮革裁剪机的数控化产品升级，在 2 家以上皮革制鞋企业进行应用示范。针对纬编机械行业，开发新一代针织圆纬机、高速细针距平板丝袜机、高速细针距电脑提花丝袜机、高速电脑提花自动起底横机的专用数控系统和高性价比的伺服驱动装置，在 3 家以上纺织企业进行应用示范。针对流程泵行业，开发新一代数字化流程泵，实现性能及运行参数，如压力、流量、温度等参数的实时监测及控制，自动保证泵机组可靠运行，在 2 家以上流程工业企业进行应用示范。针对特色专用机械行业，采用国产数控系统和伺服驱动装置开发新一代数控滚齿机和轴类自动化加工专机，在 2 家以上的浙江省汽车零部件制造企业进行应用示范。实现国产数控系统销售 2000 套，伺服驱动装置销售 5000 套。

7) 天津市数控一代机械产品创新应用示范工程

针对天津数控机械设备在创新设计、数字控制、个性化工艺等方面的需求，开发机械设备数控关键技术。以促进区域企业产品数控化转型升级、提升产品自主创新能力为目标，实现天津传统装备制造业向数控化、高能效的方向发展，利用区域辐射效应提升区内企业机械制造产品的数控化程度。实现不少于 2000 台套设备的数控化推广和示范目标；进一步针对区域内三个以上行业、十家以上企业的传统装备制造数控化需求，实现产业化推广应用国产数控系统 5000 台套以上；建立服务与培训基地。实现首批示范研发的新技术、新产品：数控钢筋弯箍机、数控钢筋调直切断机、数控多机组模烫机、数控模烫机、数控卷筒纸机组式烫印机、基于已有国产数控系统的可重构数控系统技术架构。

8) 山东省数控一代机械产品创新应用示范工程

项目实施之后，建成数控一代喷气织机的产业化示范基地，形成喷气织机核心控制技术的自主知识产权，替代进口或者外资品牌；形成年产 2500 台数控一代喷气织机的生产能力；建成数控一代喷气织机的产业化示范基地，形成喷气织机核心控制技术的自主知识产权，替代进口或者外资品牌。完成面向木工切削加工的数控一代高档木工数控加工中心的研制，提高我国木工加工机械的档次和附加值，替代进口；形成年产1200台套的生产能力；建成"星辉数控非金属材料加工中心产业园"，提高我国木工加工机械的档次和附加值，替代进口。预期形成 600 台的轴承加工专用数控设备整机销售；建成"数控一代轴承内外套圈加工机床生产基地"，为山东省轴承制造基地提供装备支持；促进山东省轴承产业加工设备的升级换代，提高山东省轴承行业的自动化水平，解决用工荒问题，提高山东省轴承产业的品质和质量。

9) 黑龙江省数控一代木工机械产品创新应用示范工程

木屋加工数控化以后，可以建设 2 个示范基地，产业化推广后，实现数控木屋梁加工系列设备 550 套，改造 1000 套，实现产值 1.04 亿元，拉动木

8 "数控一代"和"智能一代"机械产品创新工程

屋制造业实现产值 20 亿元以上，在全国将拉动 80 亿元的市场产值。炭化机数控化以后，建设 2 个示范基地，产业化推广后，推广该系列产品 900 套，改造现有系统 1400 套；数控设备销售将实现产值 2 亿元，拉动木材干燥市场实现 30 亿元的产值。薄木刨切将建设 2 个示范基地，完成智能型数控大幅面薄木刨切的应用示范，产业化推广后，推广该类数控产品 600 套，改造该系列的设备 1200 套，设备销售实现产值 4500 万元。计划完成欧式木窗数控砂光生产线示范一条，然后进行项目的生产线安装调试，最后进行产业化全国推广。

10) 宁波市数控一代机械产品创新应用示范工程

在塑料注射成型、毛衫自动缝合以及冲压机械 3 个行业开展应用示范工程，推广伺服电机、驱动器及数控系统 21000 套以上；推广数控化塑料注射成型数控装备、毛衫自动缝合机械装备、冲压机械装备 8000 台套以上。具体到三个领域，推广塑料注射成型数控装备 5000 台套，推广伺服电机、驱动器及数控系统 15000 套，其中伺服节能塑料注射成型装备实现推广 4000 台套，伺服电机、驱动器及数控系统 12000 套；全电动塑料注射成型装备实现推广 1000 台套，伺服电机、驱动器及数控系统 3000 套。推广毛衫自动缝合装备 3000 台套，专用数控系统、伺服驱动器、伺服电机 6000 台套。推广冲压机床数控装备 100 台套，专用数控系统、伺服驱动器、伺服电机 300 套。

2. 数控一代行业示范工程

1) 纺织行业（苎麻、针织、涂布）装备数控化应用示范

以缩短苎麻加工工艺流程、提高产品质量水平、减少环境污染为主要目标，通过对苎麻脱胶、水理、牵切、梳理、成纱、晶变加工等工序的联合研制和开发，突破数控化苎麻工艺关键技术，开发立体提花贾卡经编机、五针道电脑全自动横机、双面移圈电脑控制圆纬机、高精密涂布装备等行业专用设备，实现批量化推广应用。形成数控化苎麻生产线，万锭减少用工 200～300 人，吨纱耗水量减少 50%以上。立体提花贾卡经编机产业化推广 30 台套以上，五针道电脑全自动横机产业化推广 1800 台套以上，双面移圈电脑控制

圆纬机产业化推广40台套以上。形成年产20条高精密涂布装备生产能力，实现年销售高精密涂布装备3亿元，产生显著的经济效益。

2) **石材数控加工技术创新应用示范**

研究石材加工过程中力、温度等载荷特征，为数控石材机械设计提供设计数据；研究石材加工过程的过程参量变化特征及监控技术；研究加工工具状态评价与跟踪技术；研究加工参数与加工工具状态的匹配关系；石材加工过程的建模及仿真。常规石材加工设备的数控化、智能化研究，异型石材数控加工中心的研制。金刚石工具的数字化描述、设计与数控化制造技术研究以及高性能金刚石工具的研制。数控金刚石排锯首年目标5～10台套；数控组合圆盘锯机和数控双向切割机产量100台以上；全自动大理石连续磨机，产业化10台以上；异型加工绳锯机产业化推广20台；全自动花岗岩连续磨机产业化100台以上；数控线条加工机产业化200台以上；异型石材加工中心产业化推广30台以上。

3) **印刷行业产品数控化应用示范**

印刷机械数字化控制关键技术与集成应用示范，将主要针对关键技术研究与功能部件及系统开发，单张纸胶印机数字控制技术研究及系统研发。印刷装备数字化共性关键技术开发及应用，重点研究基于测试的印刷装备稳定性及可靠性，基于空气动力学的纸张预置及执行机构一体化技术、印刷机械数字化创新设计平台开发及应用以及印品数字化在线检测技术及装置开发等。环保型卷筒料凹版印刷机攻关与开发，重点研究新型无轴传动控制技术系统的提升与优化、放卷—印刷—连线加工—卷单元的模块化设计与制造；实现国产数字化、智能化控制系统在环保型凹版印刷机上的应用；开发生产出样机。印刷电子数字化控制关键技术及集成示范应用，重点完成数字化定向控制导电材料晶型及其油墨化工艺研究，水相、有机相高浓度纳米金属溶胶制备及其中试生产，建设纳米金属溶胶中试线。开发印刷机械数控化功能部件新装置或新系统6个。

4) **数字化印刷包装裁切生产线研发与应用示范**

针对裁切生产线关键技术，开展伺服系统动力学、运动控制算法、搬运机构自动编程等技术的研究与开发。针对裁切生产线机械设计制造与研究升纸机、整纸机、切纸机、卸纸机机械系统的设计研究；研究适于裁切生产线前后工序联系的物料运输导轨设计；研究设计自动化搬运机构物料抓取机构；研究设计裁切生产线工业机械手关节结构。高安全性、可靠性的裁切生产线机电一体化系统设计制造、执行机构的可靠性设计、基于多重互锁保护技术的控制系统的安全性和可靠性设计、裁切生产线的制造与系统集成裁切生产线专用控制系统技术研究；设计基于MCU+FPGA架构的工业机械手运动控制器，实现工业机械手多关节同步运动控制；通过执行机构位置、速度反馈，实现运动控制的快速平稳运行及精确定位。裁切生产线的专用数控系统、伺服驱动系统、PLC的设计、制造。实现2家以上主机厂配套国产切纸机数控系统600套。

5）节能智能型数控化塑料注塑机的研发与应用示范

结合我国塑料机械行业的发展需求，将数控技术、智能技术结合起来，研发具有自主知识产权的智能、节能、精密三位一体塑料注射机，用高新技术改造和提升注射机制造业，提高产品的档次、技术含量和附加值。研发智能型全电动注射机和电液伺服注射机两大类产品，通过推广应用，实施期间销售节能注射机达到1000台套以上，其中全电动注射机不少于50台套，并对市场现有传统液压注射机进行伺服节能化改造1000台套，通过国内骨干企业的推广和示范应用，提升我国注射机企业市场竞争力，同时促进塑料加工行业的节能减排。

三、"数控一代"示范工程（一期）总体实施效果良好，涌现了一批典型案例

数控一代示范工程（一期）总体实施成效良好，概括来讲：

（1）促进了传统产业转型升级。在湖北十堰完成了汽车零部件制造行业数控化改造，提高企业生产效率近2倍。在广东、湖北、重庆等地开展了注塑机数控节能减排科技行动专项，实现了平均降低能耗40%的目标，形成注

塑机数控节能改造的技术路径和改造模式。

（2）引领了行业区域经济发展。在纺织机械、轻工机械、齿轮制备机械等行业，已提供国产专用数控系统30000余台套，降低成本30%；研发的电脑毛织机使得单个工人劳动效率提高了48倍，在广东成功应用，在总体上降低产业集群的生产成本。

（3）扩展了区域产业发展新的增长点。在数控一代示范工程的带动作用下，广东的电子制造装备，重庆的工业机器人、湖北的数字化智能化制造装备都成为了区域产业发展新的增长点，在未来的2~3年内，将分别形成数控装备新产品不少于1万台套或总产值不少于100亿元的应用示范规模。

下面从行业、区域等角度，遴选若干典型案例，分享数控一代示范工程（一期）实施过程中的成功与经验。

■■ 典型案例1：开发出具有灵活，开放和跨平台性特性的数控系统二次开发平台，推动了国产数控产品在木工、金属板材机械行业的广泛应用

武汉华中数控股份有限公司（简称：华中数控）研发的华中数控系统软件，吸收了国外优秀数控系统设计的设计思想，并按模块化的方式设计和开发，其软件系统结构具有灵活，开放和跨平台性的特性。各模块可在linux和windows平台下单独开发、调试和维护。针对不同的应用需求，相应存在两种开发平台，linux/DOS开发平台，Windows开发平台。其中linux/DOS开发平台主要针对单机形式，支持G代码和宏变量编程以及简单的CAD/CAM集成；Windows开发平台针对上下位机的形式，还能支持更丰富的用户界面定制开发、高级CAD/CAM和第三方应用软件的集成。无论是上述何种模式，均提供了统一的API接口函数。

木工机械行业是家具工业、建材工业与装修等行业的基础产业，木材加

8 "数控一代"和"智能一代"机械产品创新工程

工技术的进步依赖木工机械行业的技术进步，我国木工机械的水平不高，制约我国相关产业的发展水平。国产木工设备与国外高端设备相比，在加工技术、数控软件等各方面都存在一定的差距。通过"数控一代"机械产品创新工程的实施，华中数控与木工机械企业合作，在华中数控系统二次开发平台的基础上，针对木工机械的发展方向，结合市场变化趋势，面向家具产品自动化、数控化高效加工需求，针对各类木材镂铣、锯切、钻孔、开榫等多种加工工艺需求，研究木料材质、各类刀具、加工速度等多工艺参数匹配与优化技术，建立木材加工工艺知识库，开发了木材开料排样优化算法和软件；研究木材锯、钻、铣等高速数控加工算法，研制了相应的木工机械专用数控系统。以此为基础，研制了木工数控加工中心、木工数控制榫机、木工数控榫眼机、木工数控裁板锯等木工数控设备，相关系统技术达到国内先进水平，研究成果进行产业化推广应用。形成了有自主知识产权群的高端设备，扩大了国产木工设备在中高端市场的份额。

在金属板材加工行业中，目前国产数控专机所使用的数控系统，绝大部分采用国外数控系统，即使像加工薄板的中小功率三轴控制的激光加工机，也多采用国外系统，大功率厚板激光加工机采用西门子 840D 这样的系统，而折弯机更是大多采用 Delem 等进口的专用数控系统。这与我国机床制造大国的地位十分不匹配。在专用型数控系统应用方面，国产数控系统几乎处于空白状态。在华中 8 型数控系统的基础上，通过软硬件平台的扩充与完善，构建专用数控装置及软硬件开发平台，在激光切割设备和折弯机上进行专用数控系统的开发。通过解决激光切割设备和折弯机的控制和关键工艺技术，建立开放式数控系统二次开发平台，开发激光切割设备和折弯机专用数控系统，达到国际主流同类专用数控系统水平。

典型案例 2：纺纱生产主机和各种辅助设备全部数字化控制，实现了纺纱生产全流程数控化，促进了纺织机械产品的升级与创新

纺纱是制作纺织品的首道工序，采用清花—梳棉—精梳—并条—粗纱—细纱—络筒的现代纺纱工艺，已彻底摆脱了手工作业，并使产品质量得到了有效控制。而机器的结构较复杂，某些机器的传动链较长。数控技术的发展，为纺纱机械的机构简化、运转精准提供了解决方案。亦使进一步提高效率和纱线质量成为可能。当今，世界纺纱锭有 2 亿多枚，其中 1.3 亿左右在我国，数字化改造的市场需求巨大。

纱属柔性、并具有一定弹性的产品，对纺纱装备运动的要求与一般的机械略有不同，它一般不太关注位置精度，考虑更多的是多轴之间的跟随性、同步性。在纺纱流程中的梳棉机、并条机上，为保证产品的均匀性，往往采用自调匀整装置。现在机械式的装置已被数字化装置所替代。该装置在机器的输出端通过位移或光电、电容等传感器检测棉条的体积或投影面积、纤维含量等参数，根据参数的变化，调整输入端的伺服电机速度，以控制棉条的均匀度。复杂些的会在输入端增加传感器，检测输入原料的单位重量，与输出端信号通过算法叠加，来控制输入速度。

多电机分部驱动已被广泛应用于工序中的各个主机上。在粗纱机中四部电机分别驱动罗拉、锭翼、筒管和龙筋运动，机构得到极大简化，且运转中的变速精度比原锥轮皮带式提高了许多。品种变换也不再需要高级技工对设备进行调整，只要根据工艺单输入相应参数即可。应用专家系统的粗纱机，在机器的显示屏中输入所纺制品种，机器可自动选定经优化的参数。更新的技术进一步分解机器的动作，全机主要传动共采用了 7 部电机，使三对罗拉之间的转速比实现数字化无极调整。在电锭细纱机上，纱锭与电机合为一体，一个千锭的细纱机就有 1000 多个电机。

自动化的装置越来越多的成为标准配置。梳棉机、并条机、精梳机条桶

纺满、条卷机小卷达到定长、粗纱机、细纱机纱管满管后，设备自动停车、空满卷装切换，并自动开车运转。自动化的物流输送与储存系统也开始受到用户的青睐，除早已大量应用的清花机与梳棉机间的棉束通过气流管路输送外，细纱机与络筒机间的纱管和空管的自动输送也已推广。尤其是粗纱机与细纱机间输送和存储系统已包含一定的智能化功能，它可对多台粗纱机的产和多组细纱机的需实现自动匹配，并可实现产品信息的可追溯等。梳棉、精梳、并条、粗纱间的 AGV 小车条桶输送和精梳条卷的输送、筒纱的自动打包、码垛等系统也已进入试验验证阶段。

数字化车间除对主机设备和自动化物流、仓储进行管理外，还可对车间的温湿度、生产用气流压力、能耗进行智能化管理，并可做到根据挡车工操作需求自动调节车间的局部照明亮度。

目前，数字化的纺纱装备和清梳联、粗细联、细络联均已大批量地生产，如在近两年棉纺市场不景气的形势下，带集体落纱的细纱长车销售却逆势上扬，销量已超过了普通的细纱机；江苏大生 4.56 万锭和无锡经纬 2.2 万锭"棉纺数字化车间"示范线也进入验收准备阶段，该示范线的万锭用工可由原 80 人左右减少到 28 人以下，吨纱综合能耗可下降 10% 以上。2015 年以来，仅经纬纺织机械股份有限公司就先后签订数字化纺纱成套设备 300 多万锭，对拉动纺织行业技术进步、产业升级效果十分显著。

典型案例 3：围绕武汉、随州、襄阳、十堰为中心的千里汽车工业走廊，实现了汽车零部件生产线的数控化改造，促进了传统产业的升级与创新

湖北汽车及零部件产业在全国具有重要地位：湖北是汽车产业强省，汽车产业是湖北的支柱产业，湖北汽车零部件产业主要集中在武汉、十堰、襄樊、随州、荆门"千里汽车工业走廊"，运用数控化设备对汽车零部件生产

企业进行技术升级，将大大提高企业的生产制造能力和市场竞争力。

在数控一代示范工程课题支持下，主要研究了提高用于曲轴、轴承等关键汽车零部件加工及装配的数控装备的效率、质量和质量稳定性相关技术；建立了汽车底盘部件、发动机部件、变速箱部件、液压部件等关键汽车零部件的数控加工应用示范线，研究了应用过程中涉及的工艺优化、夹具工装、自动上下料装置设计等相关技术，有效提高了相关企业的数控化率以及国产装备及系统的占有率。

研究了曲轴数控铣削的（多）刀盘优化设计、切削力自适应控制方法、切削工艺参数优化、基于随动跟踪切削模型的数控系统的二次开发等相关技术，开发了曲轴铣削数控加工设备；进行了高速磨削工艺实验研究，完善了曲轴高速磨削工艺，开发了面向高效磨削的曲轴自动磨削程序，研究开发了静压轴承和静压导轨等影响磨削质量的关键功能部件；研究了曲轴淬火相关技术并开发了系列装备。提高了曲轴加工质量及稳定性，建立了年产 200 台套装备的产业基地，推广应用曲轴加工装备及功能部件 400 余台套。

采用了数控和虚拟仪器技术进行信号检测，对圆锥滚子轴承高速装配在线数字化检测如内径、外径、滚子直径分组、漏滚子/倒装滚子、收口质量、装配高/限高、力矩和自动振动等核心技术进行了研究。研究了基于数控技术的圆锥滚子轴承高速装配如动态合套、保持架收口、无擦伤滚子上料和高速机械手等核心装配技术，开发出圆锥滚子轴承全自动装配线，建立了应用示范基地，推广了全自动组装线 23 条。

针对数控精镗补偿系统，优化了弹性镗杆部件结构和数控驱动结构，改进了关键部件的加工工艺和补充算法，进一步提高了精镗补偿系统的补偿精度和可靠性。开发的水箱孔自动加工线在三一重工股份有限公司得到成功应用，高精度补偿系统东风康明斯发动机有限公司缸体线取代了国外系统。

建立了包括 D310 后盖自动化生产线、自卸车前顶液压油缸生产线、汽车变速箱同步器生产线等应用示范线，进行了深孔镗恒功率控制技术、数控车床超长丝杠驱动装置、加工中心在机检测技术、第 4 轴及工装夹具等数控技术开发与推广应用。提高了生产线的自动化程度，提高了加工质量和生产效率，提升了相关企业的竞争力及行业地位。

典型案例 4：开发了电脑横机数控系统及装备，单个工人的劳动效率提高了48倍，引领了广东东莞"机器换人"工程的实施

纺织行业是广东省的传统优势产业，已形成一定规模的产业集群，以东莞大朗为例，世界上每5人中有1人穿过东莞大朗的毛衣，但行业依然存在大量的手动或半自动制造装备，生产效率低下、严重依赖劳动力。随着人们对毛衫外衣化、时装化、舒适化、个性化要求的提升，一般普通毛织机已不能适应高品质和复杂花型毛衫的生产要求；同时，由于劳动力成本持续上涨、普通毛织机生产效率低下、品种更换复杂、对市场反应缓慢，难以满足企业发展的需要，这就要求企业由劳动密集向技术密集型企业的转化。数字化设计、数字化生产成为毛织业发展潮流，毛纺企业迫切需要高性能全自动电脑横机及嵌入式数控系统改造替代传统毛纺制造装备。

国外进口电脑横机综合性能优良，但价格昂贵，国产品牌售价比进口品牌较低，但综合性能与国外品牌差距很大，主要表现在：编织花型单一、纱嘴少、生产速度慢、故障率高等方面。另外，目前国产电脑横机厂家大多没有数控系统的研发能力，所有产品几乎全部使用进口的控制系统，妨碍了成本的进一步降低，整机利润的很大一部分也贡献给了国外数字控制系统研发厂商，从而严重影响了我国毛织行业的发展。

针对此现状，广东华中科技大学工业技术研究院（原东莞华中科技大学制造工程研究院）与大朗镇联合共建了毛织行业装备研发与技术服务平台，以国家数控一代专项课题"面向纺织、木工及模具行业的机械设备数控化应用示范"为依托，面向专业镇企业开展了电脑横机控制系统研发，突破了横机数控系统多项关键技术，形成了完整的电脑横机控制系统产品线，包括多功能双系统、双系统、单系统和经济型单系统等多种产品，具有全触屏界面简洁易用、参数设置方便快捷、制版系统全新多元、升级维护再无障碍、高速换向平稳运行、d型插头方便可靠、修改花型方便快捷、故障记忆功能强

大 8 大技术优势，该数控系统适用于真丝、合纤丝、羊毛、混纱、纱线等原料，可进行羊毛衫衣片、围巾、帽子等织物各种复杂花型的自动编织，能满足低、中、高端产业需求。

已完成对编织效率低下的手动、半自动以及台系数控系统改造升级台套数 200 余套，高性能的毛织机械数控系统或装备替换传统加工装备近 1000 套，服务企业 100 家，带动产业实现年新增产值 2.5 亿元。

以东莞市蕙莎实业有限公司为例，公司是国内行业知名企业之一，但公司的很多生产设备还是半自动横机，平均 1 台半自动横机每天可生产 12 件毛衣，每名员工可同时操作 3 台，经过改造后，每台横机单日可产 24 件毛衣，每人可同时操作 10 台横机，单人产量提升了近 7 倍，极大提高了生产效率，节省了人力成本。同时，升级后的电脑横机可以完成复杂花色的编制，最多支持 32 种花色，相比较手动、半自动横机的单一花色产品售价翻倍，产品附加值得到了极大提升。

毛织企业纷纷开展升级改造或购置数控电脑横机，2008 年大朗镇电脑横机存量只有 4156 台，到 2013 年已超过 50000 台，毛织产业用工人数由 14.5 万人减少至 9.8 万人，毛织产业生产总值却由 2008 年的 48.7 亿元，增加到 2013 年的 170 亿元。

典型案例 5：紧密结合区域经济的集群成长模式，大小圆机、袜机、内衣机等产品数控化接近 100%，引领了浙江省"机器换人"工程的实施

"一乡一品"、"一县一业"的集群成长模式已成为浙江经济的一大特色，并成为浙江经济快速发展的主流模式之一。如杭州的装备制造产业群，温州的轻工皮革、海宁的皮革、温岭和永嘉的泵业、永康的五金产业群等，区域经济在浙江省发展经济、参与国际竞争、扩大就业方面发挥了十分重要的作用。

8 ▎"数控一代"和"智能一代"机械产品创新工程

从总体上看,浙江省产业集群内企业大多起点较低、规模较小,自主创新意识淡薄,还停留在粗放式的劳动、资源密集型阶段。产品技术起点低的主要特征就是数控化程度低,以纺织机械为例,数控一代项目实施前,浙江省纺机行业从规模来看,可排在全国前三的位置,但是纺织装备以中低端产品为主,数控化成都较低,变频控制已经是技术非常领先了,PLC 控制才刚刚起步;包装机械产业也存在低端产品居多、人才短缺等问题,大量的方便面机械、纸箱纸盒机械、捆扎打包机械、真空包装机械、纸张及塑料彩印机械、塑料包装机械、杯装封口机械、果冻机械、片材制杯机械、饮料及塑料吹瓶机械等,技术仍以 PLC 控制为主。

通过"浙江省区域特色产业数控一代机械产品创新应用示范工程"项目的实施,行业技术水平有了极大的提高。

以纺织机械行业为例,绍兴金昊机械制造有限公司新开发了电脑内衣机及提花圆机,全部采用电脑数控系统,系统全部自主设计,至 2014 年 9 月底,已销售 687 台套,2014 年内衣机销量全国第一;浙江理工大学参与开发的数控多功能圆纬无缝成型机,采用分布式全数控技术,产品获 2015 年纺织工业协会一等奖;浙江省还涌现一批专门从事纺织机械数控系统研制和产品销售的企业,这些公司均以纺织针织圆纬机控制器为主导产品,包括大圆机、小圆机、袜机、内衣机、横机等,年产量约 3 万台(套),基本覆盖了本地圆纬机市场,目前在浙江省市场中,大圆机、小圆机、袜机、内衣机、横机等产品的数控化接近 100%,其中本地配套率超过 80%。

包装行业和皮革行业也取得很大进展,在皮革制鞋机械中,已完成数控皮革裁床、数控前帮上帮机、中后帮上帮机及涂胶机、打钉机等的数控化,数控系统使用数达到 199 台套,全部为国产数控系统;数控皮革制鞋被列入浙江省经信委首批"机器换人"推广项目,正在实施;数控包装设备中,已完成铅酸电池等数控生产线、乳品双盒数控包装生产线、硬币自动检数包装联动线等研制,采用国产数控系统,完成 28 条线的改造,应用数控系统 106 台套,被列入浙江省 2014 年度"机器换人"重大招标项目,正在实施。

智能制造

■ 典型案例 6：攻克了数控化、智能化注射机关键技术，完成了近 6000 台套节能注塑机生产与改造，平均节能 50%以上，实现了塑料制品企业的节能降耗

据中国塑料加工工业协会统计：我国塑料制品总量居世界第一，主要采用注塑机成形，注塑机保有量约为 80 万台，其中液压注塑机所占比例超过 60%。同时，我国目前人均塑料消费量仅为美国、德国等发达国家的 1/3，尚有很大发展空间，市场容量巨大。传统液压注塑机采用异步电动机驱动定量泵、结合 P/Q 比例阀的电液控制技术，工作过程中油泵始终连续运转，存在大量的溢流能量损耗，即使在无负荷状态运转驱动油泵的电动机也要消耗其额定功率约 1/3 的电能，能量浪费非常大，是一种典型"非节能"设备。

注塑机节能控制技术一直是该领域研究的重点。异步电动机驱动高响应 P/Q 型变排量比例泵可减小溢流损耗，但难以满足注射成形高动态性能的要求。电液伺服和全电动是保障能量按需供给、实现注塑机大幅节能的两种新兴途径。其中，电液伺服采用伺服电机改变液压泵转速，通过速度、电流环控制来调控液压系统的流量与压力，由于彻底避免了溢流的能量损耗，节能率可达 40%～80%，是目前液压注塑机的发展趋势。而全电动注塑机则摒弃了传统液压系统，采用 5～6 个伺服电机通过滚珠丝杠直接驱动各个执行器运动，不仅降低了注塑机运行过程的能耗，同时带来了性能上的提升。但是由于重载下滚珠丝杠寿命短，全电动技术目前还只能用于中小功率机型。

在国家支撑计划课题"节能智能型数控化塑料注射机的研发与应用示范"的资助下，武汉华中数控股份有限公司联合华中科技大学、震雄机械（深圳）有限公司、博创机械股份有限公司研发注塑机专用数控装置、专用伺服驱动与电机、工艺智能系统等电液伺服/全电动注塑机节能控制技术及装备，并开展示范应用。该课题现已实现节能注塑机生产销售 3000 余台套、改造传统注塑机 2600 台套。

该课题成效显著，在节能减排方面具有很好的示范作用。如根据第三方

8 "数控一代"和"智能一代"机械产品创新工程

机构的抽样测试表明，茂瑞电子（东莞）有限公司在相同生产条件下，采用电液伺服技术后注塑机平均节能51.6%。对富士康集团55台传统注塑机进行了升级改造，对比测试数据表明，单机每小时能耗平均从13.8千瓦时降到4.7千瓦时，按单机月工作26天、利用率70%计算，每年可节电4.8万千瓦时。以此为依据推算，若我国保有的80万台液压注塑机全部采用节能控制技术，每年可以节电384亿千瓦时，约相当于三峡电站5个月的发电量。

典型案例 7：研发了石材数控多头连续磨抛机，一条流水线代替一个传统磨抛车间，效率提高10倍以上，实现了石材加工行业的节能节水

石材以其优良的机械性能和装饰性能被广泛应用于建筑、装饰以及高端精密机床结构件。自2000年以来，中国的石材行业从产量、产值都稳居世界第一，成为推动全球石材产业持续发展的火车头。2014年我国规模以上企业石材总产值达到4000亿，成为国民经济的重要组成部分。

加工是天然石材得以应用的前提。近代超硬磨料（人造金刚石）工具和机械化加工设备的出现，使得石材行业得到前所未有的发展。高速发展背后所带来的"资源浪费、岩屑污染、能耗大、劳动强度大"为同时为世人所诟病。如何调整产业结构实施绿色战略，向着资源利用合理化、废弃物产生少量化、对环境无污染或少污染的方向发展，是我国石材工业走向新型工业化道路的必然与科学的选择。另一方面，传统机械所加工的石材产品已经无法满足人们日趋对石材饰品艺术化、高附加值的迫切需求，技术革新迫在眉睫。

利用数控技术改造传统石材加工技术是提升我国石材加工水平、增强产品的附加值，促进我国石材产业向高精化、多样化、艺术化和绿色化升级的关键途径。福建省作为我国石材加工重地，拥有完整的石材加工设备、金刚石工具制造和石材加工产业链集群，区域产业升级需求明显，成为我国"数

控一代示范工程"战略行业实施的首选。

在相关政策支持和业界努力下，石材数控加工技术得到迅速的推广，典型工艺并取前所未有的成效，其代表性成果可归结如下：

数控金刚石圆锯片锯切技术。将多轴联动伺服驱动技术与高速、窄锯缝、超薄锯片切割技术的有效融合，通过合理规划锯切路径，不仅可以实现精细切割，极大提高了荒料成材率和板材产出率；还可以实现传统圆锯片锯切技术所无法完成的波浪条、弧形条、阶梯等异型石材成型加工。

数控金刚石串珠绳锯通过三轴、四轴伺服联动与数控技术，实现艺术化石材制品软件造型设计、轮廓控制和数控化加工，彻底颠覆传统绳锯简单直切形式，实现圆柱、弧形板、罗马柱、数字、字母、汉字等多种形式的石材产品的绿色、高效加工，极大提高产品附件值及艺术感。

石材数控多头连续磨抛，通过多磨头数控联动、压力自适应和余量自动分配，实现定厚、粗磨、精磨、抛光等工艺流水线完成，实现规格板材一站式大批量、高效地磨抛，达到"一条流水线代替一个传统磨抛车间"的效果，"机器换人"效果显著，极大节省了场地空间和劳动力。

数控技术在石材加工领域所取得的成效已现端倪。毫无疑问，以数控技术革新石材加工技术，不仅是石材行业贯彻科学发展观、走可持续发展之路的必有途径，更能引领石材行业迈向深加工、高附加值、高效率、高利润的新时代。

典型案例 8：广东省发布《广东省数控一代机械产品创新应用示范工程"十二五"实施方案》，各级政府财政资金投入超过 5 亿元，带动企业及社会投入超过 20 亿元，已取得了一系列成效

广东省作为全国首批示范工程示范省，于 2011 年 12 月率先召开了数控

8 "数控一代"和"智能一代"机械产品创新工程

一代机械产品创新应用示范工程动员大会，正式启动了广东省数控一代示范工程。

广东省科技厅、财政厅安排了 3 亿元专项扶持资金重点开展了机械装备数控化的关键技术攻关、重点行业和区域应用示范、服务体系和环境建设，建立了"下游考核上游、整机考核部件、应用考核技术、市场考核产品"的项目成果用户考核机制。在省专项资金的带动下，东莞、中山、佛山等多个地市、区均设立了专项资金。到 2014 年年底，数控一代示范工程带动市、区、镇等各级政府财政资金投入超过 5 亿元，带动企业及社会投入超过 20 亿元，目前在数控一代核心技术攻关、关键装备研发、服务平台建设、人才培养、区域应用示范等方面已取得了一系列成效：

搭建了一批综合服务平台，为示范工程奠定基础。针对广东机械产品数控化需求，建立了国家数控技术工程研究中心广东分中心、广东省制造装备数字化重点实验室等综合服务平台，开展了共性技术攻关、关键装备研发、数控系统升级改造、工业设计、产品检测与测量等服务工作，形成了由华南理工、广工、华中科大、省自动化所、广州数控、华中数控、劲胜精密等高校科研机构、企业、行业协会等组成的机械产品数控化技术创新联盟，为数控一代工程的落地实施奠定了坚实的基础。

制定了一批产业技术路线图，指导示范工程顺利实施。依托广东省自动化所、省机械工程学会、高校科研院所的专家资源，对电子制造机械、印刷包装机械、塑料机械、金属成型机械、木工机械、玻璃（电子）机械、纺织机械、建材机械、新能源装备、激光加工装备、数控、伺服与驱动等十二个专题的结构、任务、目标与形式等进行了细化，综合技术、市场和政策在相关行业的机械产品数控化过程中的互动关系，制定了各产业发展技术路线图，指导了广东省数控一代机械产品创新应用示范工程实施。

攻克了一批数控化关键技术，研制出系列化数控装备。重点针对电子制造装备、印刷包装机械、塑料机械、纺织机械、建材机械、木工机械、锻压机械等行业装备的数控化需求，开展了数控化装备创新设计、加工工艺等行业共性关键技术攻关，开发了 80 余种专业化数控系统和数控化装备新产品，形成了 12 项行业数控技术标准，数控装备新产品形成了 3 万余台套的应用

智能制造

示范规模。广东华中科技大学工业技术研究院联合国内 RFID 标签生产龙头企业中山达华公司，共同开展了 RFID 电子标签产品、制造工艺、数字化制造装备等技术研究，开发了满足多种典型应用的 RFID 电子标签产品及自动封装生产线，建立了完整的自主创新产业链，推动了广东省电子标签制造与装备技术水平提升。

在重点地区、行业开展应用示范，打造了多个示范市镇。采取省市区镇联动模式，在制造业发达的珠三角地区以及东部沿海等有产业基础的区域开展了机械装备数控化应用示范，培育了一批重点数控产品、重点企业和重点集群，形成了以珠三角为核心、以东西两翼为辅助的数控装备产业发展格局，打造了6个示范市（区）、13个示范镇，完善了区域内相关数控机械装备产业链及数控技术标准化体系，推动了数控技术在装备和产品创新中的规模化应用，促进机械产品产业链向高端延伸，实现了广东省机械产品的升级换代。

引进并培育了一批高级专业人才，提升了数控人才水平。在高级专业人才方面，引进了5个批次共百余个医药、半导体、云计算、物联网、新材料、新能源、先进制造等新兴产业领域的创新创业科研团队，包含海内外院士、千人计划、海外终身教授等一流学术带头人。在数控技术工人方面，依托华南理工大学、广东工业大学等大专院校、新型研发机构开展专项培训，一方面开设相关课程，加大专业学生的培养力度，为社会提供充足优秀的毕业生；另一方面由数控行业协会组织会员企业的工人到学校里进行培训，提高工人的技术水平，已培训各类技术人才15000多人次。

典型案例9：福建省出台《支持泉州加快推进"数控一代"促进智能装备产业发展若干措施》，启动了千家企业技术需求征集和百个示范项目、百家示范企业，对泉州传统制造业转型升级产生了重要的推动作用

2013年11月，泉州市在福建省率先启动实施国家"数控一代"示范工

8 "数控一代"和"智能一代"机械产品创新工程

程,作为推进制造业转型升级和打造泉州经济"升级版"的重要抓手全力推进,得到了国家科技部、中国工程院和福建省委、省政府的高度重视和大力支持。中国工程院把泉州市作为"中国制造2025"首个地方试点给予精心指导和大力支持,科技部把泉州列入"数控一代"区域建设试点并给予国家科技支撑计划立项支持。福建省专门出台了《支持泉州加快推进"数控一代"促进智能装备产业发展若干措施》、省科技厅等部门分别给予等专项政策资金支持。

"数控一代"示范工程实施以来,泉州市创新工作思路、采取高效组织模式,各项措施切中关键,"数控一代"示范工程建设推进有力,成效明显,对泉州传统制造业转型升级产生了重要的推动作用。

2015年4月27日,国务院总理李克强在泉州考察"数控一代"示范工程和"泉州制造2025"时,对泉州在中国工程院帮助和指导下,率先对接中国制造2025、推进"数控一代"示范工程的做法给予充分肯定,要求泉州装备要加快走向中高端,积极对接国际先进水平,力争走在全国前列。

强化产业需求导向,有效提升企业装备水平和生产效率。泉州市在国家"数控一代"专家组的指导下,组织相关领域专家对全市重点产业的数控技术需求进行了全面调研和论证,首先选择纺织鞋服、建筑建材、机床和机器人等主要产业进行数控技术开发和推广应用,启动了千家企业技术需求征集和百个示范项目、百家示范企业,推动一批装备制造企业和劳动密集型企业应用数控技术。从目前情况看,相关应用企业能够减少劳动力用工 20%~30%,国产替代进口的装备可降低成本 30%~50%,水暖磨抛、食品除渣等行业通过机器人替代人工,有效改善了高温作业和粉尘弥漫的用工环境,有效降低工业生产能源消耗,减缓劳动用工等生产要素成本上升压力。

强化数控装备和智能产品研发,产生了一批数控技术和智能制造方面的创新成果。泉州市通过数控技术产品的开发应用,带动相关研发费用投入以30%左右的全省最高增幅增长,在纺织机械、建材机械、工程机械、轻工及包装机械等领域研发了一批新技术和新产品。在多主轴、多通道数控机床研发;磨抛、焊接冲压、雕刻、上下料、包装等工业机器人开发;在纺织行业自动断线检测系统、智能印线喷胶柔性制鞋、钞碇自动包装和3C钻攻中心机器人辅助上下料等方面已经取得实际成效。已开发 20 多个数控化装备新品种，参与示范企业获得及正在申报专利 3000 多项，在纺织鞋服产业使用国产数控系统 2000 多套，数控机床产业使用 1000 多套，建材行业使用 2000 多套，取得了阶段性成效。

强化政策引导，建设一批具有典型"机器换工"意义的自动化示范生产线。泉州市出台了专项支持政策，鼓励数控装备生产厂家和应用厂家对接，建设数控自动化示范生产线。目前，已经在制鞋领域、水暖卫浴领域、石材加工领域、汽车配件制造领域建设了一批自动化示范生产线。这些示范线的建设大大提升了泉州制造业的自动化能力和水平有力促进了泉州产业创新发展。

强化支撑服务体系建设，有力推进高层次专业技术人才和公共技术服务平台的集聚。泉州市把"数控一代"支持服务体系建设作为重要支撑，邀请国内高校、科研院所积极参与泉州"数控一代"科技创新中心等公共服务平台建设工作，得到积极响应和支持。目前已引进设立华中科技大学泉州智能制造研究院、中科院海西研究院泉州装备制造研究所、中国航天二院智慧云制造公共服务平台、国防科大高精度数控制造研发平台、哈尔滨工业大学机器人研究所，以及厦门大学、福州大学、华侨大学、福建工程学院等 10 多个高端院所和科研单位参与建设，相关科研机构及专家团队采用新型体制机制运营，发展迅速，促进技术服务平台与企业的频繁互动和紧密结合。同时，通过平台建设集聚了一批数控领域的专家团队支持示范工程建设，形成了政产学研用紧密协作机制。

强化组织力量，形成了全社会支持推动示范工程建设的协同创新态势。为抓好示范工程的实施，泉州市提出了"全产业动员、全资源集聚、全领域调动、全链条布局、全体系服务"的组织创新思路和工作体系，有效整合、集聚各类创新资源要素，尽可能调动企业积极性，支持参与实施泉州"数控一代"示范工程。福建省、市、县三级党委、政府高度重视、全力推进，出台了相关配套政策和项目资金。全市 9 大产业集群行业协会、产业技术创新战略联盟，1000 多家传统制造业相关企业都参与到示范工程建设中。泉州市设立百亿规模的产业股权投资引导基金，各大金融机构和创投机构通过各种渠道为数控典型示范企业提供融资服务。各大新闻媒体也进行了充分报道和广泛宣传，形成全社会支持示范工程建设和推动产业创新发展的良好氛围。

四、开展"智能一代"机械产品创新应用示范工程的一些思考

"智能一代"机械产品创新应用示范工程的战略意义

"十二五"中国机械工业实现了历史性的跨越式发展，制造业生产总值成为世界第一，但是，我国机械工业还没有摆脱粗放型、外延式发展的模式，核心技术和关键技术掌握得不多，自主创新的产品少，附加值不高，核心竞争力不强。

纺织机械很多产品生产工艺落后，人为因素对生产干扰严重，造成生产效率低，能源和水资源消耗大，印染后整理污染严重等问题，纺织工业的结构调整和产业升级，必须依靠科技进步，依靠先进的技术装备。轻工业是劳动密集型产业，随着劳动力成本增加，国际竞争压力增大，发达国家开始重视高端制造业回归，东南亚国家形成人力资源价格洼地，同时轻工业大部分是微利的中小企业，数控化技术水平低、能源利用率低等问题尤为显著。工程机械已成为我国装备制造重要支柱产业之一，产品销售数量和销售收入位居世界首位，但整机可靠性、安全性、舒适性、环境适应性、智能化与信息化技术以及工程机械数字化、智能化制造技术等方面与发达国家仍存在较大差距，企业平均盈利水平只有同期世界工程机械先进企业平均盈利水平的12.06%。

"十三五"期间，各类新型数控化、智能化设备的市场前景很好，符合当前市场对纺织机械、轻工机械、工程机械等数字化智能化装备发展的要求。发展中高端数字化、智能化机械产品，可以最大程度减少人为因素对生产的干扰，提高生产效率，稳定并提高机械产品质量，降低工人的劳动强度，降低能耗和减少污染物排放量，可以有效降低企业的生产和用工成本，实现产业转型升级，进一步提高国际竞争力。

因此，在"十三五"期间，急需组织各方力量进行机制体制创新，从全产业链出发，通过关键技术—重大装备—示范应用协同创新，集中突破一批共性关键技术与装备国产化技术，形成一批先进生产示范工程，应用数控技术和智能技术实现我国机械产品的全面创新和升级换代，实施"智能一代"机械产品创新应用示范工程，对于我国机械工业的科学发展具有重要的战略意义，是实施创新驱动发展战略的重要举措。

"智能一代"机械产品创新应用示范工程的总体构思

随着以工业4.0为代表的世界制造业新一轮革命浪潮的到来，围绕我国制造业转型升级的重大战略需求，我国的机械产品数字化、智能化既面临巨大的挑战又有前所未有的机遇，亟需采用全链条设计、一体化实施方式，通过"数控一代"机械产品应用示范工程（二期）的实施为上述问题的解决提供有力的技术支撑。

目前，发展高可靠性的数控系统和智能化系统将成为国际上纺织机械的主要发展趋势，国际纺纱设备著名厂商在机电一体化、自动化和生产工序连续化方面继续引领着纺纱设备的技术发展；而国产纺织机械在数控技术、信息技术和智能化方面有一定差距，机器人等智能化装备在纺织领域应用不多，机器人机构与控制软件的研发已经晚于国外企业。

8 ■ "数控一代"和"智能一代"机械产品创新工程

在轻工机械行业，国内已开始探索信息化、智能化制造，但与发达国家相比，高端产品及装备制造的智能化水平，与国外还存在很大的差距，轻工装备处于中低端水平、附加值低、能耗高，关键高端装备及核心基础部件长期依赖进口、重硬件轻软件现象突出、产品质量控制与安全监测的技术与配套设备落后等。

在工程机械行业，国外高端工程机械产品可以实现高性能、高效率、操作简单化、信息传送、集中控制调度等，智能控制技术基本实现了全覆盖，智能化配套件国外生产比较集中、工艺成熟、竞争能力较强；而国内尚处于分散、分割、重复的阶段，主要采用国外引进的全套智能控制系统，尚未掌握核心技术。

在上述重大需求分析的基础上，提出"智能一代"机械产品创新应用示范工程的总体构思：

以数控一代示范工程（一期）为基础，以打造中国数控化、智能化机械产品高端品牌为目标，坚持"创新结构设计+数控化工艺+智能传感器+专用数控系统"技术路线，充分利用国产数控系统和国产工业机器人，重点面向纺织机械、轻工机械、工程机械等行业，开发一批数控化、智能化中高端装备产品，实现数字化到智能化的跨越，提升装备整体使役性能，降低装备整体能耗。

紧密结合华南地区 3C 制造行业数控化智能化高端装备产品、华东地区纺织轻工行业等"机器换人"工程、华中地区汽车零部件数控化机械设备和数控石化机械设备、西南地区汽车摩托车数控化、智能化高端装备产品、西北地区能源装备数控化、智能化等重大需求，到 2020 年，形成数控化、智能化机械产品制造千亿级产业产值，带动行业和地方主导产业发展规模达到万亿元，实现数控一代机械产品从示范应用到规模化应用的转变。

总之，"智能一代"机械产品创新应用示范工程，就是希望通过组织各方力量进行机制体制创新，从全产业链出发，通过关键技术—重大装备—示范应用协同创新，集中突破一批共性关键技术与装备国产化技术，形成一批先进生产示范工程，将为我国全面实现"中国制造 2025"发展目标做出重大贡献。

■■ "数控一代"是"智能一代"的基础，"智能一代"则是"数控一代"的延续与扩展

正如前面阐述的，蒸汽机技术使机械工业由人力制作时代进入机械化时代（工业1.0或机械一代）；电气技术使机械工业由机械化时代进入电气化时代（工业2.0或电气一代）；数控技术正在使机械工业由电气化时代跃升为数字化时代（工业3.0或数控一代）；智能技术则使机械工业由数字化时代进入智能化时代（工业4.0或智能一代）。

数控技术是将机械设备运动和工作过程自动控制结合的技术，它的应用将使制造设备及产品本身内涵发生根本性变化，使传统制造装备及产品的功能极大丰富、性能发生质的飞跃，是一个国家制造业核心竞争力和整体制造技术水平的重要标志。在机械行业全面推广应用数控技术，实现各行各业各类各种机械产品的全面创新，这即是"数控一代"。

智能制造技术面向产品的全生命周期，以新一代信息技术为基础，以制造系统为载体，在其关键环节或过程，具有一定自主性的感知、学习、分析、决策、通信与协调控制能力，能动态地适应制造环境的变化，从而实现某些优化目标。在实现各行各业各类各种机械产品的全面推广应用数控技术的基础上，将自主决策（如环境感知、路径规划、智能识别等）、自适应工况（控制算法及策略等）、人机交互（多功能感知、语音识别、信息融合等）、信息通信等技术与机械产品深入融合，此为"智能一代"。

因此，"数控一代"是"智能一代"的基础，"智能一代"则是"数控一代"的延续与扩展。从技术深度方面，在机械产品数控化的基础上，加上智能传感器、工业机器人以及互联网，"智能一代"将实现复杂工况环境的自主感知、自主决策与自主执行；从应用广度方面，广泛结合纺织机械、轻工机械、工程机械以及其他高端制造装备等行业的工艺知识，开发一批数控化、智能化中高端制造装备，"智能一代"则将实现数字化到智能化的跨越。

五、撰写小组

总负责人：

华中科技大学：邵新宇

素材提供：

中国纺织机械器材工业协会：祝宪民、李毅

中国轻工业联合会：于学军、李永智

福建省泉州市科技局：颜志煌

华中科技大学：彭芳瑜、周华民、朱国力、宋宝

武汉华中数控股份有限公司：王群、黄彤军

广东华中科技大学工业技术研究院：张国军、李海洲

北京航空航天大学：刘强

西安交通大学：梅雪松

重庆大学：王时龙、唐倩

华侨大学：徐西鹏、郭桦

浙江理工大学：胡旭东

浙江大学：傅建中

汇总统稿：

华中科技大学：彭芳瑜

编 委 会

顾　　　问：徐匡迪　路甬祥　苗　圩　潘云鹤　陆燕荪
主 任 委 员：周　济　朱高峰
副主任委员：辛国斌　毛伟明　苏　波　陈左宁　徐德龙　干　勇
　　　　　　邬贺铨　钟志华　李培根　柳百成　吴　澄　尤　政
委　　　员：（按姓氏笔画排序）

丁荣军	马伟明	王一德	王天凯	王天然	王立鼎
王礼恒	王威琪	王基铭	支树平	尹泽勇	邓中翰
卢秉恒	叶培建	田世宏	由淑敏	包为民	冯　飞
冯培德	朱　宏	朱　荻	朱宏任	朱森第	庄松林
刘人怀	刘大响	刘友梅	刘永才	刘高倬	刘福中
关　桥	孙　玉	孙昌基	孙晋良	孙瑞哲	李　平
李　刚	李　明	李　骏	李伯虎	李国杰	李彦庆
李新亚	李德毅	杨海成	吴　甦	吴有生	吴曼青
邱定蕃	何光远	汪应洛	宋天虎	张　纲	张　钹
张广钦	张寿荣	张相木	张钟华	张彦敏	张新国
陆钟武	陈　钢	陈志南	陈克复	邵新宇	林忠钦
郁铭芳	欧阳劲松	金　涌	金东寒	金国藩	金鉴明
周　翔	庞国芳	屈贤明	赵振业	胡　楠	胡正寰
钟　掘	钟群鹏	段正澄	俞建勇	闻雪友	姚　穆
袁晴棠	顾国彪	顾诵芬	倪光南	倪维斗	徐扬生
徐惠彬	徐滨士	殷瑞钰	奚立峰	高　文	高　勇
高金吉	高振海	郭孔辉	郭东明	郭振岩	唐长红
唐守廉	黄平涛	黄国梁	曹湘洪	蒋士成	傅志寰
舒印彪	蔡鹤皋	谭建荣	熊有伦	潘健生	魏复盛

项目办公室：吴国凯　易　建　屈贤明　董景辰　王晓俊　延建林
　　　　　　胡　楠　杨晓迎　吕　彤　宝明涛　李艳杰　李　萌

中国制造 2025 系列丛书出版工作委员会

主　　　任：刘九如

出　版　人：徐　静

编辑部成员：郭穗娟　陈韦凯　许存权　管晓伟　齐　岳

　　　　　　李　洁　秦　聪　王凯晨　万子芬

出 版 监 制：周　彤

装 帧 设 计：王彦飞

跋

制造业是立国之本，兴国之器，强国之基。自从新中国成立尤其是改革开放以来，我国制造业持续快速发展，已经成为世界制造大国；但是，我国制造业大而不强，转型升级和跨越发展的任务紧迫而艰巨。当前，新一轮科技革命和产业变革与我国加快转变经济发展方式形成历史性交汇，中国制造站在了新的历史转折关头。

2015年5月8日，国务院正式发布实施《中国制造2025》。这是党中央、国务院总揽国际国内发展大势，站在增强我国综合国力、提升国际竞争力、保障国家安全的战略高度做出的重大战略部署，是我国实施制造强国战略的第一个十年的行动纲领。我们的目标是，通过今后三个十年的奋斗，把中国建设成为世界制造强国，为实现中华民族伟大复兴的中国梦打下坚实基础。

《中国制造2025》的发布在国内外引起了巨大反响，国际经济界高度关注，国内工业界备感振奋，全国各地掀起了全面升级实体经济、大力发展制造业的热潮。

《中国制造2025》的发布同时也引发了业界的战略研究和深入讨论。当前，特别需要加强思想上的沟通和交流，广泛地宣传《中国制造2025》。为此，国家制造强国战略咨询委员会委托中国工程院战略咨询中心组织院士和专家撰写了《中国制造2025》系列丛书。

《中国制造2025》系列丛书共分为七卷，包括《〈中国制造2025〉解读——省部级干部专题研讨班报告集》、《智能制造》、《优质制造》《绿色制造》、《服务型制造》、《工业强基》和《〈中国制造2025〉重点领域技术创新绿皮书——技术路线图》。本丛书对《中国制造2025》的战略定位、主要内容和工作部署进行了全面深入的阐释，以使制造业和社会各界人士更好地理解和贯彻《中国制造2025》。

感谢院士和专家在百忙中为本丛书撰稿，感谢编写组全体成员的辛勤劳动，在较短的时间里，完成编辑和出版工作。

国家制造强国建设战略咨询委员会
2016年3月

反侵权盗版声明

电子工业出版社依法对本作品享有专有出版权。任何未经权利人书面许可，复制、销售或通过信息网络传播本作品的行为；歪曲、篡改、剽窃本作品的行为，均违反《中华人民共和国著作权法》，其行为人应承担相应的民事责任和行政责任，构成犯罪的，将被依法追究刑事责任。

为了维护市场秩序，保护权利人的合法权益，我社将依法查处和打击侵权盗版的单位和个人。欢迎社会各界人士积极举报侵权盗版行为，本社将奖励举报有功人员，并保证举报人的信息不被泄露。

举报电话：（010）88254396；（010）88258888
传　　真：（010）88254397
E-mail：　dbqq@phei.com.cn
通信地址：北京市万寿路173信箱
　　　　　电子工业出版社总编办公室
邮　　编：100036